# O HOMEM UNIDIMENSIONAL

### ESTUDOS DA IDEOLOGIA DA SOCIEDADE INDUSTRIAL AVANÇADA

*O livro é a porta que se abre para a realização do homem.*

Jair Lot Vieira

# HERBERT MARCUSE

# O HOMEM UNIDIMENSIONAL

## ESTUDOS DA IDEOLOGIA DA SOCIEDADE INDUSTRIAL AVANÇADA

**TRADUÇÃO**
**Robespierre de Oliveira**
Doutor em Filosofia (USP). Mestre em Filosofia (UFSCar).
Pós-Doutorado pela City University of New York (CUNY).
Professor Associado da UEM e do Programa
de Pós-Graduação em Filosofia da Unesp (Marília).
Membro da International Herbert Marcuse Society.

**Deborah Christina Antunes**
Doutora em Filosofia (UFSCar). Mestre em Educação (UFSCar).
Professora Adjunta da UFC (câmpus Sobral).

**Rafael Cordeiro Silva**
Doutor e Mestre em Filosofia (UFMG).
Professor Associado da UFU.

**REVISÃO TÉCNICA**
**Luís Gustavo Guadalupe Silveira**
Doutorando em Filosofia (USP). Mestre em Filosofia (UFU).
Professor do IFTM (câmpus Uberlândia).

© 1964 by Herbert Marcuse
Introduction to the Second Edition © 1991 by Beacon Press
All rights reserved

Copyright da tradução e desta edição © 2015 by Edipro Edições Profissionais Ltda.

Título original: *One-dimensional man: studies in the ideology of advanced industrial society.*

Todos os direitos reservados. Nenhuma parte deste livro poderá ser reproduzida ou transmitida de qualquer forma ou por quaisquer meios, eletrônicos ou mecânicos, incluindo fotocópia, gravação ou qualquer sistema de armazenamento e recuperação de informações, sem permissão por escrito do editor.

Grafia conforme o novo Acordo Ortográfico da Língua Portuguesa.

1ª edição, 1ª reimpressão 2021.

**Editores:** Jair Lot Vieira e Maíra Lot Vieira Micales
**Coordenação editorial:** Fernanda Godoy Tarcinalli
**Tradução:** Robespierre de Oliveira, Deborah Christina Antunes e Rafael Cordeiro Silva
**Editoração:** Alexandre Rudyard Benevides
**Revisão técnica:** Luís Gustavo Guadalupe Silveira
**Revisão:** Francimeire Leme Coelho
**Capa:** Karine Moreto Massoca
**Imagem de capa:** Número um pintado em parede de tijolos sujos (tillsonburg / iStockphoto)

Dados Internacionais de Catalogação na Publicação (CIP)
(Câmara Brasileira do Livro, SP, Brasil)

Marcuse, Herbert, 1898-1979.

    O homem unidimensional : estudos da ideologia da sociedade industrial avançada / Herbert Marcuse ; tradução de Robespierre de Oliveira, Deborah Christina Antunes e Rafael Cordeiro Silva. – São Paulo : Edipro, 2015.

    Título original: One-dimensional man: studies in the ideology of advanced industrial society.
    ISBN 978-85-7283-762-0

    1. Civilização moderna – Século 20  2. Sociologia industrial  I. Título.

14-09991                             CDD-301

Índice para catálogo sistemático:
1. Sociologia : 301

São Paulo: (11) 3107-7050 • Bauru: (14) 3234-4121
www.edipro.com.br • edipro@edipro.com.br
@editoraedipro    @editoraedipro

## Agradecimentos

Minha esposa é, pelo menos parcialmente, responsável pelas opiniões expressas neste livro. Eu sou infinitamente grato a ela.

Meu amigo Barrington Moore Jr. ajudou-me imensamente com seus comentários críticos; em discussões ao longo dos anos, ele me obrigou a esclarecer minhas ideias.

Robert S. Cohen, Arno J. Mayer, Hans Meyerhoff e David Ober leram o manuscrito em vários estágios e ofereceram valiosas sugestões.

O *American Council of Learned Societies*, a *Louis M. Rabinowitz Foundation*, a *Rockefeller Foundation* e o *Social Science Research Council* concederam-me donativos que facilitaram enormemente a conclusão desses estudos.

# Sumário

Introdução à 2ª edição – por Douglas Kellner .................... 9

Introdução à 1ª edição – A paralisia da crítica: uma sociedade sem oposição ............................................................ 31

## SOCIEDADE UNIDIMENSIONAL .................................... 39

Capítulo 1 – As novas formas de controle ....................... 41

Capítulo 2 – O fechamento do universo político .............. 55

Capítulo 3 – A conquista da consciência infeliz: dessublimação repressiva ........................................................ 85

Capítulo 4 – O fechamento do universo do discurso ....... 107

## O PENSAMENTO UNIDIMENSIONAL ............................. 135

Capítulo 5 – Pensamento negativo: a lógica derrotada do protesto ............................................................................... 137

Capítulo 6 – Do pensamento negativo ao positivo: a racionalidade tecnológica e a lógica da dominação .................... 153

Capítulo 7 – O triunfo do pensamento positivo: a filosofia unidimensional ..................................................................... 173

## A POSSIBILIDADE DAS ALTERNATIVAS ............... 197

**Capítulo 8** – O compromisso histórico da Filosofia ..................... 199

**Capítulo 9** – A catástrofe da libertação ......................................... 215

**Conclusão** ....................................................................................... 233

**Índice remissivo** ............................................................................. 243

# Introdução à 2ª edição

Douglas Kellner

*O homem unidimensional* de Herbert Marcuse foi um dos livros mais importantes dos anos 1960.[1] Publicado pela primeira vez em 1964, foi imediatamente reconhecido como um diagnóstico crítico significante do presente período e foi logo assumido pela New Left* emergente como uma acusação condenatória das sociedades contemporâneas, a capitalista e a comunista. Concebido e escrito nos anos 1950 e início dos 1960, o livro reflete o conformismo sufocante da época e fornece uma crítica poderosa dos novos modos de dominação e controle social. Embora também expresse as esperanças de um filósofo radical de que a liberdade e a felicidade seriam largamente expandidas para além do pensamento e do comportamento unidimensionais predominantes na sociedade estabelecida. Firmando-se na visão da libertação articulada em seu livro anterior, *Eros e civilização*,[2] Marcuse, em sua crítica das formas existentes de dominação e opressão, sublinha que o que é seja constantemente comparado com o que poderia ser: um modo mais livre e feliz de existência humana.

De um lado, *O homem unidimensional* é uma obra importante de teoria crítica social que continua a ser relevante hoje como as forças de dominação, que Marcuse dissecou, tornaram-se ainda mais fortes e mais dominantes desde a época em que escreveu o livro. Num prospecto descrevendo sua obra, Marcuse escreve:

---

1. Para uma completa discussão dos temas, contribuições e influência de *O homem unidimensional*, ver os capítulos de 7 a 10 do meu livro *Herbert Marcuse and the Crisis of Marxism* (Londres; Berkeley: MacMillan Press e University of California Press, 1984).
*. Nova Esquerda. (N.T.)
2. MARCUSE, Herbert. *Eros e civilization* (Boston: Beacon Press, 1955).

O livro trata de certas tendências básicas da sociedade industrial contemporânea que parecem indicar uma nova fase da civilização. Essas tendências engendraram um modo de pensamento e comportamento que mina os próprios fundamentos da cultura tradicional. A característica principal desse novo modo de pensamento e comportamento é a repressão de todos os valores, aspirações e ideias que não podem ser definidos em termos de operações e atitudes validadas pelas formas dominantes de racionalidade. A consequência é o enfraquecimento e mesmo o desaparecimento de toda crítica genuinamente radical, a integração de toda a oposição no sistema estabelecido.[3]

O livro contém uma teoria da "sociedade industrial avançada" que descreve como mudanças na produção, consumo, cultura e pensamento produziram um estado avançado de conformismo no qual a produção de necessidades e aspirações pelo aparato societário predominante integra os indivíduos nas sociedades estabelecidas. Marcuse descreve o que se tornou conhecido como "sociedade tecnológica", na qual a tecnologia reestrutura o trabalho e o lazer, influenciando a vida, desde a organização do trabalho até os modos de pensamento. Ele também descreve os mecanismos pelos quais o capitalismo de consumo integra os indivíduos em seu mundo de pensamento e comportamento. Ao invés de ver esses desenvolvimentos como benéficos ao indivíduo, Marcuse os vê como uma ameaça à liberdade humana numa sociedade totalmente administrada.

Justificar essas alegações requer que Marcuse desenvolva uma perspectiva filosófica crítica a partir da qual ele pode criticar as formas existentes de pensamento, comportamento e organização social. Assim, *O homem unidimensional* é também a maior obra filosófica de Marcuse, articulando seu conceito hegeliano-marxiano de filosofia e crítica das correntes filosóficas e intelectuais dominantes: positivismo, filosofia analítica, racionalidade tecnológica, e uma variedade de modos conformistas de pensamento. Neste texto, ele explica sua concepção de filosofia dialética e produz análises da sociedade e da cultura que exemplificam suas categorias e métodos dialéticos. Consequentemente, *O homem unidimensional* apresenta um modelo tanto da teoria social crítica de Marcuse quanto de sua filosofia crítica inspirada por seus estudos filosóficos e seu trabalho com a Escola de Frankfurt.[4]

---

3. MARCUSE, Herbert. Prospecto para *O homem unidimensional* (arquivos da Beacon Press, sem data).

4. Sobre a Escola de Frankfurt, ver JAY, Martin. *The Dialectical Imagination* (Boston: Little, Brown e Companhia, 1973) e KELLNER, Douglas. *Critical Theory, Marxism, and Modernity* (Cambridge; Baltimore: Polity Press and Johns Hopkins University Press, 1989).

# A Escola de Frankfurt e *O Homem Unidimensional*

Durante os anos 1920 e início dos 1930, Marcuse estudou com Martin Heidegger em Freiburg, Alemanha e se apropriou intensamente das obras de Hegel, Marx, fenomenologia, existencialismo, idealismo alemão e os clássicos da tradição filosófica ocidental. Embora rompesse mais tarde com Heidegger após a ascensão do partido Nazista, ele foi influenciado pela crítica de Heidegger da filosofia ocidental e sua tentativa de desenvolver uma nova filosofia. Ele seguiu Heidegger e o existencialismo ao procurar tratar dos problemas concretos do indivíduo existente e ficou impressionado com o método fenomenológico de Husserl e Heidegger, que tentou romper com o teorizar filosófico abstrato e conceituar "as coisas em si mesmas" como aparecem à consciência.

Em seus primeiros trabalhos, o próprio Marcuse tentou sintetizar o existencialismo fenomenológico de Heidegger com o marxismo, e em *O homem unidimensional* se reconhecem os motivos husserlianos e heideggerianos nas críticas de Marcuse da civilização científica e dos modos de pensamento. Em particular, Marcuse desenvolve uma concepção de um mundo tecnológico similar em alguns aspectos àquela desenvolvida por Heidegger e, como Husserl e Heidegger, vê a racionalidade tecnológica colonizar a vida cotidiana, roubando a liberdade e individualidade dos indivíduos por impor imperativos tecnológicos, regras e estruturas sobre seu pensamento e comportamento.

Marcuse pensava que a filosofia dialética poderia promover o pensamento crítico. *O homem unidimensional* é talvez a tentativa mais sólida de Marcuse para apresentar e desenvolver categorias da filosofia dialética desenvolvidas por Hegel e Marx. Para Marcuse, o pensar dialético envolvia a habilidade de abstrair a percepção e o pensamento das formas existentes para formar conceitos mais gerais. A concepção ajuda a explicar a dificuldade de *O homem unidimensional* e as exigências que impõem ao seu leitor. Pois Marcuse abstrai da complexidade e multiplicidade da sociedade existente suas tendências e constituintes fundamentais, tanto quanto aquelas categorias que constituem para ele as formas do pensamento crítico. Isto exige que o leitor também abstraia dos modos existentes de olhar para a sociedade e dos modos de pensar e tente perceber e pensar de um modo novo.

O pensamento acrítico deriva suas crenças, normas e valores do pensamento e das práticas sociais existentes, ao passo que o pensamento crítico procura modos alternativos de pensamento e comportamento a partir dos quais cria uma posição de crítica. Tal posição crítica requer desenvolver o

## 12 | O HOMEM UNIDIMENSIONAL

que Marcuse denomina de "pensamento negativo", que "nega" as formas existentes de pensamento e realidade da perspectiva de suas possibilidades superiores. Essa prática pressupõe a habilidade de fazer a distinção entre existência e essência, fato e potencialidade, aparência e realidade. A mera existência poderia ser negada em favor da realização de potencialidades superiores, enquanto normas descobertas pela razão seriam usadas para criticar e ultrapassar formas inferiores de pensamento e organização social. Assim, compreender as possibilidades de liberdade e felicidade tornaria possível a negação de condições que impedem o pleno desenvolvimento e realização dos indivíduos. Em outras palavras, perceber a possibilidade da autodeterminação e da construção das próprias necessidades e valores capacitaria os indivíduos a romper com o mundo existente de pensamento e comportamento. A filosofia iria assim fornecer as normas para o criticismo social e o ideal de libertação que guiaria a mudança social e a autotransformação do indivíduo.

É provável que o envolvimento de Marcuse com a teoria crítica da Escola de Frankfurt tenha sido a influência mais decisiva para a origem e a produção de *O homem unidimensional*. Depois da divulgação do apoio público de Heidegger ao Nacional Socialismo, e justo às vésperas do triunfo do partido Nazista, Marcuse teve um entrevista de trabalho com o Instituto de Pesquisas Sociais de Frankfurt, recebeu um cargo e se juntou a eles no exílio após a ascensão de Hitler ao poder. Primeiro em Genebra, Suíça, depois em Nova York, onde o Instituto se afiliou com a Columbia University, Marcuse juntou-se apaixonadamente à tentativa do coletivo do Instituto de desenvolver uma teoria crítica da sociedade. Ao lado do diretor do Instituto, Max Horkheimer, Marcuse foi um dos seus especialistas em filosofia. Ele começou seu trabalho com o Instituto produzindo uma crítica da ideologia fascista; virando as costas para seu antigo professor, ele agora avaliava o trabalho de Heidegger como parte da nova tendência para o pensamento totalitário que era dominante na Alemanha e que ameaçava o resto do mundo também.

Durante os anos 1930, Marcuse trabalhou intensamente tentando explicar e desenvolver conceitos filosóficos que iriam ser mais úteis para a teoria crítica social. Esse projeto envolveu o questionamento dos conceitos de essência, felicidade, liberdade e, especialmente, a razão crítica, que ele acreditava ser a categoria central do pensamento filosófico e crítico. Em cada caso, ele tomou categorias filosóficas padrão e as abasteceu com uma base materialista, mostrando como conceitos de essência, por exemplo, são

INTRODUÇÃO À 2ª EDIÇÃO | 13

diretamente relevantes à vida humana concreta.[5] Entender as características essenciais do ser humano, desse ponto de vista, ilumina as potencialidades que podem ser realizadas pelos indivíduos e as condições sociais
que impedem ou nutrem seu desenvolvimento.

Essa preocupação com a razão crítica e os modos hegeliano e marxiano de pensar dialético é evidente em *Razão e revolução* (1941), a primeira
grande obra de Marcuse em inglês,[6] na qual ele delineia a ascensão da
moderna teoria social através de Hegel, Marx e o positivismo. O Hegel
de Marcuse é um pensador dialético crítico, o qual ele tenta absolver da
responsabilidade pelos Estados totalitários com os quais Hegel fora frequentemente associado como progenitor espiritual. Marcuse afirma que
Hegel instituiu um método de crítica racional que utilizava o "poder do
pensamento negativo" para criticar as formas irracionais da vida social. A
conexão próxima entre Hegel e Marx e a maneira pela qual Marx desenvolveu e concretizou o método dialético de Hegel estão nos pontos focais
da interpretação de Marcuse, que permanece até hoje um dos estudos
mais criteriosos da relação entre Hegel e Marx e as origens da moderna
teoria social.

O contraste entre o pensamento unidimensional e o dialético é feito
já em seus ensaios dos anos 1930. Para Marcuse, o pensamento e a ação
unidimensionais derivam seus padrões e critérios da sociedade existente,
abstendo-se de normas e padrões transcendentes. O pensamento crítico e
dialético, ao contrário, postula normas de criticismo, baseadas em potenciais racionais para a felicidade e liberdade humanas, que são usadas para
negar estados de coisas existentes que oprimem indivíduos e restringem a
liberdade e o bem-estar humanos. O pensamento dialético, assim, propõe
a existência de um outro reino de ideias, imagens e imaginação que serve
como um guia potencial para a transformação social que realizaria as potencialidades não realizadas de uma vida melhor. Marcuse acredita que a
grande filosofia e a grande arte são o lócus dessas potencialidades e normas
críticas, e ele decodifica os melhores produtos da cultura ocidental sob essa
perspectiva.

Ao longo da primeira década se seu período de exílio, houve uma constante discussão dentro do Instituto de Pesquisas Sociais sobre a necessidade
de um tratado sistemático sobre dialética que disporia as categorias, modos

---

5. Ver os ensaios em MARCUSE, Herbert. *Negations* (Boston: Beacon Press, 1968).

6. MARCUSE, Herbert. *Reason and Revolution* (2. ed. Boston: Beacon Press, 1960).

14 | O HOMEM UNIDIMENSIONAL

de pensamento e o método de uma teoria dialética e crítica.[7] Max Horkheimer estava especialmente interessado nesse projeto e consultou Marcuse, Theodor Adorno, Karl Korsch e outros a respeito de como tal projeto ambicioso poderia ser desenvolvido. Nos Estados Unidos, Horkheimer e seus associados encontraram-se num ambiente no qual os modos científicos e pragmáticos de pensar eram dominantes e a dialética era vista como um tipo de pensamento obscurantista. Preocupado em estabelecer a importância do pensamento dialético, Horkheimer e seus associados discutiram como o grande livro sobre a dialética poderia ser concebido e escrito.

Marcuse estava extremamente ansioso para trabalhar nesse projeto com Horkheimer, que acreditou estar muito envolvido em seu trabalho como diretor do Instituto para ser apto a dedicar tempo e energia suficientes para o projeto. Durante os anos 1940, entretanto, Horkheimer, Marcuse e Adorno se mudaram para a Califórnia onde tiveram uma oportunidade de se dedicarem integralmente aos estudos filosóficos. Logo em seguida, após a explosão da Segunda Guerra Mundial, Marcuse foi para Washington trabalhar para o Escritório de Serviços Estratégicos (OSS) como sua contribuição para a luta contra o fascismo. Assim, Adorno terminou como colaborador de Horkheimer no projeto sobre a dialética, que se tornou seu livro *A dialética do esclarecimento*.[8]

## A origem e o desenvolvimento de *O Homem Unidimensional*

Em retrospecto, *O homem unidimens*ional articula precisamente o projeto filosófico hegeliano-marxiano que Marcuse começou a desenvolver nos anos 1930 em seu trabalho com a Escola de Frankfurt. Em particular, nas seções sobre "O pensamento unidimensional" e "A possibilidade das alternativas", Marcuse desenvolve os modos do pensamento crítico e crítica ideológica mais completamente distintos da Escola de Frankfurt. Sua análise aqui exemplifica a filosofia dialética hegeliana/marxiana tanto em sua implacável crítica dos modos existentes do que ele considera pensamento não-crítico quanto em sua organização das categorias do pensamento crítico e dialético.

Os capítulos 1 a 4 de *O homem unidimensional*, ao contrário, conectam-se com o projeto da Escola de Frankfurt de desenvolver uma Teoria Crítica

---

7. Ver WIGGERSHAUS, Rolf. *Die Frankfurter Schule* (Munique: Hanser, 1986), especialmente p. 338 ss.

8. HORKHEIMER, Max; ADORN, Theodor W. *Dialectic of Enlightenment* (Nova York: Seabury, 1972 [1947]).

INTRODUÇÃO À 2ª EDIÇÃO | 15

da sociedade contemporânea, que começou a produzir nos anos 1930.[9] Os teóricos críticos sociais da Escola de Frankfurt estavam entre os primeiros a analisar as novas configurações do Estado e da economia nas sociedades capitalistas contemporâneas, a criticar os papéis-chaves da cultura e das comunicações de massa, a analisar as novas formas de tecnologia e de controle social, a discutir novos modos de socialização e o declínio do indivíduo na sociedade de massas e – face a face com o marxismo clássico – a analisar e confrontar as consequências da integração das classes trabalhadoras e a estabilização do capitalismo para o projeto de mudança social radical. *O homem unidimensional* de Marcuse é talvez o mais completo e mais concreto desenvolvimento desses temas dentro da tradição da Teoria Crítica da Escola de Frankfurt.

Pode-se traçar a origem dos temas maiores da *opus magnus* de Marcuse em seus trabalhos do início dos 1930 até sua publicação em 1964. Em ensaios do início dos 1940, Marcuse já está descrevendo como tendências para a racionalidade tecnológica estavam produzindo um sistema totalitário de controle social e dominação. Num artigo de 1941, "Algumas implicações sociais da tecnologia moderna", Marcuse esboça o declínio histórico do individualismo desde a época das revoluções burguesas até a ascensão da moderna sociedade tecnológica.[10] A racionalidade individual, ele afirma, foi conquistada na luta contra as superstições reinantes, contra a irracionalidade e a dominação, e colocou o indivíduo numa posição crítica contra a sociedade. A razão crítica, assim, foi um princípio criativo que foi a fonte tanto da libertação do indivíduo quanto do avanço da sociedade. O desenvolvimento da indústria moderna e da racionalidade tecnológica, entretanto, minou as bases da racionalidade individual. Enquanto o capitalismo e a tecnologia se desenvolviam, a sociedade industrial avançada exigia crescente adaptação ao aparato econômico e social e submissão à dominação e à administração cada vez maiores. Por isso, uma "mecânica de

---

9. Sobre a teoria social crítica da Escola de Frankfurt, ver KELLNER, Douglas. *Critical Theory, Marxism, and Modernity* e os ensaios reunidos em BRONNER, Stephen; KELLNER, Douglas (Eds.). *Critical Theory and Society. A Reader* (Nova York; Londres: Routledge, 1989).

10. MARCUSE, Herbert. "Some Social Implications of Modern Technology". In: ARATO, Andrew; GEBHARDT, Eike. *The Essential Frankfurt School Reader* (Nova York: Continuum, 1985), p. 138-62. [*Tecnologia, guerra e fascismo.* Edunesp.] Marcuse aponta em cartas nos anos 1940 que ele estava trabalhando num grande manuscrito criticando as formas contemporâneas de pensamento tais como o positivismo, behaviorismo e outras formas de pensamento unidimensional; veja a discussão em Wiggershaus, *Die Frankfurter Schule* [*A Escola de Frankfurt*], e as cartas reunidas da época no Arquivo Marcuse. Infelizmente, o manuscrito não apareceu e talvez esteja perdido.

## 16 | O HOMEM UNIDIMENSIONAL

conformismo" espalhou-se por toda a sociedade. A eficiência e o poder da administração esmagaram o indivíduo, que gradualmente perdeu as feições iniciais da racionalidade crítica (isto é, autonomia, discordância, o poder de negação), produzindo, assim, uma "sociedade unidimensional" e um "homem unidimensional".

Ao mesmo tempo, entretanto, Marcuse estava trabalhando com Franz Neumann num projeto intitulado "Teorias da mudança social"[11] que eles descreveram como:

> Uma abordagem histórica e teórica para o desenvolvimento de uma teoria positiva da mudança social para a sociedade contemporânea. As maiores mudanças históricas de sistemas sociais, e as teorias associadas com elas serão discutidas. Particular atenção será dada a tais transições como aquelas do feudalismo ao capitalismo, do laissez-faire à sociedade industrial organizada, do capitalismo ao socialismo e ao comunismo.

Uma nota de Marcuse escrita à mão sobre os temas do projeto indica que ele e Neumann pretendiam analisar as tendências conflitantes para a mudança e a coesão social; forças de liberdade e necessidade na mudança social; fatores subjetivos e objetivos que produzem a mudança social; padrões de mudança social, tal como evolução e revolução; e a natureza da mudança social, se progressiva, regressiva ou cíclica. Eles, por fim, pretendiam desenvolver uma "teoria da mudança social para nossa sociedade". Um manuscrito de 17 páginas datilografadas no Arquivo Marcuse, intitulado "Uma história da doutrina da mudança social", apresenta uma síntese do projeto. Marcuse e Neumann começam por escrever:

> Uma vez que a sociologia como ciência independente não se estabeleceu até o século XIX, a teoria da sociedade até então era parte integrante da filosofia ou das ciências (como a econômica ou jurídica) cuja estrutura conceitual se baseava, em grande parte, em doutrinas filosóficas específicas. Essa conexão intrínseca entre filosofia e teoria da sociedade (uma conexão que será explicada no texto) formula o padrão de todas as teorias específicas de mudança social que ocorreram no mundo antigo, na Idade Média e no início dos tempos modernos. Um resultado decisivo é a ênfase no fato de que a mudança social não pode ser interpretada dentro de uma

---

11. MARCUSE, Herbert; NEUMANN, Franz. "Theory of Social Change", texto do Arquivo Marcuse, não publicado, sem data. O Arquivo Marcuse foi aberto em Frankfurt, Alemanha, em outubro de 1990; contém uma riqueza de manuscritos, conferências e cartas inéditos que serão publicados em futuros volumes. [A partir de 1998, a editora Routledge vem publicando esses textos inéditos na coleção Collected Papers of Herbert Marcuse. (N.T.)]

INTRODUÇÃO À 2ª EDIÇÃO | 17

ciência social em particular, mas deve ser compreendida dentro da totalidade social e natural da vida humana. Essa concepção utiliza, em grande parte, fatores psicológicos nas teorias da mudança social. No entanto, a derivação dos conceitos sociais e políticos da "psique" humana não é um método psicológico no sentido moderno, mas antes envolve a negação da psicologia como ciência especial. Para os gregos, os conceitos psicológicos eram essencialmente éticos, sociais e políticos, a serem integrados à ciência suprema da filosofia.[12]

Essa passagem revela claramente a tendência tipicamente marcuseana, compartilhada pela Escola de Frankfurt, de integrar filosofia, teoria social e política. Enquanto a prática acadêmica padrão tendia a separar essas disciplinas, Marcuse e seus colegas percebiam sua inter-relação. Assim, Marcuse e Neumann leram a filosofia antiga como contendo uma teoria de mudança social que era basicamente determinada por uma procura pelas condições que produziriam a mais alta realização do indivíduo. Leram Platão, portanto, como elaborando "a forma da ordem social que melhor pode garantir o desenvolvimento das potencialidades humanas nas condições dominantes". Para Platão, isso envolve conceitualizar as formas ideais de vida e a reconstrução da sociedade segundo elas: "A mudança radical da cidade-estado tradicional para o Estado platônico das classes implica uma reconstrução da economia de tal forma que esta não mais determina as faculdades e poderes do homem, mas é antes determinada por eles".

Marcuse e Neumann propõem um exame sistemático de teorias antigas, medievais e modernas de mudança social com vistas ao desenvolvimento de uma teoria contemporânea da sociedade e da mudança social. Observam que a moderna sociologia "rompeu com a conexão intrínseca entre a teoria da sociedade e a filosofia que ainda vigorava no marxismo e tratou o problema da mudança social como uma questão sociológica específica". Eles propõem, ao contrário, integrar filosofia, sociologia e teoria política numa teoria da mudança social para a presente época. Um grande manuscrito de 47 páginas, intitulado "Teorias da mudança social", apresenta uma análise mais compreensiva de algumas das teorias específicas de mudança social que Marcuse e Neuman analisariam. Esse projeto é extremamente interessante dentro da história da Teoria Crítica, pois já mostra que nos anos

---

12. MARCUSE, Herbert; NEUMANN, Franz. "A History of the Doctrine of Social Change", texto do Arquivo Marcuse, sem data, não publicado. [Tradução brasileira: "Uma história da doutrina da mudança social". In: MARCUSE, Herbert. *Tecnologia, Guerra e Fascismo*. São Paulo: Edunesp, 1998. p. 139. As outras citações se encontram nas p. 141 e 150. (N.T.)]

# 18 | O HOMEM UNIDIMENSIONAL

1940 havia duas tendências dentro dela: (1) a análise filosófico-cultural das tendências da civilização ocidental sendo desenvolvida por Horkheimer e Adorno na *Dialética do esclarecimento*, e (2) um desenvolvimento mais prático-político da Teoria Crítica como uma teoria da mudança social, proposto por Marcuse e Neumann. Para esses autores, a Teoria Crítica seria desenvolvida como uma teoria da mudança social que vincularia filosofia, teoria social e política radical – precisamente o projeto dos anos 1930 da Teoria Crítica que Horkheimer e Adorno estavam abandonando no início dos anos 1940 em sua guinada para o criticismo filosófico e cultural divorciado da teoria social e da política radical. Marcuse e Neumann, ao contrário, estavam focando precisamente na questão que Horkheimer e Adorno negligenciaram: a teoria da mudança social.[13]

Com o envolvimento de Marcuse no trabalho antifascista para o governo dos EUA durante a Segunda Guerra Mundial, o trabalho deles sobre o projeto foi suspenso, e não há evidências que Marcuse e Neumann tentaram retomá-lo após a guerra. Durante seus anos de serviço governamental – de 1942 até o início dos anos 1950 – Marcuse continuou a desenvolver sua Teoria Crítica e os temas que se tornariam centrais em *O homem unidimensional*. Num ensaio de 1946 que contém 33 teses sobre a situação conjuntural mundial, Marcuse esboçou o que viu como as tendências sociais e políticas do momento presente.[14] O texto foi preparado para a revista *Zeitschrift für Sozialforschung*, que o Instituto de Pesquisas Sociais esperava relançar. O plano era para Marcuse, Horkheimer, Neumann, Adorno e outros escreverem artigos sobre filosofia contemporânea, arte, teoria social, política e assim por diante, mas esse projeto também fracassou, talvez por causa das crescentes diferenças filosóficas e políticas entre os membros do Instituto. A volta de Adorno e Horkheimer à Alemanha para reestabelecerem o Instituto de Pesquisas Sociais em Frankfurt pode também ter minado o projeto.

As "Teses" de Marcuse, como seu posterior *O homem unidimensional*, contém uma síntese hegeliana da situação mundial contemporânea que es-

---

13. Em *The Origins of Negative Dialectics* (Nova York: The Free Press, 1977), Susan Buck-Morss argumenta que nos anos 1930 havia dois modelos e tendências da Teoria Crítica: a tentativa de Marcuse, Horkheimer e outros de desenvolver uma Teoria Crítica da sociedade contemporânea e as tentativas de desenvolver uma teoria radical e um criticismo cultural desenvolvidas por T. W. Adorno e Walter Benjamin. A descoberta dos manuscritos de Marcuse e Neumann sobre as teorias da mudança social sugerem que também havia duas tendências distintas dentro da Teoria Crítica nos anos 1940.

14. MARCUSE, Herbert. Manuscrito do Arquivo Marcuse, não publicado, sem título, datado de 1946. Para uma discussão da história do manuscrito, ver WIGGERSHAUS, Rolf. *Die Frankfurter Schule*, p. 429 ss. [O texto se encontra no já citado *Tecnologia, Guerra e Fascismo*. (N.T.)]

INTRODUÇÃO À 2ª EDIÇÃO | 19

tava profundamente influenciada pelo marxismo clássico. Nas teses, Marcuse antecipa muitas das posições-chaves de *O homem unidimensional*, incluindo a integração do proletariado, a estabilização do capitalismo, a burocratização do socialismo, o falecimento da esquerda revolucionária e a ausência de forças genuínas de mudança social progressiva.

Em geral, temas característicos dos escritos de Marcuse após a Segunda Guerra Mundial constroem-se sobre as análises da Escola de Frankfurt do papel da tecnologia e da racionalidade tecnológica, administração e burocracia, o Estado capitalista, meios de comunicação de massa e consumismo e novos modos de controle social, que na visão deles produziram tanto um declínio no potencial revolucionário da classe trabalhadora quanto um declínio da individualidade, liberdade e democracia, como também a estabilização do capitalismo. No epílogo de 1954 à segunda edição de *Razão e Revolução*, Marcuse afirma que: "A derrota do Fascismo e do Nacional Socialismo não deteve o curso para o totalitarismo. A liberdade está em retirada – tanto no reino do pensamento quanto no da sociedade".[15] Na visão de Marcuse, os poderes da razão e da liberdade estão declinando na "sociedade industrial tardia": "Com a crescente concentração e efetividade dos controles econômicos, políticos e culturais, a oposição em todos esses campos foi pacificada, coordenada ou liquidada". De fato, a razão tornou-se um instrumento de dominação: "ela ajuda a organizar, administrar e antecipar os poderes existentes e a liquidar o 'poder da negatividade'. A razão identificou-se com a realidade: o que é real é razoável, embora o razoável ainda tenha se tornado realidade".

Não só a esperança de Hegel que a razão moldaria e controlaria a realidade, como também a esperança de Marx que a razão seria incorporada numa classe revolucionária e numa sociedade socialista racional, reduziram-se a zero. O proletariado não era mais a "negação absoluta da sociedade capitalista pressuposta por Marx", e as contradições do capitalismo não foram tão explosivas como Marx previu. Marcuse assumiu o termo "capitalismo organizado", desenvolvido pelo austro-marxista Rudolf Hilferding, para descrever o aparato administrativo-burocrático que organiza, gerencia e estabiliza a sociedade capitalista.[16] O planejamento econômico no Estado, a automatização na economia, a racionalização da cultura nos meios de comunicação de massa e a crescente burocratização de todos os modos

---

15. MARCUSE, Herbert. "Epilogue". In: *Reason and Revolution* (2. ed. Nova York: Humanities Press, 1954), p. 433 ss.

16. HILFERDING, Rudolf. *Finance Capital* (Londres: Routledge, 1981 [1910]).

## 20 | O HOMEM UNIDIMENSIONAL

de vida social, política e econômica criaram uma "sociedade da total administração" que resultou do "declínio do indivíduo".

Nos anos 1950, Marcuse percebeu que a afluência sem paralelo da sociedade de consumo e o aparato de planejamento e gerenciamento no capitalismo avançado produziram novas formas de administração social e uma "sociedade sem oposição" que ameaçava a individualidade e que fechava as possibilidades de uma mudança social radical. Nos estudos dos anos 1950, ele começou a esboçar uma teoria de um novo tipo de sociedade tecnológica que receberia seu mais pleno desenvolvimento em *O homem unidimensional*. A análise de Marcuse baseia-se numa concepção do avanço histórico de um mundo tecnológico que subjuga e controla seus sujeitos. Nesse mundo tecnológico, Marcuse afirma que a metafísica é suplantada pela tecnologia, naquilo que o conceito metafísico anterior de subjetividade, que postula um sujeito ativo confrontando um mundo controlável de objetos, é substituído por um mundo técnico unidimensional onde a "pura instrumentalidade" e "eficácia" de organizar meios e fins dentro de um universo preestabelecido é o "princípio comum de pensamento e ação". O mundo tecnológico autocontido e autoperpetuante permite mudança somente dentro de suas próprias instituições e parâmetros. Neste sentido, é "unidimensional" e "tornou-se um meio universal de dominação" que congela numa "segunda natureza, *schlechte Unmittelbarkeit* (má imediaticidade) que é talvez mais hostil e mais destrutiva do que a natureza *primária*, a natureza pré-técnica".[17]

Há dois modos de ler a teoria de Marcuse do mundo e da sociedade técnicos e unidimensionais, que é o foco primário de *O homem unidimensional*. Pode-se interpretar a teoria de Marcuse como uma teoria global, totalizante, de um novo tipo de sociedade que transcende as contradições da sociedade capitalista numa nova ordem que elimina individualidade, discordância e oposição. De fato, há a tendência recorrente em interpretar o uso que Marcuse faz de "unidimensional" como um conceito totalizante para descrever uma época de desenvolvimento histórico que supostamente absorve toda a oposição num sistema totalitário, monolítico. Entretanto, o próprio Marcuse raramente, se é que alguma vez o fez, utiliza o termo "unidimensionalidade" (isto é, como um substantivo totalizante), mas, ao contrário, tende a falar de homem, sociedade ou pensamento "unidimen-

---

17. MARCUSE, Herbert. "From Ontology to Technology. Fundamental Tendencies of Industrial Society". In: BRONNER, Stephen; KELLNER, Douglas (Eds.). *Critical Theory and Society. A Reader* (Nova York; Londres: Routledge, 1989), p. 122.

INTRODUÇÃO À 2ª EDIÇÃO | 21

sionais", aplicando o termo como um adjetivo que descreve condições deficientes que ele critica e contrasta com um estado de coisas alternativo. De fato, Marcuse introduz "unidimensional" em seus primeiros escritos como um conceito epistemológico que faz a distinção entre pensamento unidimensional e dialético; em *O homem unidimensional*, é ampliado para descrever fenômenos sociais e antropológicos. À luz da crítica de Marcuse a respeito do estado "unidimensional" das coisas que apresenta alternativas pelas quais se deve lutar e que estão por realizar, é errado interpretá-lo somente como um teórico da sociedade totalmente administrada que rejeita completamente a contradição, o conflito, a revolta, o pensamento e a ação alternativos. Em *O homem unidimensional* e seus últimos trabalhos, ele rejeita uma interpretação monolítica do texto como um épico da total dominação que em um estilo quase hegeliano subsume cada coisa sob uma totalidade unidimensional; é preferível compreendê-lo como um texto dialético que contrasta o pensamento e o comportamento unidimensionais com os multidimensionais.

Assim, proponho interpretar "unidimensional" como conformidade ao pensamento e comportamento existentes e ausência de uma dimensão crítica e de uma dimensão de potencialidades que transcendem a sociedade existente. No uso de Marcuse, o adjetivo "unidimensional" descreve práticas que se conformam a estruturas preexistentes, normas e comportamentos, em contraste com o discurso multidimensional, que focaliza possibilidades que transcendem o estado de coisas estabelecido. Essa distinção epistemológica pressupõe antagonismo entre sujeito e objeto de tal modo que o sujeito é livre para perceber possibilidades no mundo que ainda não existem, porém que podem ser realizadas. Na sociedade unidimensional, o sujeito é assimilado no objeto e segue as ordens das normas e estruturas externas, objetivas, perdendo assim a habilidade de descobrir mais possibilidades libertadoras e de comprometer-se na prática transformativa para realizá-las. A teoria de Marcuse pressupõe a existência de um sujeito humano com liberdade, criatividade e autodeterminação que está em oposição a um mundo-objeto, percebido como substância, que contém possibilidades a serem realizadas e qualidades secundárias como valores, feições estéticas e aspirações que podem ser cultivadas para melhorar a vida humana.

Na análise de Marcuse, "o homem unidimensional" perdeu, ou está perdendo, a individualidade, a liberdade e a habilidade de discordar e de controlar seu próprio destino. O espaço particular, a dimensão da negação e da individualidade, no qual pode se tornar e permanecer um *self*, está sendo

## 22 | O HOMEM UNIDIMENSIONAL

reduzido por uma sociedade que molda aspirações, esperanças, medos e valores e até mesmo manipula as necessidades vitais. Na visão de Marcuse, o preço que o homem unidimensional paga pela satisfação é entregar sua liberdade e individualidade. O homem unidimensional não conhece suas verdadeiras necessidades, porque suas necessidades não são suas próprias – são administradas, sobrepostas e heterônomas; não é capaz de resistir à dominação, nem de agir autonomamente, pois se identifica com o comportamento público, imita e se submete aos poderes existentes. Sem o poder da autoatividade autêntica, o homem unidimensional se submete à dominação cada vez mais totalizante.

Marcuse é, deste modo, um individualista radical que está profundamente perturbado pelo declínio das feições da individualidade autêntica que ele tanto valoriza. A sociedade unidimensional e o homem unidimensional são o resultado de uma longa erosão histórica da individualidade que Marcuse criticou por muitas décadas. *O homem unidimensional* pode, assim, ser interpretado como um protesto ampliado contra o declínio da individualidade na sociedade industrial avançada. Enraizando sua concepção na filosofia dialética de Hegel, Marcuse insiste sobre a importância de distinguir entre existência e essência, fato e potencial, aparência e realidade. O pensamento unidimensional não é capaz de fazer essas distinções e assim se submete ao poder da sociedade existente, derivando sua visão de mundo e seu modo de comportamento das práticas e modos existentes de pensamento.

Marcuse está novamente reelaborando aqui o tema hegeliano-marxiano da reificação e alienação, em que o indivíduo perde o poder de compreender e transformar a subjetividade enquanto se torna dominado pelos poderes e objetos estranhos. Para Marcuse, as características distintivas de um ser humano são uma subjetividade livre e criativa. Se em sua vida social e econômica o indivíduo é administrado por um aparato de trabalho técnico e se conforma às normas sociais dominantes, ele está perdendo suas potencialidades de autodeterminação e sua individualidade. Alienado dos poderes de *ser-um-self*, o homem unidimensional torna-se, assim, um objeto de administração e conformidade.

## A Teoria Crítica da Sociedade Unidimensional

*O homem unidimensional* levanta o espectro do fechamento, ou a "atrofia", das próprias possibilidades da mudança social radical e da emancipação humana. Marcuse descreve uma situação em que não há classes ou grupos revolucionários para militar pela mudança social e na qual os indivíduos

INTRODUÇÃO À 2ª EDIÇÃO | 23

estão integrados à sociedade existente, contentes com sua parte e incapazes de perceber as possibilidades de uma vida mais feliz e mais livre. Há tensões no livro, contudo, entre o desenvolvimento de uma teoria mais geral "da sociedade industrial avançada" e uma crítica mais específica das sociedades contemporâneas capitalistas, especialmente a sociedade dos EUA, da qual deriva a maioria de seus exemplos. Marcuse vale-se de análises sociais de C. Wright Mills, Daniel Bell, Vance Packard e jornalistas críticos como Fred Cook como exemplos das tendências que vê na sociedade contemporânea dos EUA. Ele também se vale de teorias europeias, tais como as teorias francesas da sociedade tecnológica e da nova classe operária, e descreve tendências nas sociedades comunistas contemporâneas que acredita serem similares àquelas das capitalistas. Assim, pode-se ler o livro como uma teoria geral das sociedades industriais, ou tecnológicas, avançadas contemporâneas, ou como uma análise mais específica e crítica da sociedade contemporânea dos EUA durante o período de abundância e oposição social silenciada.

Marcuse combina as perspectivas da teoria marxiana, a Teoria Crítica da Escola de Frankfurt, a teoria social francesa e a ciência social norte--americana para apresentar uma teoria crítica social do tempo presente. O que chama a atenção sobre o livro é a postura de Marcuse de crítica total e oposição resoluta às sociedades industriais avançadas, capitalista e co-munista, em sua totalidade. Enquanto critica frequentemente as sociedades comunistas, com base em suas críticas anteriores presente em *O Marxismo Soviético* (1958),[18] ele rejeita a demonização da Guerra Fria que celebra a sociedade capitalista em contraste com o comunismo. Marcuse percebe as tendências destrutivas na maioria das conquistas do capitalismo avançado e vê irracionalidade em sua autoproclamada racionalidade. Ele defende que a prosperidade e o crescimento da sociedade estão baseados no desperdí-cio e na destruição, seu progresso é abastecido pela exploração e repressão, enquanto sua liberdade e democracia são baseadas na manipulação. Mar-cuse abre caminho entre as celebrações ideológicas do capitalismo e critica agudamente a desumanização e a alienação em sua opulência e afluência, a escravidão em seu sistema de trabalho, a ideologia e doutrinação em sua cultura, o fetichismo em seu consumismo e o perigo e a insanidade em seu complexo militar-industrial. Ele conclui que apesar de suas conquis-tas, "essa sociedade é irracional como um todo. Sua produtividade destrói o livre desenvolvimento das necessidades e faculdades humanas (...) seu

---

18. MARCUSE, Herbert. *Soviet Marxism* (Nova York: Columbia University Press, 1985 [1958]).

## 24 | O HOMEM UNIDIMENSIONAL

crescimento depende da repressão das reais possibilidades de pacificação da luta pela existência – individual, nacional e internacional". (*O homem unidimensional*, p. 31-2).

Para Marcuse, mercadorias e consumo representam um papel maior na sociedade capitalista contemporânea do que aquele considerado por Marx e pela maioria dos marxistas ortodoxos. Marcuse foi um dos primeiros teóricos críticos a analisar a sociedade de consumo ao analisar como consumismo, propaganda, cultura de massa e ideologia integram os indivíduos ao sistema capitalista e o estabilizam. Ao descrever como as necessidades são produzidas, integrando os indivíduos num universo inteiro de pensamento, comportamento e satisfações, ele distingue entre verdadeiras e falsas necessidades e descreve como os indivíduos podem libertar-se das necessidades e satisfações dominantes para viverem uma vida mais livre e mais feliz. Ele afirma que o individualismo e a liberdade largamente apregoados do sistema são formas das quais os indivíduos precisam libertar-se para serem verdadeiramente livres. Seu argumento é que as tão louvadas liberdades econômica, política e social do sistema, anteriormente uma fonte de progresso social, perderam sua função progressiva e se tornaram instrumentos sutis de dominação que servem para manter os indivíduos em subserviência ao sistema que eles fortalecem e perpetuam. Por exemplo, a liberdade econômica de vender a força de trabalho de modo a competir no mercado de trabalho submete o indivíduo à escravidão de um sistema econômico irracional; a liberdade política de votar em representantes geralmente indistinguíveis do mesmo sistema é apenas uma ratificação ilusória de um sistema político não-democrático; a liberdade de expressão intelectual é inefetiva quando a mídia coopta e difunde, ou distorce e suprime, ideias de oposição, e quando os formadores de opinião moldam a opinião pública de tal modo que ela se torna hostil ou imune ao pensamento e à ação de oposição. Marcuse conclui que a liberdade e o bem-estar genuínos dependem da libertação do sistema inteiro de necessidades e satisfações unidimensionais e exigem "novos modos de realização, que correspondam às novas capacidades da sociedade" (*O homem unidimensional*, p. 43).

Marcuse também analise mudanças no processo de trabalho e novas formas de integração da classe trabalhadora à sociedade capitalista existente; desenvolvimentos dentro do Estado capitalista e a emergência de uma política unidimensional; e a integração de pensamento, linguagem e cultura. Suas críticas dos modos contemporâneos de pensamento são especialmente provocativas. Ele também analisa criticamente as novas formas de

INTRODUÇÃO À 2ª EDIÇÃO | 25

tecnologia e racionalidade tecnológica que estão produzindo uma estrutura social qualitativamente diferente, uma sociedade totalmente administrada. Juntas essas análises fornecem perspectivas teóricas sobre as novas formas da hegemonia e estabilização capitalista que emergiram nos anos 1950 e início dos 1960.

*O homem unidimensional* continua a ser relevante por causa de sua compreensão das estruturas e tendências subjacentes do desenvolvimento socioeconômico e político contemporâneo. As racionalidades científica e tecnológica que Marcuse descreve são mais poderosas hoje com a emergência da computação, da proliferação da mídia e da informação e do desenvolvimento de novas técnicas e formas de controle social. E ainda assim a sociedade é mais irracional do que antes. A descrição de Marcuse de 1964 ainda soa verdadeiramente hoje:

> A união de produtividade crescente e destrutividade crescente; o perigo de aniquilação; a capitulação do pensamento e da esperança e o temor ante as decisões dos poderes existentes; a preservação da miséria em face da riqueza sem precedentes constituem a mais imparcial acusação (...) sua [da sociedade] impetuosa racionalidade, que impele a eficiência e o crescimento, é irracional em si mesma. (*O homem unidimensional*, p. 34).

A teoria crítica da sociedade de Marcuse analisa brilhantemente as tendências para a estabilidade e integração social alcançadas pelas sociedades capitalistas contemporâneas, mas minimiza suas tendências de crise e contradições. Consequentemente, sua teoria da "sociedade unidimensional" não pode dar conta nem da erupção da revolta social em escala global nos 1960, nem das crises globais do capitalismo que ocorreram do início dos anos 1970 até o presente. Num certo sentido, *O homem unidimensional* articula um estágio de desenvolvimento histórico que logo estaria chegando ao fim e daria lugar a uma nova era marcada pela agitação social e pela revolta nos anos 1960 e uma crise mundial do capitalismo nos 1970. Ao fracassar em analisar com mais detalhes as contratendências contra a sociedade unidimensional, ele criou uma imagem de um novo tipo de ordem social capaz de absorver toda oposição e de controlar pensamento e ação indefinidamente, estabilizando assim permanentemente o sistema capitalista.

Ainda que metodologicamente, Marcuse indica que está analisando tendências do desenvolvimento social para as quais há contratendências (*O homem unidimensional*, p. 34-5). Na introdução, escreve que seu estudo "oscilará completamente entre duas hipóteses contraditórias: 1) a de que a sociedade industrial avançada é capaz de conter a mudança qualitativa devido a um futuro previsível; 2) a de que existem forças e tendências que podem romper essa contenção e implodir a sociedade" (p. 35). Próximo ao fim do livro, escreve: "a unificação de opostos no *medium* da racionalidade tecnológica deve ser, em *toda sua realidade*, uma unificação ilusória, que não elimina nem a contradição entre a produtividade crescente e seu uso repressivo, nem a necessidade vital para solucionar a contradição." (p. 240). Assim, Marcuse reconhece que tanto os conflitos sociais quanto as tendências para a mudança continuam a existir e que a transformação social pode eventualmente ser possível. Apesar do foco de sua análise ser sobre a contenção da mudança social, ele descreve a sociedade na passagem citada como uma "unidade forçada" ou "unificação ilusória" e não como uma sociedade que eliminou todas as contradições e conflitos. Desse modo, para interpretar adequadamente tanto *O homem unidimensional* quanto o projeto de Marcuse como um todo, *O homem unidimensional* deveria ser lido em paralelo a *Eros e civilização* como também aos trabalhos que o seguiram, tal como *Um ensaio sobre a libertação* e *Contrarrevolução e revolta*. É precisamente a visão de "o que poderia ser" articulada nesses textos que ilumina a fraqueza de "o que é" em *O homem unidimensional*. Marcuse continua a acreditar que as contradições existem entre as possibilidades superiores de uma sociedade livre e pacificada e o sistema social existente. O problema apresentado em *O homem unidimensional* é que o pensamento unidimensional não pode perceber essa distinção, mas Marcuse insiste que ela continua a existir e, se percebida, poderia ser um veículo de transformação individual e social.

Em seus escritos posteriores a *O homem unidimensional*, Marcuse focaliza mais nas contradições e lutas sociais, e os fatores desintegradores nas sociedades existentes, capitalista e comunista. O livro deveria, assim, ser lido como uma teoria da contenção das contradições sociais, das forças de negação e das possibilidades de libertação que existem mas são suprimidas. Mesmo n'*O homem unidimensional*, Marcuse continua a apontar para essas forças e possibilidades e a reconhecer o potencial libertador escondido no sistema social opressivo, especialmente na tecnologia, que poderia ser usada para eliminar o trabalho alienado e produzir uma vida melhor para todos. Marcuse sempre salienta a libertação e seu pensamento é animado por uma visão utópica de que a vida poderia ser como é na arte e nos sonhos somente com o advento de uma revolução que eliminasse suas características repressivas.

Uma lição que poderia ser retirada de seu trabalho é que a teoria social crítica e dialética deveria analisar a contenção e a estabilização tanto quanto a contestação e a luta. Em algumas épocas, estabilização e contenção podem predominar, enquanto em outras, levante e luta podem ser dominantes, ou ambas as tendências podem ser postas uma contra a outra. Certamente, dos anos 1980 até o presente, as tendências conservadoras foram dominantes. Até o momento presente, um modelo adequado para a teoria social e política contemporânea, formas de dominação e resistência deveria ser analisado. Consequentemente, mais do que conceituar sociedades contemporâneas como blocos impenetráveis de dominação, elas deveriam ser analisadas como sistemas de contradições, tensões e conflitos que oscilam de estabilidade para mudança, de opressão e dominação para luta e resistência e de estabilidade e contenção para conflito e crise.

## Recepção e relevância contemporânea

Ao criticar fortemente as sociedades capitalistas contemporâneas, Marcuse estava contra as correntes de pensamento acadêmico conformista e antecipou as críticas multifacetadas da sociedade dos EUA que estavam para emergir nos anos 1960. *O homem unidimensional* teve uma recepção e um impacto curiosos. Irritou tanto marxistas ortodoxos, que não poderiam aceitar uma revisão tão profunda do marxismo, e muitos outros que foram incapazes de concordar com tais críticas radicais da sociedade capitalista contemporânea. O livro foi, entretanto, bem recebido pela Nova Esquerda e por uma geração insatisfeita com a corrente ordem social e com as ortodoxias das teorias marxistas e acadêmicas dominantes. Para a Nova Esquerda, *O homem unidimensional* articulava o que os jovens radicais sentiam que estava errado com a sociedade, e a dialética de libertação e dominação do livro fornecia um quadro para a política radical que lutava contra a dominação e em favor da libertação. Mais ainda, *O homem unidimensional* mostrava que os problemas que confrontavam o movimento radical emergente não eram simplesmente a guerra do Vietnã, racismo ou desigualdade, mas o próprio sistema, e que resolver uma ampla gama de problemas sociais exigia uma reestruturação social fundamental. Neste sentido, *O homem unidimensional* desempenhou importante papel na educação política de uma geração de radicais e até hoje tem inspirado os envolvidos no desenvolvimento de uma filosofia e uma teoria social críticas.

Embora *O homem unidimensional* se associasse ao radicalismo da Nova Esquerda nos anos 1960, o texto tem uma relação paradoxal com o novo

## 28 | O HOMEM UNIDIMENSIONAL

radicalismo cuja possibilidade sua análise parece negar. Na conclusão do livro, Marcuse especulou que havia uma chance fraca de que os marginalizados mais explorados e perseguidos, na aliança com uma *intelligentsia* iluminada, poderiam indicar "o começo do fim" e representar alguma esperança para a mudança social. Ele pensava que havia esperança, que o movimento pelos direitos civis poderia produzir o fermento que levaria a uma nova época de luta, e ele defendeu o conceito da "Grande Recusa" de formas de opressão e dominação como seu ideal político.

Quase na véspera da publicação de *O homem unidimensional*, de fato, a Nova Esquerda e o movimento antiguerra começaram a crescer em resposta à intervenção militar acelerada dos EUA no Vietnã. Durante esse período, uma geração de radicais se dirigiu para o livro de Marcuse, que parecia ter negado a possibilidade fundamental de mudança política. Durante o período heroico da Nova Esquerda nos anos 1960, *O homem unidimensional* ajudou a mostrar para uma geração de radicais políticos e culturais o que estava errado com o sistema contra o qual lutavam, e assim desempenhou um importante papel no movimento estudantil. Marcuse mesmo rapidamente tomou partido da causa dos militantes estudantis e estava exultante quando a Grande Recusa estava sendo praticada em larga escala.

*O homem unidimensional* também adquiriu uma respeitável e mesmo laudatória recepção acadêmica. Foi resenhado na maioria dos maiores periódicos intelectuais, muitas revistas e jornais nacionais, e muitas revistas acadêmicas especializadas numa ampla variedade de campos. O texto foi lido como um estudo clássico de tendências contemporâneas da sociedade atual no mesmo grupo de trabalhos de C. Wright Mills, Daniel Bell, John Galbraith e outros críticos da sociedade norte-americana contemporânea. O livro também gerou muita controvérsia, entretanto, especialmente quando Marcuse foi apresentado na mídia como um "guru da Nova Esquerda". Pois uma geração de jovens radicais considerou os textos de Marcuse como a crítica essencial das formas existentes de pensamento e comportamento e o próprio se identificou com a Nova Esquerda e defendeu sua política e oposição.

Durante o fim dos anos 1960 e o início dos 1970, a obra de Marcuse foi provavelmente a mais influente teoria social de sua época e foi lida e criticada por indivíduos de ampla variedade perspectivas. Ele modificou algumas de suas posições em seus últimos escritos em resposta a algumas dessas críticas, embora continuasse a ser um crítico radical das formas de dominação e a defender o que percebia como forças de libertação. Em particular,

INTRODUÇÃO À 2ª EDIÇÃO | 29

foi além de seu modelo de sociedade unidimensional em livros como *Um ensaio sobre a libertação* (1969) e *Contrarrevolução e revolta* (1972) e celebrou todas as formas mais radicais de pensamento e ação de oposição. E desse modo, em seus últimos anos, Marcuse voltou-se positivamente para o feminismo e os novos movimentos sociais depois do fim da Nova Esquerda no início dos anos 1970.

Próximo ao fim de sua via, quando eu lhe perguntei o que pensava de *O homem unidimensional*, Marcuse respondeu que: "Apoio o que escrevi em *O homem unidimensional*", insistindo que sua análise de tendências sociais foram confirmadas pelos recentes ataques às mudanças que as lutas dos anos 1960 produziram. Marcuse mencionou ataques aos programas de bem-estar, tipificados pela Proposição 13 na Califórnia, que corta verbas para gastos de bem-estar; exigências do governo e dos empresários para cortes em programas sociais e uma redução na regulação do governo; a Berufsverbot na Alemanha e outras repressões de radicais pelo mundo; ataques conservadores ao aborto, ao feminismo e à Emenda de Direitos Iguais; a crescente força das maiores corporações transnacionais; e as violações conservadoras e neoconservadoras em muitas áreas da vida social e política. Ele acrescentou, no entanto, que os anos 1960 desencadearam novas forças sociais, tornando acessível um novo espaço para a luta e que deveria ser usado por forças de oposição para militar pela mudança social radical.

Marcuse morreu em 1979. Se tivesse vivido a época de Reagan e Bush, sem dúvida teria insistido que *O homem unidimensional* é mais relevante do que nunca após uma década de hegemonia conservadora, capitalismo desenfreado e uma série de intervenções militares dos EUA e operações encobertas em Granada, Nicarágua, Panamá e muitas outras partes do mundo, culminando na guerra do Golfo Pérsico. Marcuse foi um crítico mordaz do militarismo e um amante da vida que odiava morte e matança. Ele temia que tecnologias mais sofisticadas "instrumentalizariam" a guerra e produziriam cada vez mais formas brutas de destruição – uma visão amplamente confirmada nas guerras do Vietnã e Golfo Pérsico.

De fato, *O homem unidimensional* fornece um modelo de análise da síntese de negócios, do Estado, da mídia e outras instituições culturais sob a hegemonia do capital corporativo que caracteriza a economia e a política dos EUA nos anos 1980 e início dos 1990. Embora Marcuse não analise adequadamente os antagonismos que sempre existiram entre grupos dominantes e aqueles em oposição às políticas opressivas, certamente ele fornece perspectivas esclarecedoras sobre o tipo de conservadorismo dominante na década passada. Em particular, Reagan e o Reaganismo exemplificaram o "pensamento positivo" unidimensional a um grau extremo. O modo como a mídia e o *establishment* político estavam juntos com o "Reaganismo" nos anos 1980 indica tendências para pensamento e políticas unidimensionais que só se intensificaram no início dos 1990.

*O homem unidimensional* de Marcuse é especialmente relevante em relação ao ressurgimento do militarismo durante e após a guerra do Golfo Pérsico. A síndrome de negação e projeção e a liberação de energias agressivas foi familiar para o Herbert Marcuse freudiano, que argumentava constantemente que as sociedades industriais avançadas liberavam cada vez mais uma destrutividade letal que encontra uma base massiva de aprovação naqueles que foram condicionados a aprovar a agressão. A sociedade unidimensional opera dirigindo energias pulsionais eróticas e destrutivas nos modos socialmente controlados de pensamento e comportamento. O comportamento agressivo, assim, fornece um laço social, unificando aqueles que ganham em poder e autoestima pela identificação com formas de agressão contra objetos compartilhados de ódio. Essa tendência é demasiadamente visível na sociedade atual norte-americana, e a análise de Marcuse de agressão e militarismo deveriam ser lida novamente durante a presente era de agressão e conservadorismo unidimensional ressurgentes.

O legado dos anos 1960, do qual Marcuse foi uma parte vital, ainda vive, e a Grande Recusa ainda é praticada por grupos de oposição e indivíduos que se recusam a se conformar à opressão e à dominação existentes. Marcuse deveria ser amplamente lido e estudado de novo para ajudar a alimentar uma renovação do pensamento crítico e político radical. Pois a dominação social continua a ser um bloqueio para a liberdade e à felicidade humanas, e a libertação continua a ser uma esperança para aqueles que se recusam a se juntar à celebração contemporânea do militarismo, das forças de conservadorismo e do capitalismo irrestrito. Pois, citando Walter Benjamin no fim de *O homem unidimensional,* "Somente por causa dos que não têm esperança é que nos é dada a esperança".

# Introdução à 1ª edição

**A paralisia da crítica: uma sociedade sem oposição**

A ameaça de uma catástrofe atômica, que poderia exterminar a raça humana, também não serve para proteger as mesmas forças que perpetuam esse perigo? Os esforços para prevenir tal catástrofe ofuscam a busca por suas causas potenciais na sociedade industrial contemporânea. Essas causas permanecem não identificadas, não-expostas e não-atacadas pelo público, porque elas recuam diante da ameaça externa óbvia demais: do Ocidente para o Oriente, do Oriente para o Ocidente. Igualmente óbvia é a necessidade de estar preparado, de viver à beira do abismo, de encarar o desafio. Nós nos submetemos à produção pacífica de meios de destruição, ao aperfeiçoamento do desperdício, a ser educados para uma defesa que deforma os defensores e aquilo que defendem.

Se tentarmos relacionar as causas do perigo ao modo pelo qual a sociedade está organizada e organiza seus membros, nós somos imediatamente confrontados com o fato de que a sociedade industrial avançada se torna mais rica, maior e melhor ao perpetuar o perigo. A estrutura de defesa torna a vida mais fácil para um maior número de pessoas e estende o domínio do homem sobre a natureza. Sob estas circunstâncias, nossos meios de comunicação têm pouca dificuldade de inculcar interesses particulares como se fossem os interesses de todos os homens de bom senso. As necessidades políticas da sociedade tornam-se necessidades e aspirações individuais, sua satisfação promove os negócios e o bem comum e o todo parece ser a própria concretização da Razão.

No entanto, essa sociedade é irracional como um todo. Sua produtividade destrói o livre desenvolvimento das necessidades e faculdades humanas, sua paz é mantida pela constante ameaça de guerra, seu crescimento

32 | O HOMEM UNIDIMENSIONAL

depende da repressão das reais possibilidades de pacificação da luta pela existência – individual, nacional e internacional. Essa repressão, tão diferente daquela que caracterizou os estágios precedentes e menos desenvolvidos da nossa sociedade, opera hoje não a partir de uma posição de imaturidade natural e técnica, mas antes de uma posição de força. As capacidades (intelectuais e materiais) da sociedade contemporânea são incomensuravelmente maiores que jamais foram – o que significa que o escopo da dominação da sociedade sobre o indivíduo é incomensuravelmente maior do que antes. Nossa sociedade se distingue pela conquista das forças sociais dissidentes mais precisamente pela Tecnologia do que pelo Terror, sobre a dupla base de uma eficiência esmagadora e de um crescente padrão de vida.

Investigar as raízes desse desenvolvimento e examinar suas alternativas históricas é parte da pretensão de uma teoria crítica da sociedade contemporânea, uma teoria que analisa a sociedade à luz de suas capacidades – usadas e não usadas ou abusadas – de melhorar a condição humana. Mas quais são os padrões para tal crítica?

Com certeza, juízos de valor desempenham um papel. O modo estabelecido de organizar a sociedade é medido em relação a outras formas possíveis, formas que são sustentadas para oferecer melhores chances de aliviar a luta humana pela existência; uma prática histórica específica é medida em relação a suas próprias alternativas históricas. Desde o início, qualquer teoria crítica da sociedade é então confrontada com o problema da objetividade histórica, um problema que emerge de dois pontos em que a análise implica juízos de valor:

1. O juízo de que a vida humana é digna de ser vivida, ou melhor, pode ser e deve ser feita digna de ser vivida. Esse juízo subjaz a todo esforço intelectual; é o *a priori* da teoria social e sua rejeição (que é perfeitamente lógica) rejeita a própria teoria;

2. O juízo de que, em uma dada sociedade, existem possibilidades específicas de melhorar a vida humana e formas e meios específicos de realizar essas possibilidades. A análise crítica deve demonstrar a validade objetiva desses juízos e a demonstração deve proceder em bases empíricas. A sociedade estabelecida tem disponível uma quantidade e qualidade determináveis de recursos intelectuais e materiais. Como esses recursos podem ser usados para o desenvolvimento e satisfação mais favoráveis das necessidades e faculdades do indivíduo com o mínimo de labuta e miséria? A teoria social é teoria histórica e a história é o reino da possibilidade no interior reino da necessidade. Portanto, dentre os vários modos possíveis e atuais de organizar e utilizar os recursos disponíveis, qual deles oferece a maior possibilidade de um desenvolvimento mais favorável?

INTRODUÇÃO À 1ª EDIÇÃO | 33

A tentativa de responder a essas questões demanda uma série de abstrações iniciais. A fim de identificar e definir as possibilidades de um melhor desenvolvimento, a teoria crítica deve realizar uma abstração a partir da atual organização e utilização dos recursos da sociedade e dos resultados dessa organização e utilização. Tal abstração que se recusa a aceitar o universo dado dos fatos como o contexto final de validação, tal análise "transcendente" dos fatos à luz de suas possibilidades, impedidas e negadas, pertence à ampla estrutura da teoria social. Ela se opõe a toda metafísica em virtude do caráter rigorosamente histórico da transcendência.[1] As "possibilidades" devem estar ao alcance da respectiva sociedade; elas devem ser metas definíveis da prática. Além disso, a abstração em relação às instituições estabelecidas deve ser a expressão de uma tendência atual – isto é, sua transformação deve ser a real necessidade da população que se encontra subjacente. A teoria social está interessada pelas alternativas históricas que rondam a sociedade estabelecida enquanto tendências e forças subversivas. Os valores ligados às alternativas tornam-se fatos quando são traduzidos em realidade pela prática histórica. Os conceitos teóricos culminam com a transformação social.

Mas, aqui, a sociedade industrial avançada confronta a crítica com uma situação que parece privá-la de sua própria base. O progresso técnico, estendido a um sistema total de dominação e coordenação, cria formas de vida (e de poder) que parecem reconciliar as forças que se opõem ao sistema e derrotar ou refutar todo protesto feito em nome das perspectivas históricas de libertação do trabalho árduo e da dominação. A sociedade contemporânea parece ser capaz de conter a mudança social – a mudança qualitativa que estabeleceria instituições essencialmente diferentes, uma nova direção do processo produtivo, novos modos de existência humana. Essa contenção da mudança social é talvez a mais singular realização da sociedade industrial avançada; a aceitação geral do interesse nacional, o bipartidarismo político, o declínio do pluralismo, o conluio do capital e classe trabalhadora dentro do Estado forte testemunham a integração dos opostos, que é tanto o resultado quanto o pré-requisito dessa realização.

Uma breve comparação entre o estágio de formação da teoria da sociedade industrial e sua atual situação ajudaria a mostrar como as bases da crítica foram alteradas. Em suas origens, na primeira metade do século XIX,

---

1. Os termos "transcendente" e "transcendência" são usados no sentido totalmente empírico e crítico: eles designam tendências na teoria e na prática que, em uma sociedade dada, "ultrapassam" o universo estabelecido do discurso e da ação na direção de suas alternativas históricas (possibilidades reais).

## 34 | O HOMEM UNIDIMENSIONAL

quando ela elaborou os primeiros conceitos das alternativas, a crítica da sociedade industrial alcançou concretude por uma mediação histórica entre teoria e prática, valores e fatos, necessidades e objetivos. Essa mediação histórica ocorreu na consciência e na ação política das duas grandes classes que se enfrentaram mutuamente na sociedade: a burguesia e o proletariado. No mundo capitalista, elas são ainda as classes básicas. Entretanto, o desenvolvimento capitalista alterou a estrutura e a função dessas duas classes de tal maneira que elas não parecem mais ser os agentes da transformação histórica. Um interesse primordial na preservação e melhoramento do *status quo* une os antigos antagonistas nas mais avançadas áreas da sociedade contemporânea. E à proporção que o progresso técnico assegura o crescimento e a coesão da sociedade comunista, a própria ideia de mudança qualitativa retrocede diante das noções realistas de uma evolução não explosiva. Na ausência de agentes demonstráveis e de agências de mudança social, a crítica é então recuada a um nível mais alto de abstração. Não há terreno sobre o qual teoria e prática, pensamento e ação se encontrem. Mesmo a análise mais empírica das alternativas históricas parece ser especulação irrealista e o compromisso com elas, uma questão de preferência pessoal (ou de grupo).

E ainda: essa ausência refuta a teoria? Diante dos fatos aparentemente contraditórios, a análise crítica continua a insistir que a necessidade de uma mudança qualitativa é tão premente como nunca antes. Necessária a quem? A resposta continua a ser a mesma: à sociedade como um todo, para cada um de seus membros. A união de produtividade crescente e destrutividade crescente; o perigo de aniquilação; a capitulação do pensamento e da esperança e o temor ante as decisões dos poderes existentes; a preservação da miséria em face da riqueza sem precedentes constituem a mais imparcial acusação – ainda que elas não sejam a *raison d'être* dessa sociedade, mas somente seu subproduto: sua impetuosa racionalidade, que impele a eficiência e o crescimento, é irracional em si mesma.

O fato de que a ampla maioria da população aceite e seja levada a aceitar essa sociedade não a torna menos irracional e menos repreensível. A distinção entre verdadeira e falsa consciência, interesses reais e imediatos é ainda significativa. Mas essa própria distinção deve ser validada. Os homens devem chegar a vê-la e a encontrar o caminho da falsa consciência para a verdadeira, de seu interesse imediato para o interesse real. Eles só podem fazer isso se sentirem a necessidade de mudar seu modo de vida, de negar o positivo, de recusar. É precisamente essa necessidade que a sociedade

INTRODUÇÃO À 1ª EDIÇÃO | 35

estabelecida administra para reprimir, na proporção exata em que ela é capaz de "distribuir os bens" em uma escala cada vez maior e usar a conquista científica da natureza para a conquista científica do homem.

Confrontada com o caráter total das realizações da sociedade industrial avançada, a teoria crítica é deixada sem a base racional para transcender essa sociedade. O vácuo esvazia a própria estrutura teórica, porque as categorias de uma teoria social crítica foram desenvolvidas durante o período em que a necessidade por recusa e subversão foi incorporada na ação de forças sociais efetivas. Essas categorias foram conceitos essencialmente negativos e de oposição e definiram as contradições vigentes na sociedade europeia do século XIX. A própria categoria "sociedade" expressou o conflito agudo entre a esfera social e política – a sociedade como antagônica ao Estado. Da mesma forma, "indivíduo", "classe", "privado", "família" denotaram esferas e forças ainda não integradas às condições estabelecidas – esferas de tensão e contradição. Com a crescente integração da sociedade industrial, essas categorias estão perdendo sua conotação crítica e tendem a se tornar termos descritivos, ilusórios ou operacionais.

Uma tentativa de recuperar a intenção crítica dessas categorias e de compreender como essa intenção foi cancelada pela realidade social parece, desde o início, uma regressão de uma teoria, ligada à prática histórica, ao pensamento abstrato e especulativo: da crítica da economia política à filosofia. Esse caráter ideológico da crítica resulta do fato de que a análise é forçada a proceder de uma posição "externa" ao positivo e ao negativo, às tendências produtivas e às destrutivas na sociedade. A sociedade industrial moderna é a identidade penetrante desses opostos – é o todo que está em questão. Ao mesmo tempo, a posição da teoria não pode ser de mera especulação. Deve ser uma posição histórica no sentido de que ela deve ser fundamentada nas capacidades da sociedade dada.

Essa situação ambígua envolve ainda uma ambiguidade mais fundamental. *O homem unidimensional* oscilará completamente entre duas hipóteses contraditórias: 1) a de que a sociedade industrial avançada é capaz de conter a mudança qualitativa devido a um futuro previsível; 2) a de que existem forças e tendências que podem romper essa contenção e implodir a sociedade. Eu não penso que uma resposta clara possa ser dada. Ambas as tendências existem lado a lado – e mesmo uma na outra. A primeira tendência é dominante e quaisquer precondições para uma reversão que possam existir estão sendo usadas para preveni-la. Talvez um acidente possa alterar a situação, mas a menos que o reconhecimento do que está sendo

## 36 | O HOMEM UNIDIMENSIONAL

dado e o que está sendo evitado subverta a consciência e o comportamento do homem, nem mesmo uma catástrofe levara à mudança.

A análise está centrada na sociedade industrial avançada, na qual o aparato técnico de produção e distribuição (com um crescente setor de automação) funciona, não como a soma total de meros instrumentos que podem ser isolados de seus efeitos sociais e políticos, mas antes como um sistema que determina *a priori* o produto do aparato assim como as operações para servi-lo e ampliá-lo. Nessa sociedade, o aparato produtivo tende a se tornar totalitário no sentido em que ele determina não apenas as ocupações, habilidades e atitudes socialmente necessárias, mas também as necessidades e aspirações individuais. Dessa forma, isso ofusca a oposição entre a existência pública e privada, entre as necessidades individuais e sociais. A tecnologia serve para instituir novas formas, mais efetivas e prazerosas, de controle e coesão social. A tendência totalitária desses controles parece afirmar-se ainda em outro sentido – espalhando-se para regiões do mundo menos desenvolvidas e até mesmo pré-industriais e criando similaridades no desenvolvimento do capitalismo e do comunismo.

Diante das características totalitárias dessa sociedade, a noção tradicional de "neutralidade" da tecnologia não pode mais ser sustentada. A tecnologia enquanto tal não pode ser isolada do uso que lhe é dado; a sociedade tecnológica é um sistema de dominação que já opera no conceito e na construção das técnicas.

A maneira pela qual a sociedade organiza a vida de seus membros envolve uma *escolha* inicial entre alternativas históricas que são determinadas pelo nível herdado de cultura material e intelectual. A própria escolha resulta do jogo dos interesses dominantes. Ela *antecipa* modos específicos de transformar e utilizar o homem e a natureza e rejeita outros modos. É um "projeto" de realização entre outros.[2] Mas, uma vez que o projeto se tornou operante nas instituições e relações básicas, ele tende a se tornar exclusivo e a determinar o desenvolvimento da sociedade como um todo. Enquanto universo tecnológico, a sociedade industrial avançada é um universo *político*, a mais recente etapa na realização de um *projeto* histórico específico – a saber, a experiência, a transformação e organização da natureza como mero material de dominação.

---

2. O termo "projeto" enfatiza o elemento de liberdade e responsabilidade na determinação histórica: ele liga autonomia e contingência. Nesse sentido, o termo é usado no trabalho de Jean-Paul Sartre. Para uma discussão mais detalhada, ver capítulo 8.

INTRODUÇÃO À 1ª EDIÇÃO | 37

À medida que o projeto se desdobra, ele dá forma ao universo inteiro do discurso e da ação, da cultura intelectual e material. No meio tecnológico, a cultura, a política e a economia se fundem em um sistema onipresente que engole ou rejeita todas as alternativas. A produtividade e o crescente potencial desse sistema estabiliza a sociedade e contém o progresso técnico dentro da estrutura de dominação. A racionalidade tecnológica tornou-se racionalidade política.

Na discussão sobre as tendências bem conhecidas da civilização industrial avançada, eu raramente dei referências específicas. O material está reunido e descrito na vasta literatura sociológica e psicológica sobre tecnologia e mudança social, administração científica, empresa corporativa, mudanças no caráter do trabalho industrial e da força de trabalho etc. Há muitas análises não ideológicas dos fatos – tais como *The Modern Corporation and Private Property*, de Berle e Means, os relatórios do 76º Congresso do Temporary National Economic Committee sobre a *Concentration of Economic Power*, as publicações da AFL-CIO sobre *Automation and Major Technological Change*, mas também aquelas de *News and Letters* e *Correspondence* em Detroit. Eu deveria enfatizar a importância vital do trabalho de C. Wright Mills e de estudos que são frequentemente desaprovados por causa da simplificação, do exagero ou do tom jornalístico – *The Hidden Persuaders*, *The Status Seekers* e *The Waste Makers*, de Vance Packard, *The Warfare State* de Fred J. Cook fazem parte dessa categoria. Sem dúvida, a ausência de análise teórica nesses trabalhos deixa encobertas e protegidas as raízes das condições descritas, mas ao deixar falarem por si mesmas, essas condições falam com bastante clareza. Talvez a evidência mais eficaz possa ser obtida simplesmente assistindo televisão ou ouvindo o rádio AM por uma hora consecutiva ao longo de alguns dias, não desligando-o durante o intervalo comercial e mudando a estação de vez em quando.

Minha análise está centrada sobre as tendências nas mais altamente desenvolvidas sociedades contemporâneas. Há amplas áreas dentro e fora dessas sociedades em que as tendências descritas não prevalecem – eu diria: não prevalecem ainda. Eu estou projetando essas tendências e ofereço algumas hipóteses, nada mais.

# Sociedade Unidimensional

# Capítulo 1
# As novas formas de controle

Uma não-liberdade confortável, muito agradável, racional e democrática prevalece na civilização industrial avançada, um sinal do progresso técnico. Na verdade, o que poderia ser mais racional que a supressão da individualidade na mecanização de performances socialmente necessárias, mas penosas; que a concentração de empreendimentos individuais em corporações mais eficientes, mais produtivas; que a regulação da livre competição entre sujeitos econômicos desigualmente equipados; que a restrição de prerrogativas e soberanias nacionais que impedem a organização internacional dos recursos? Que este ordenamento tecnológico envolva também uma coordenação política e intelectual pode ser uma evolução lamentável, mas ainda promissora.

Os direitos e liberdades que eram os fatores vitais nas origens e nos estágios iniciais da sociedade industrial se renderam ao estágio superior dessa mesma sociedade; esses direitos e liberdades estão perdendo sua razão e seu conteúdo tradicionais. Liberdade de pensamento, palavra e consciência é – assim como a livre iniciativa, que ela promoveu e protegeu – essencialmente ideias *críticas*, designadas para substituir uma cultura material e intelectual obsoleta por uma mais produtiva e racional. Uma vez institucionalizados, esses direitos e liberdades compartilham o destino da sociedade da qual eles tinham se tornado uma parte integral. A realização cancela as premissas.

À medida que libertar-se da necessidade, que é a substância concreta de toda liberdade, está se tornando uma possibilidade real, as liberdades que pertencem a um estado de baixa produtividade estão perdendo seu conteúdo original. Independência de pensamento, autonomia e o direito de oposição política estão sendo privados de sua função essencialmente crítica em uma sociedade que parece crescentemente capaz de satisfazer as neces-

42 | SOCIEDADE UNIDIMENSIONAL

sidades dos indivíduos por meio da forma como está organizada. Tal sociedade pode, justamente, exigir a aceitação de seus princípios e instituições e reduzir a oposição à discussão e promoção de alternativas políticas *dentro do status quo*. A esse respeito, parece fazer pouca diferença se a crescente satisfação das necessidades é realizada por um sistema autoritário ou não. Diante de um crescente padrão de vida, a não-conformidade com o sistema parece ser socialmente inútil, ainda mais, se isso acarretar desvantagens econômicas e políticas concretas e ameaçar o bom funcionamento do todo. Na verdade, pelo menos enquanto as necessidades da vida estiverem envolvidas, não parece haver motivo para que a produção e a distribuição de bens e serviços devam prosseguir por meio da concorrência competitiva entre liberdades individuais.

A livre iniciativa não foi, desde o início, uma vantagem. Enquanto liberdade para trabalhar ou morrer de fome, isso significou labuta, insegurança e medo para uma grande maioria da população. Se o indivíduo já não fosse mais forçado a ser bem-sucedido no mercado, como um sujeito economicamente livre, o desaparecimento desse tipo de liberdade seria uma das maiores realizações da civilização. Os processos tecnológicos de automação e estandardização podem liberar energia individual para um reino ainda desconhecido de liberdade, situado para além da necessidade. A própria estrutura da existência humana seria alterada; o indivíduo seria liberado do mundo do trabalho que impõe a ele necessidades e possibilidades que lhe são estranhas. O indivíduo seria livre para exercer a autonomia sobre uma vida que seria propriamente sua. Se o aparato produtivo pode ser organizado e dirigido para a satisfação das necessidades vitais, seu controle pode muito bem ser centralizado; tal controle não impediria a autonomia individual, mas a tornaria possível.

Esta é uma meta contida nas capacidades da civilização industrial avançada, o "fim" da racionalidade tecnológica. Entretanto, na realidade atual, opera a tendência oposta: o aparato impõe suas exigências econômicas e políticas de defesa e expansão sobre o tempo de trabalho e o tempo livre, sobre a cultura material e intelectual. Em virtude da maneira que ela organizou sua base tecnológica, a sociedade industrial contemporânea tende a ser totalitária. Pois "totalitária" não é apenas uma coordenação política terrorista da sociedade, mas também uma coordenação técnico-econômica não terrorista que opera através da manipulação das necessidades por interesses escusos. Isso impede, então, a emergência de uma oposição efetiva contra o todo. Não apenas uma forma específica de governo ou diretriz

AS NOVAS FORMAS DE CONTROLE | 43

partidária conduz ao totalitarismo, mas também um sistema específico de produção e distribuição que bem poderia ser compatível com um "pluralismo" partidário, jornais, "poderes compensatórios" etc.[3] Atualmente, o poder político afirma-se por meio de seu poder sobre os processos mecânicos e sobre a organização técnica do aparato. O governo das sociedades industriais avançadas e em desenvolvimento só pode se manter e se garantir quando tem êxito em mobilizar, organizar e explorar a produtividade técnica, científica e mecânica disponível na civilização industrial. E essa produtividade mobiliza a civilização industrial como um todo, acima e além de qualquer indivíduo particular ou interesses de grupo. O fato brutal de que o poder físico (somente físico?) da máquina ultrapassa aquele do indivíduo, e de qualquer grupo particular de indivíduos, faz da máquina o mais efetivo instrumento político em qualquer sociedade cuja organização básica seja aquela do processo maquinal. Mas a tendência política pode ser revertida; essencialmente, o poder da máquina é apenas o poder do homem armazenado e projetado. À medida que o mundo do trabalho é concebido como uma máquina e mecanizado dessa forma ele se torna a base *potencial* de uma nova liberdade para o homem.

A civilização industrial contemporânea demonstra que alcançou o estágio no qual "a livre sociedade" não pode mais ser adequadamente definida nos termos tradicionais das liberdades econômica, política e intelectual, não porque essas liberdades tenham se tornado insignificantes, mas porque elas são demasiado significativas para serem confinadas dentro de formas tradicionais. São necessários novos modos de realização, que correspondam às novas capacidades da sociedade.

Esses novos modos só podem ser nomeados com termos negativos porque eles equivaleriam à negação dos modos predominantes. Assim, a liberdade econômica significaria a libertação *da* economia – de ser controlado pelas forças e relações econômicas; libertação da luta diária pela existência, de ganhar a vida. A liberdade política significaria a libertação dos indivíduos *em relação às* políticas sobre as quais eles não têm qualquer controle efetivo. De maneira similar, a liberdade intelectual significaria a restauração do pensamento individual que foi agora absorvido pelos meios de comunicação e doutrinação, representaria a abolição da "opinião pública" junto com seus autores. O tom não realista dessas proposições é um indício, não de seu caráter utópico, mas do vigor das forças que impedem sua realização. A mais efetiva e duradoura das guerras contra a libertação é a inculcação de

---

3. Ver p. 79.

44 | SOCIEDADE UNIDIMENSIONAL

necessidades materiais e intelectuais que perpetuam formas obsoletas de luta pela existência.

A intensidade, a satisfação e até mesmo as características das necessidades humanas, para além do nível biológico, foram sempre condicionadas. Se a possibilidade de se fazer algo ou de se deixar de fazê-lo, de desfrutar ou de destruir, de possuir ou rejeitar algo é tomada como uma *necessidade*, isso depende de se ela pode ou não ser vista como desejável e necessária para as instituições e interesses predominantes da sociedade. Nesse sentido, as necessidades humanas são necessidades históricas e à medida que a sociedade exige o desenvolvimento repressivo do indivíduo, suas próprias necessidades e a sua demanda por satisfação estão sujeitas aos padrões críticos dominantes.

Nós podemos distinguir entre necessidades verdadeiras e falsas. "Falsas" são aquelas que são superimpostas ao indivíduo por interesses sociais particulares para reprimi-lo: as necessidades que perpetuam a labuta, a agressividade, a miséria e a injustiça. Sua satisfação pode ser mais gratificante para o indivíduo, mas essa felicidade não é uma condição que deva ser mantida e protegida se ela serve para impedir o desenvolvimento da capacidade (sua própria e dos outros) de reconhecer a enfermidade do todo e de perceber as chances de curá-la. O resultado, então, é a euforia na infelicidade. A maior parte das necessidades predominantes de descansar, divertir-se, de comportar-se e consumir de acordo com os anúncios, de amar e odiar o que os outros amam e odeiam, pertence à categoria das falsas necessidades.

Tais necessidades têm um conteúdo e uma função sociais que são determinadas por poderes externos sobre os quais o indivíduo não tem controle; o desenvolvimento e a satisfação dessas necessidades são heterônomos. Não importa quantas dessas necessidades tenham podido se tornar próprias do indivíduo, reproduzidas e fortificadas pelas condições de sua existência; não importa o quanto ele se identifique com elas e se encontre a si mesmo ao satisfazê-las, elas continuam a ser o que foram desde o início – produtos de uma sociedade cujo interesse dominante exige repressão.

A prevalência de necessidades repressivas é um fato consumado, aceito na ignorância e na frustração, mas um fato que deve ser desfeito pelo bem da felicidade individual bem como de todos aqueles cuja miséria é o preço de sua satisfação. As únicas necessidades que possuem uma pretensão absoluta à satisfação são as necessidades vitais – alimentação, vestuário e moradia possíveis em certo nível cultural. A satisfação dessas necessidades é o pré-requisito para a realização de *todas* as necessidades, tanto das não--sublimadas quanto das sublimadas.

Para toda consciência e toda experiência que não aceitem o interesse social predominante como a suprema lei do pensamento e comportamento, o universo estabelecido de necessidades e satisfações é um fato a ser questionado – questionado em termos de verdade ou falsidade. Esses termos são totalmente históricos e sua objetividade é histórica. O julgamento sobre as necessidades e sua satisfação, sob as condições dadas, envolve padrões de *prioridade* – padrões que se referem ao máximo desenvolvimento do indivíduo, de todos os indivíduos, sob a melhor utilização possível dos recursos materiais e intelectuais disponíveis. Os recursos são calculáveis. A "verdade" e a "falsidade" das necessidades designam condições objetivas no sentido de que a satisfação universal das necessidades vitais e, além disso, o alívio progressivo da labuta e da pobreza são critérios válidos universalmente. Mas enquanto critérios históricos, eles não variam apenas de acordo com a área e o estágio de desenvolvimento, eles também só podem ser definidos em (maior ou menor) *contradição* com os padrões predominantes. Qual tribunal pode reivindicar a autoridade sobre esse julgamento?

Em última análise, a questão sobre quais necessidades são verdadeiras ou falsas deve ser respondida pelos próprios indivíduos, mas apenas em última análise; ou seja, se e quando eles são livres para dar sua própria resposta. Enquanto eles são mantidos na incapacidade de serem autônomos, enquanto eles são doutrinados e manipulados (até em suas próprias pulsões), sua resposta a essa questão não pode ser considerada como sendo dele próprio. Entretanto, além disso, nenhum tribunal pode com justiça tomar para si o direito de decidir quais necessidades devem ser desenvolvidas e satisfeitas. Qualquer tribunal seria repreensível, embora nossa repulsa não elimine a questão: como podem as pessoas, que têm sido objeto de dominação efetiva e produtiva, criar por si mesmas as condições de liberdade?[4]

Quanto mais racional, produtiva, técnica e total se torna a administração repressiva da sociedade, mais inimagináveis se tornam os meios e modos pelos quais os indivíduos administrados poderiam quebrar sua servidão e tomar sua libertação em suas próprias mãos. Com certeza, impor a Razão à sociedade inteira é uma ideia paradoxal e escandalosa – embora se possa discutir a integridade de uma sociedade que ridiculariza essa ideia enquanto transforma seus próprios cidadãos em objetos de uma administração total. Toda libertação depende da consciência da servidão e o despertar dessa consciência se vê impedido pela prevalência de necessidades

---

4. Ver p. 72.

e satisfações que, em grande medida, tornaram-se próprias do indivíduo.

O processo sempre substitui um sistema de pré-condicionamento por outro; o objetivo máximo é a substituição de falsas necessidades pelas verdadeiras, o abandono da satisfação repressiva.

O traço distintivo da sociedade industrial avançada é sua capacidade efetiva de sufocar aquelas necessidades que demandam libertação – libertação também daquilo que é tolerável, gratificante e confortável – enquanto sustenta e absolve o poder destrutivo e a função repressiva da sociedade afluente. Aqui, os controles sociais exigem a necessidade irresistível de produção e consumo de supérfluos; a necessidade de trabalho imbecilizante onde isso não é mais necessário; a necessidade de modos de relaxamento que aliviam e prolongam essa imbecilização; a necessidade de manter liberdades enganosas como a livre concorrência com preços administrados, uma imprensa livre que se autocensura, a livre escolha entre marcas idênticas e acessórios inúteis.

Sob o domínio de um todo repressivo, a liberdade pode ser transformada em um poderoso instrumento de dominação. O leque de opções aberto ao indivíduo não é o fator decisivo na determinação do grau de liberdade humana, mas *o que* pode ser escolhido e o que é realmente escolhido pelo indivíduo. O critério da livre escolha nunca pode ser um critério absoluto, nem tampouco inteiramente relativo. Escolher livremente os senhores não anula a existência de senhores ou de escravos. A livre escolha entre uma ampla variedade de bens e serviços não significa liberdade se esses bens e serviços sustentam controles sociais sob uma vida de labuta e medo – isto é, se eles sustentam a alienação. E a reprodução espontânea, pelo indivíduo, de necessidades superimpostas não estabelece a autonomia; ela testemunha apenas a eficácia dos controles.

Nossa insistência na profundidade e eficácia desses controles está sujeita à objeção de que superestimamos enormemente o poder de doutrinação dos "meios de comunicação de massa" e de que as pessoas sentiriam e satisfariam por si mesmas as necessidades que agora lhes são impostas. A objeção falha em um ponto. O pré-condicionamento não começa com a produção massiva das emissoras de rádio e televisão e com a centralização de seu controle. As pessoas entram nesse estágio como receptáculos pré-condicionados; a diferença decisiva está no nivelamento do contraste (ou conflito) entre o dado e o possível, entre as necessidades satisfeitas e não satisfeitas. Aqui, o assim chamado nivelamento das classes revela sua

AS NOVAS FORMAS DE CONTROLE | 47

função ideológica. Se o trabalhador e seu chefe se divertem com o mesmo programa de televisão e visitam os mesmos lugares de lazer e descanso, se a datilógrafa está tão atraentemente maquiada quanto a filha do patrão, se o negro possui um Cadilac, se todos leem o mesmo jornal, então essa assimilação indica não o desaparecimento das classes, mas a extensão na qual as necessidades e satisfações que servem para a preservação do *Establishment** são partilhadas por toda a população subjacente.

Na verdade, nos setores mais altamente desenvolvidos da sociedade contemporânea, a transformação de necessidades sociais em necessidades individuais é tão efetiva que a diferença entre elas parece ser puramente teórica. Pode realmente alguém distinguir entre os meios de comunicação de massa como instrumentos de informação e entretenimento, e como agentes de manipulação e doutrinação? Entre o automóvel como incômodo e como conveniência? Entre os horrores e o conforto da arquitetura funcional? Entre o trabalho para a defesa nacional e o trabalho para o ganho corporativo? Entre o prazer pessoal e a utilidade comercial e política envolvida na crescente taxa de natalidade?

Nós estamos novamente diante de um dos mais irritantes aspectos da civilização industrial avançada: o caráter irracional de sua racionalidade. Sua produtividade e eficiência, sua capacidade de aumentar e ampliar comodidades, de transformar o desperdício em necessidade e a destruição em construção, a dimensão com que essa civilização transforma o mundo objetivo em uma extensão do corpo e do espírito (*mind*) torna questionável a própria noção de alienação. As pessoas se reconhecem em suas mercadorias; encontram sua alma no seu automóvel, nos seus aparelhos *hi-fi*, nas suas casas de dois andares ou com mezanino e nos seus utensílios de cozinha. O próprio mecanismo que une o indivíduo à sua sociedade mudou e o controle social está ancorado nas novas necessidades que essa sociedade produziu.

As formas predominantes de controle social são tecnológicas em um novo sentido. Com certeza, a estrutura técnica e a eficácia do aparato produtivo e destrutivo têm sido um dos principais meios para sujeitar a população

---

*. Marcuse grafou no texto original a palavra *Establishment* em letra maiúscula. A tradução literal seria Estabelecimento. Mas o termo não é usual no vocabulário político brasileiro. Desde a tradução de *A arte na sociedade unidimensional*, feita por Laís Mourão e Luiz Costa Lima e publicada em 1969, em que se conservou o termo original, essa forma de notação ficou consagrada na tradução brasileira. Por isso, adotamos essa notação. Outras traduções consultadas traduzem o termo de maneiras variadas: a espanhola usa "sistema estabelecido" (com as aspas); a alemã usa *Bestehend* (existente) e a francesa se afasta muito do original e usa "classes dirigentes" (sem as aspas). (N.T.)

48 | SOCIEDADE UNIDIMENSIONAL

à divisão social do trabalho estabelecida durante o período moderno. Além disso, tal integração sempre esteve acompanhada por formas mais óbvias de compulsão: perda dos meios de subsistência, a administração da justiça, a polícia, as forças armadas. Isso ainda acontece. Mas, no período contemporâneo, os controles técnicos parecem ser a própria encarnação da Razão em benefício de todos os grupos e interesses sociais – em um nível tal que toda contradição parece irracional e toda oposição, impossível.

Assim, não é de se admirar que, nos setores mais avançados dessa civilização, os controles sociais tenham sido introjetados a ponto de até mesmo o protesto individual ser afetado em suas raízes. A recusa intelectual e emocional de "seguir a corrente" parece neurótica e impotente. Este é o aspecto sócio-psicológico do acontecimento político que marca o período contemporâneo: o desaparecimento das forças históricas que, na fase anterior da sociedade industrial, pareceu representar a possibilidade de novas formas de existência.

Mas talvez o termo "introjeção" não descreva mais a forma pela qual o indivíduo por si mesmo reproduz e perpetua os controles externos exercidos pela sociedade. Introjeção sugere uma variedade de processos relativamente espontâneos pela qual um Eu (Ego) transpõe o "exterior" para o "interior". Assim, a introjeção implica a existência de uma dimensão interior distinta das exigências externas e mesmo contrária a elas – uma consciência individual e um inconsciente individual *independentes* da opinião e do comportamento públicos.[5] A ideia de "liberdade interior" tem aqui sua realidade: ela designa o espaço privado no qual o homem se torna e permanece "ele mesmo".

Hoje esse espaço privado foi invadido e reduzido pela realidade tecnológica. A produção e a distribuição em massa exigem o indivíduo *inteiro* e a psicologia industrial há muito deixou de estar restrita à fábrica. Os múltiplos processos de introjeção parecem estar cristalizados em reações quase mecânicas. O resultado não é o ajustamento, mas a *mimese*: uma identificação imediata do indivíduo com *sua* sociedade e, através dela, com a sociedade como um todo.

Essa identificação imediata, automática (que pode ter sido característica das formas primitivas de associação) reaparece na civilização altamente industrializada; entretanto, sua nova "imediatez" é o produto de uma admi-

---

5. A modificação na função da família desempenha aqui um papel decisivo: suas funções "socializantes" são frequentemente assumidas por grupos externos e pelos meios de comunicação. Ver meu livro *Eros and Civilization* (Boston: Beacon Press, 1955), p. 96 ss. [Tradução brasileira: *Eros e civilização*. 8. ed. Rio de Janeiro: LTC, 1999. (N.T.)]

AS NOVAS FORMAS DE CONTROLE | 49

nistração e uma organização sofisticadas e científicas. Nesse processo, a dimensão "interior" da mente (*mind*), na qual a oposição ao *status quo* pode se enraizar, é reduzida. A perda dessa dimensão, na qual habita o poder do pensamento negativo – o poder crítico da Razão – é a contraparte ideológica do próprio processo material pelo qual a sociedade industrial silencia e reconcilia a oposição. O impacto do progresso transforma a Razão em submissão aos fatos da vida e à capacidade dinâmica de produzir mais e maiores fatos do mesmo tipo de vida. A eficiência do sistema enfraquece a capacidade do indivíduo reconhecer que esse sistema só contém fatos que expressam o poder repressivo do todo. Se os indivíduos encontram-se nas coisas que moldam suas vidas, não é porque eles estabelecem a lei das coisas, mas porque eles a aceitam – não como uma lei da física, mas enquanto uma lei de sua sociedade.

Eu acabei de sugerir que o conceito de alienação parece tornar-se questionável quando os indivíduos se identificam com a existência que lhes é imposta e veem nela seu próprio desenvolvimento e satisfação. Essa identificação não é ilusão, mas realidade. Entretanto, a realidade constitui um estágio mais avançado de alienação. Esta se tornou inteiramente objetiva; o sujeito, que é alienado, é engolido por sua existência alienada. Há apenas uma dimensão e ela está em todos os lugares e em todas as formas. As realizações do progresso desafiam a acusação tanto quanto a justificação ideológica; perante o seu tribunal, a "falsa consciência" de sua racionalidade torna-se a verdadeira consciência.

Essa absorção da ideologia na realidade não significa, contudo, o "fim da ideologia". Ao contrário, em um sentido específico, a cultura industrial avançada é *mais* ideológica que sua predecessora, visto que hoje a ideologia está no próprio processo de produção.[6] De uma forma provocativa, essa proposição revela os aspectos políticos da racionalidade tecnológica predominante. O aparato produtivo e os bens e serviços que ele produz "vendem" ou impõem o sistema social como um todo. Os meios de transporte e de comunicação de massa, as mercadorias de habitação, alimentação e vestuário, a irresistível produção da indústria do entretenimento e da informação trazem consigo atitudes e hábitos prescritos, certas reações intelectuais e emocionais que unem os consumidores mais ou menos prazerosamente aos produtores e, por meio destes últimos, ao todo. Os produtos doutrinam e manipulam; eles promovem uma falsa consciência que é imune à sua falsi-

---

6. ADORNO, Theodor W. *Prismen: Kulturkritik und Gesellschaft* (Frankfurt: Suhrkamp, 1955), p. 24 ss. [Tradução brasileira: *Prismas: crítica cultural e sociedade*. São Paulo: Ática, 1998. (N.T.)]

50 | SOCIEDADE UNIDIMENSIONAL

dade. E como esses produtos benéficos tornam-se disponíveis a mais indivíduos em mais classes sociais, a doutrinação que eles levam a cabo deixa de ser publicidade; torna-se um estilo de vida. É um bom estilo de vida – muito melhor que antes – e enquanto um bom estilo de vida, ele age contra a mudança qualitativa. Surge assim um padrão de *pensamento e comportamento unidimensional*, no qual as ideias, aspirações e objetivos que, por seu conteúdo, transcendem o universo estabelecido do discurso e da ação, são ou repelidos ou reduzidos aos termos desse universo. Eles são redefinidos pela racionalidade do sistema dado e de sua extensão quantitativa.

A tendência pode estar relacionada ao desenvolvimento do método científico: operacionalismo na física, behaviorismo nas ciências sociais. O traço característico é um empirismo total no tratamento dos conceitos; seu significado está restrito à representação de operações e comportamentos particulares. O ponto de vista operacional é muito bem ilustrado pela análise do conceito de extensão feita por P. W. Bridgman:[7]

> Evidentemente sabemos o que queremos dizer por extensão se nós dizemos o que é a extensão de todo e qualquer objeto, e para o físico nada mais é necessário. Para encontrar a extensão de um objeto, nós temos que realizar certas operações físicas. O conceito de extensão estará, portanto, estabelecido se as operações pelas quais a extensão é medida são fixadas: isto é, o conceito de extensão implica nem mais nem menos que o conjunto de operações pelas quais a extensão é determinada. Em geral, entendemos por algum conceito nada mais que um conjunto de operações; *o conceito é sinônimo do conjunto correspondente de operações.*

Bridgman viu as amplas implicações desse modo de pensar para a sociedade em geral:[8]

> Adotar o ponto de vista operacional envolve muito mais que a mera restrição do sentido no qual nós compreendemos 'conceito', mas significa uma mudança de grande alcance em todos os nossos hábitos de pensamento, porque não mais nos permitiremos usar como instrumentos conceitos para os quais não se pode dar uma justificativa em termos operacionais.

---

7. BRIDGMAN, P. W. *The Logic of Modern Physics* (Nova York: Macmillan, 1928), p. 5. A doutrina operacional foi, desde então, refinada e qualificada. O próprio Bridgman ampliou o conceito de "operação" para incluir as operações de "papel e lápis" do teórico (em FRANK, Philip J. *The Validation of Scientific Theories*. Boston: Beacon Press, 1954, cap. 2). O impulso principal permanece o mesmo: é "desejável" que as operações de papel e lápis "sejam capazes de contato eventual, embora talvez indiretamente, com operações instrumentais".

8. *Ibid.*, p. 31.

AS NOVAS FORMAS DE CONTROLE | 51

A predição de Bridgman se tornou realidade. O novo modo de pensar é hoje a tendência predominante em filosofia, psicologia, sociologia e outros campos. Muitos dos conceitos mais seriamente perturbadores estão sendo "eliminados", ao se mostrar que não se pode dar nenhuma explicação adequada deles em termos operacionais ou comportamentais. O ataque radical empirista (eu examinarei subsequentemente, nos capítulos 7 e 8, sua pretensão de ser empirista) fornece, então, a justificativa metodológica para o desmerecimento do espírito (*mind*) realizado pelos intelectuais – um positivismo que, em sua negação dos elementos transcendentes da Razão, forma a contraparte acadêmica do comportamento requerido socialmente.

Fora do mundo acadêmico, "a mudança de grande alcance em todos os nossos hábitos de pensamento" é mais séria. Ela serve para coordenar ideias e metas com aquelas exigidas pelo sistema predominante, para incluí-las no sistema e repelir aquelas que são irreconciliáveis com o sistema. O reinado de tal realidade unidimensional não significa que o materialismo exerça o domínio e que as ocupações espirituais (*spiritual*), metafísicas e boêmias estejam sumindo aos poucos. Ao contrário, há muito de "louvemos juntos essa semana", "Porque não experimentar Deus", Zen, existencialismo e modos de vida *beatniks*. Mas tais modos de protesto e transcendência não são mais contraditórios com o *status quo* e não são mais negativos. Eles são antes a parte cerimonial do behaviorismo prático, sua negação inofensiva e são rapidamente digeridos pelo *status quo* como parte de sua dieta saudável.

O pensamento unidimensional é sistematicamente promovido pelos técnicos da política e seus provedores de informação de massa. Seu universo do discurso é povoado por hipóteses que se autovalidam e que, incessante e monopolisticamente repetidas, tornam-se definições ou prescrições hipnóticas. Por exemplo, "livres" são instituições que operam (e são operadas) nos países do Mundo Livre; outros modos transcendentes de liberdade são por definição ou anarquismo, comunismo ou propaganda. "Socialistas" são todas intervenções em empresas privadas não realizadas por empresas privadas (ou por contratos governamentais), tais como seguro de saúde universal e compreensivo, ou a proteção da natureza de toda comercialização extremamente devastadora, ou o estabelecimento de serviços públicos que podem ferir o lucro privado. Essa lógica totalitária de fatos realizados tem sua contraparte no Leste Comunista. Lá, liberdade é todo modo de vida instituído pelo regime comunista e todos os outros modos transcendentes de liberdade são ou capitalistas, ou revisionistas, ou sectarismo esquerdista. Em ambos os campos, ideias não-operacionais são não-behavioristas e subversivas. O movimento do pensamento é freado por barreiras que aparecem como os próprios limites da Razão.

Tal limitação do pensamento não é certamente nova. O racionalismo moderno em ascensão, tanto em sua forma especulativa como empírica, mostra um contraste notável entre o radicalismo extremamente crítico no método científico e filosófico, de um lado, e um quietismo acrítico na atitude diante das instituições sociais estabelecidas e em funcionamento. Assim, o *ego cogitans* de Descartes deixou intactos os "grandes corpos públicos" e Hobbes sustentou que "o presente deve ser sempre preferido, mantido e considerado melhor". Kant concorda com Locke ao justificar a revolução *se e quando* ela obtiver êxito na organização do todo e na prevenção da subversão.

Entretanto, esses conceitos conciliatórios da Razão sempre foram contestados pela miséria e injustiça evidentes no "grande corpo público" e pela rebelião efetiva e mais ou menos consciente contra eles. Existiram condições sociais que provocaram e permitiram uma real dissociação do estado de coisas estabelecido; estava presente uma dimensão tanto privada quanto política na qual a dissociação poderia desenvolver-se em oposição efetiva, experimentando sua força e a validade de seus objetivos.

Com o gradual fechamento dessa dimensão pela sociedade, a autolimitação do pensamento assume uma significação mais ampla. A inter-relação entre processos filosófico-científicos e sociais, entre a Razão teórica e prática se afirma "pelas costas" dos cientistas e filósofos. A sociedade coloca obstáculos a todo comportamento e operação que se opõe a ela; consequentemente, os conceitos que a contrariam são tornados ilusórios ou sem significação. A transcendência histórica aparece como transcendência metafísica, algo que a ciência e o pensamento científico não aceitam. O ponto de vista operacional e comportamental, praticado em geral como "hábito de pensamento", torna-se a perspectiva do universo estabelecido do discurso e da ação, das necessidades e aspirações. A "astúcia da Razão" atua, como frequentemente o fez, em prol dos poderes estabelecidos. A insistência em conceitos operacionais e comportamentais se volta contra os esforços para libertar o pensamento e o comportamento *da* realidade dada e para *orientá-los em direção* às alternativas suprimidas. A Razão teórica e prática, o behaviorismo acadêmico e social se encontram em um solo comum: o de uma sociedade avançada que converte o progresso científico e técnico em um instrumento de dominação.

"Progresso" não é um termo neutro; ele se move para fins específicos e esses fins são definidos pelas possibilidades de melhoria da condição humana. A sociedade industrial avançada está se aproximando do estágio em que o progresso contínuo exigiria a subversão radical da direção e da organização predominantes do progresso. Esse estágio seria alcançado quando a produção material (incluindo os serviços essenciais) se tornar automatizada até o ponto em que todas as necessidades vitais possam ser satisfeitas enquanto o tempo necessário trabalho é reduzido a um tempo mínimo. A partir desse ponto, o progresso técnico transcenderia o reino da necessidade, onde ele serviu como o instrumento de dominação e exploração que, assim, limitou sua racionalidade; a tecnologia se sujeitaria ao livre jogo das faculdades humanas na luta pela pacificação da natureza e da sociedade.

Tal estado foi concebido na noção de Marx da "abolição do trabalho". O termo "pacificação da existência" parece ser mais apropriado para designar a alternativa histórica de um mundo que – em meio a um conflito internacional que transforma e suspende as contradições dentro das sociedades estabelecidas – se desenvolve à beira de uma guerra mundial. "Pacificação da existência" significa o desenvolvimento da luta do homem com o homem e com a natureza sob condições nas quais as necessidades mutuamente concorrentes, os desejos e as aspirações, não são mais organizados segundo interesses de dominação e de escassez – uma organização que perpetua as formas destrutivas dessa luta.

A luta atual contra essa alternativa histórica encontra uma base firme de massas na população subjacente, e encontra sua ideologia na rígida orientação do pensamento e do comportamento para o universo dado dos fatos. Validado pelas realizações da ciência e da tecnologia, justificado por sua crescente produtividade, o *status quo* desafia toda transcendência. Diante da possibilidade de pacificação baseada nas realizações técnicas e intelectuais, a sociedade industrial desenvolvida se fecha contra essa alternativa. O operacionalismo, na teoria e na prática, torna-se a teoria e a prática de *contenção*. Por baixo de sua dinâmica aparente, essa sociedade é um sistema de vida completamente estático: autopropulsora em sua produtividade opressiva e em sua coordenação benéfica. A contenção do progresso técnico caminha de mãos dadas com seu crescimento na direção estabelecida. A despeito dos entraves políticos impostos pelo *status quo*, quanto mais a tecnologia parece capaz de criar as condições para a pacificação, mais o espírito (*mind*) e o corpo do homem são organizados contra essa alternativa.

As mais avançadas áreas da sociedade industrial exibem completamente estes dois traços: uma tendência para a consumação da racionalidade tecnológica e os esforços intensivos para conter essa tendência dentro das instituições estabelecidas. Eis aí a contradição interna dessa civilização: o elemento irracional em sua racionalidade. É a evidência de suas realizações. A sociedade industrial, que faz da tecnologia e da ciência suas propriedades, está organizada para a dominação cada vez mais efetiva do homem e da natureza, para a utilização cada vez mais efetiva de seus recursos. Ela se torna irracional quando o sucesso desses esforços abre novas dimensões para a realização humana. A organização para a paz é diferente da organização para a guerra; as instituições que serviram para a luta pela existência não podem servir para a pacificação da existência. A vida como um fim é qualitativamente diferente da vida como um meio.

Tal modo qualitativamente novo de existência nunca pode ser concebido como o mero subproduto das mudanças econômicas e políticas, como efeito mais ou menos espontâneo das novas instituições que constituem o pré-requisito necessário. A mudança qualitativa também envolve uma mudança na base *técnica* sobre a qual essa sociedade se assenta – uma base que sustenta as instituições políticas e econômicas por meio das quais é reforçada a "segunda natureza" do homem como um objeto agressivo de administração. As técnicas de industrialização são técnicas políticas. Como tais, elas prejulgam as possibilidades da Razão e da Liberdade.

Certamente, o trabalho deve preceder a redução do trabalho e a industrialização deve preceder o desenvolvimento das necessidades e satisfações humanas. Mas assim como toda liberdade depende da conquista de necessidades de outra natureza, a realização da liberdade depende das *técnicas* dessa conquista. A mais alta produtividade do trabalho pode ser usada para a perpetuação do trabalho e a mais eficiente industrialização pode servir para a restrição e a manipulação das necessidades.

Quando esse ponto é alcançado, a dominação – disfarçada de afluência e liberdade – estende-se a todas as esferas da existência pública e privada, integra toda oposição autêntica, absorve todas as alternativas. A racionalidade tecnológica revela seu caráter político quando ela se torna o grande veículo da mais perfeita dominação, criando um universo verdadeiramente totalitário, na qual a sociedade e a natureza, o espírito (*mind*) e o corpo são mantidos em um estado de permanente mobilização para a defesa desse universo.

## Capítulo 2
# O fechamento do universo político

A sociedade da mobilização total, que ganha corpo nas mais avançadas áreas da civilização industrial, combina em produtiva união as características do Estado de Bem-Estar Social (*Welfare State*) e do Estado de Guerra (*Warfare State*). Comparada com "suas precursoras", ela é, na verdade, uma "nova sociedade". Os pontos tradicionalmente problemáticos estão sendo eliminados ou isolados, os elementos perturbadores estão sendo dominados. As principais tendências são familiares: concentração da economia nacional nos interesses das grandes corporações, tendo o governo como estimulador, apoiador e algumas vezes como força controladora; atrelamento dessa economia com um sistema mundial de alianças militares, acordos monetários, assistência técnica e esquemas de desenvolvimento; gradual assimilação dos "colarinhos azuis" e dos "colarinhos brancos", de tipos de liderança nos negócios e no trabalho, do lazer e das aspirações em diferentes classes sociais; fomento de uma harmonia preestabelecida entre a pesquisa acadêmica e os propósitos nacionais; invasão da esfera privada pela proximidade da opinião pública; abertura da intimidade aos meios de comunicação de massa.

Na esfera política, essa tendência manifesta-se em uma marcada unificação ou convergência de opostos. Na política externa, o bipartidarismo passa por cima dos interesses de grupos concorrentes por causa da ameaça do comunismo internacional, e se estende à política interna, onde os programas dos dois grandes partidos tornam-se cada vez mais indistintos, até mesmo no nível da hipocrisia e qualidade dos clichês. Essa unificação dos opostos repercute sobre as possibilidades de mudança social onde ela abrange aqueles segmentos sobre cujos ombros o sistema social progride – isto é, as próprias classes cuja existência outrora personificou a oposição ao sistema como um todo.

## 56 | SOCIEDADE UNIDIMENSIONAL

Nos Estados Unidos, percebe-se o conluio e a aliança entre os negócios e o trabalho organizado; em *Labor Looks at Labor: A Conversation*, publicado pelo Centro para o Estudo das Instituições Democráticas em 1963, lemos que:

> O que aconteceu é que o sindicato tornou-se quase indistinguível da corporação aos *seus próprios olhos*. Nós vemos hoje o fenômeno de sindicatos e corporações fazendo *lobby* político *conjuntamente*. O sindicato não será capaz de convencer os trabalhadores da indústria de mísseis que a companhia para a qual eles trabalham é despresível, quando tanto, o sindicato quanto a corporação estão fazendo lobby por maiores contratos de fabricação de mísseis e tentando trazer outras indústrias de defesa para sua área, ou quando conjuntamente aparecem diante do Congresso e pedem que sejam construídos mísseis ao invés de bombardeiros ou bombas em vez de mísseis, dependendo de que contrato eles tenham firmado.

O Partido Trabalhista Britânico, cujos líderes competem com seus oponentes conservadores na promoção dos interesses nacionais, dificilmente consegue defender um programa modesto de nacionalização parcial. Na Alemanha Ocidental, que tornou ilegal o partido comunista, o Partido Social Democrata, tendo oficialmente rejeitado seu programa marxista, está provando de modo convincente a sua respeitabilidade. Essa é a situação nos principais países industriais do Ocidente. No Leste, a redução gradual do controle político direto testemunha a crescente confiança na efetividade dos controles técnicos como instrumentos de dominação. Quanto aos fortes partidos comunistas da França e Itália, eles dão testemunho da tendência geral ao aderirem a um programa mínimo que deixa de lado a tomada revolucionária do poder e age de acordo com as regras do jogo parlamentar.

Entretanto, ainda que seja incorreto considerar os partidos francês e italiano como "estrangeiros", no sentido de serem apoiados por uma potência estrangeira, há um fundo involuntário de verdade nessa propaganda: eles são estrangeiros enquanto são testemunhas de uma história passada (ou futura?) na realidade atual. Se eles têm aceitado trabalhar dentro da estrutura do sistema estabelecido, não é meramente por razões táticas e como estratégia de curto prazo, mas porque sua base social foi enfraquecida e seus objetivos foram alterados pela transformação do sistema capitalista (tal como aconteceu com os objetivos da União Soviética que endossou essa mudança na política). Esses partidos comunistas nacionais desempenham o papel histórico de partidos de oposição legal, "condenados" a ser não-radicais.

Eles testemunham a profundidade e o alcance da integração capitalista e as condições que fazem a diferença qualitativa de interesses em conflito parecerem diferenças quantitativas dentro da sociedade estabelecida.

Nenhuma análise profunda parece ser necessária para encontrar as razões para esses eventos. Quanto ao Ocidente: os antigos conflitos dentro da sociedade são modificados e intermediados sob o duplo (e inter-relacionado) impacto do progresso tecnológico e do comunismo internacional. As lutas de classe são atenuadas e as "contradições imperialistas" suspensas ante a ameaça externa. Mobilizada contra essa ameaça, a sociedade capitalista mostra união e coesão internas desconhecidas em estágios prévios da civilização industrial. É uma coesão que tem bases muito materiais; a mobilização contra o inimigo atua como um poderoso estímulo à produção e ao emprego, sustentando, com isso, o alto padrão de vida.

Nesse contexto, nasce aí uma administração universal na qual as crises econômicas são controladas e os conflitos estabilizados pelos efeitos benéficos da produtividade crescente e pela ameaça de guerra nuclear. É essa mobilização "temporária", no sentido de que não afeta as *raízes* dos conflitos que Marx encontrara no modo de produção capitalista (contradição entre propriedade privada dos meios de produção e produtividade social), ou é uma transformação da própria estrutura antagônica que resolve as contradições tornando-as suportáveis? E, se a segunda alternativa é verdadeira, como ela modifica a relação entre capitalismo e socialismo que fez com que este parecesse a negação daquele?

## Contenção da mudança social

A teoria marxiana clássica concebe a transição do capitalismo para o socialismo como uma revolução política: o proletariado destrói o aparato *político* do capitalismo, mas conserva o aparato *tecnológico*, submetendo-o à socialização. Há continuidade na revolução: a racionalidade tecnológica, livre das restrições e destruições irracionais, se sustenta e se realiza plenamente na nova sociedade. É interessante ler uma afirmação marxista soviética sobre essa continuidade, que é de vital importância tanto para a noção de socialismo como para a negação determinada do capitalismo:[9]

---

9. ZWORIKINE, A. "The History of Technology as a Science and a Branch of Learning; a Soviet view". In: *Technology and Culture* (Detroit: Wayne State University Press, Winter 1961), p. 2.

1) Apesar de o desenvolvimento da tecnologia estar sujeito às leis econômicas de cada formação social, ele não termina, como outros fatores, se cessam as leis da formação. Quando, no processo de revolução, as velhas relações de produção são quebradas, a tecnologia permanece e, subordinada às leis econômicas da nova formação econômica, continua a se desenvolver mais ainda, com maior velocidade. 2) Contrariamente ao desenvolvimento da base econômica em sociedades antagônicas, a tecnologia não se desenvolve através de saltos, mas por uma acumulação gradual de elementos de uma nova qualidade, enquanto os elementos da antiga qualidade desaparecem. 3) [irrelevante neste contexto]

No capitalismo avançado, a racionalidade técnica é incorporada, a despeito de seu uso irracional, no aparato produtivo. Isso não se aplica apenas às fabricas mecanizadas, ferramentas e exploração dos recursos, mas também ao modo de trabalho como adaptação e manejo do processo da máquina, organizado pela "gerência científica". Nem a nacionalização nem a socialização alteram *por si mesmas* essa incorporação física da racionalidade tecnológica; ao contrário, *esta última* permanece uma pré-condição para o desenvolvimento socialista de todas as forças produtivas.

Com certeza, Marx sustentou que essas organização e direção do aparato produtivo pelos "produtores imediatos" introduziriam uma mudança *qualitativa* na continuidade técnica: a saber, a produção para a satisfação de necessidades individuais livremente desenvolvidas. Entretanto, visto que o aparato técnico estabelecido absorve as existências pública e privada em todas as esferas da sociedade – isto é, torna-se o meio de controle e coesão em um universo político que incorpora as classes trabalhadoras – nesse nível a mudança qualitativa envolveria uma mudança na *própria estrutura tecnológica*. E tal mudança *pressuporia* que as classes trabalhadoras estão alienadas desse universo em sua própria existência, que sua consciência é aquela da impossibilidade de continuar a existir nesse universo, então que a necessidade por mudança qualitativa é uma questão de vida ou morte. Logo, a negação existe *antes* que a própria mudança, a noção que as forças históricas libertadoras se desenvolvem *dentro* da sociedade estabelecida é um dos pilares da teoria marxiana.[10]

Agora é precisamente essa nova consciência, esse "espaço interior", o espaço para a prática histórica transcendente, que está sendo banida por uma sociedade na qual os sujeitos e os objetos constituem instrumentalidades

---

10. Ver p. 72.

O FECHAMENTO DO UNIVERSO POLÍTICO | 59

em um todo que tem sua *raison d'être* nas realizações de sua produtividade todo-poderosa. Sua promessa suprema é a de uma vida cada vez mais confortável para um número cada vez maior de pessoas que, em um sentido estrito, não podem imaginar um universo do discurso e da ação qualitativamente diferente, pois a capacidade de conter e manipular a imaginação e os esforços subversivos é uma parte integral da sociedade dada. Aqueles cuja vida é o inferno da Sociedade Afluente são mantidos na ordem por uma brutalidade que revive as práticas medievais e do início da era moderna. Para os outros, as pessoas menos desprivilegiadas, a sociedade se ocupa da necessidade de libertação, satisfazendo as necessidades que fazem a servidão palatável e até mesmo imperceptível, realizando esse fato no próprio processo de produção. Sob seu impacto, as classes trabalhadoras nas áreas avançadas da civilização industrial estão sofrendo uma transformação decisiva, que se tornou o assunto de uma vasta pesquisa sociológica. Eu enumerarei os principais fatores dessa transformação:

1 – A mecanização está reduzindo crescentemente a quantidade e a intensidade de energia física despendida no trabalho. Essa evolução é de grande significado para o conceito marxiano de trabalhador (proletário). Para Marx, o proletário é primariamente o trabalhador braçal que despende e exaure sua energia física no processo de trabalho, mesmo se ele trabalha com máquinas. A compra e o uso dessa energia física, sob condições sub-humanas, para a apropriação privada da mais-valia, acarretou os revoltantes aspectos desumanos da exploração; a noção marxiana denuncia a dor física e a miséria do trabalho. Esse é o elemento material e palpável da escravidão assalariada e da alienação – a dimensão fisiológica e biológica do capitalismo clássico.

> *Pendant les siècles passés, une cause importante d'aliénation résidait dans le fait que l'être humain prêtait son individualité biologique à l'organisation technique: il était porteur d'outils; les ensembles techniques ne pouvaient se constituer qu'en incorporant l'homme comme porteur d'outils. Le caractère déformant de la profession était à la fois psychique et somatique.*[11]

---

11. "Durante os séculos passados, uma causa importante da alienação residia no fato de que o ser humano vincula sua individualidade biológica à organização técnica: ele era o portador de ferramentas; os conjuntos técnicos só poderiam se constituir incorporando o homem como portador de ferramentas. O caráter deformante da profissão era ao mesmo tempo físico e somático." SIMONDON, Gilbert. *Du mode d'existence des objects techniques* (Paris: Aubier, 1958), p. 103, nota.

60 | SOCIEDADE UNIDIMENSIONAL

Agora, a cada vez mais completa mecanização do trabalho no capitalismo avançado, enquanto sustenta a exploração, modifica a atitude e o status do explorado. Dentro do conjunto tecnológico, o trabalho mecanizado, no qual as reações automáticas e semiautomáticas preenchem a maior parte (se não o todo) do tempo de trabalho, permanece, como uma ocupação para toda a vida, uma escravidão exaustiva, imbecilizante e desumana – sempre mais exaustiva por conta do aumento da velocidade do trabalho, controle sobre os operadores de máquinas (em vez do produto), e isolamento dos trabalhadores uns dos outros.[12] Seguramente, essa forma de trabalho enfadonho é expressiva da automação *detida, parcial,* da coexistência de setores automatizados, semi-automatizados e não automatizados dentro da mesma fábrica, mas mesmo sob essas condições, "pois a tecnologia substituiu a fadiga muscular pela tensão e/ou esforço mental".[13] Nas fábricas mais avançadas e automatizadas, a transformação de energia física em esforços técnicos e mentais é enfatizada: "(...) esforços mais da mente do que das mãos, do lógico mais do que do artífice; dos nervos mais do que dos músculos; do que guia mais do que do trabalhador manual; do técnico de manutenção mais do que do operador".[14]

Esse tipo de escravidão mental não é essencialmente diferente daquela da datilógrafa, do bancário, de vendedores persuasivos e do locutor de televisão. A padronização e a rotina assimilam as ocupações produtivas e não-produtivas. O proletário dos estágios anteriores do capitalismo era, na verdade, a besta de carga, que proporcionava pelo trabalho de seu corpo as necessidades e luxos da vida enquanto vivia na imundície e na miséria. Assim, ele era a negação viva de sua sociedade.[15] Em contraste, o trabalhador organizado nos setores avançados da sociedade tecnológica vive sua negação menos perceptivelmente e, como os outros objetos da divisão social do trabalho, ele está sendo incorporado à comunidade tecnológica da população administrada. Mais ainda, nos setores mais bem sucedidos da

---

12. Ver DENBY, Charles. "Workers Battle Automation" (*News and Letters,* Detroit, 1960).

13. WALKER, Charles R. *Toward the Automatic Factory* (New Haven: Yale University Press, 1957), p. XIX.

14. *Ibid.,* p. 195.

15. Deve-se insistir na estreita conexão entre os conceitos marxianos de exploração e pauperização a despeito de suas redefinições posteriores, na quais a pauperização se torna um aspecto cultural ou relativo a ponto de se aplicar também à moradia suburbana com automóvel, televisão etc. "Pauperização" significa a *absoluta necessidade e necessidade* de subverter *intoleráveis* condições de existência e essa necessidade absoluta aparece nas origens de toda revolução contra as instituições sociais básicas.

automação, um tipo de comunidade tecnológica parece integrar os átomos humanos no trabalho. A máquina parece instilar um ritmo entorpecente nos operadores: "É geralmente aceito que movimentos interdependentes executados por um grupo de pessoas que seguem um ritmo padrão produzem satisfação – independente do que está sendo executado pelos movimentos";[16] e o observador sociológico acredita ser isso uma razão para o gradual desenvolvimento de um "clima geral" mais "favorável tanto para a produção como para certas formas importantes de satisfação humana". Ele fala do "crescimento de um forte sentimento no interior do grupo em cada equipe" e cita um trabalhador que afirma: "No geral, nós estamos no ritmo das coisas (...)".[17] A frase expressa admiravelmente a mudança na escravidão mecanizada: as coisas dão ritmo mais que oprimem e transmitem seu ritmo ao instrumento humano – não apenas a seu corpo, mas também a seu espírito (*mind*) e até mesmo a sua alma. Uma observação de Sartre elucida a profundidade do processo:

> *Aux premiers temps des machines semi-automatiques, des enquêtes ont montré que les ouvriéres spécialisées se laissaient aller, en travaillant, à une rêverie d'ordre sexuel, elles se rappelaient la chambre, le lit, la nuit, tout ce qui ne concerne que la personne dans la solitude du couple fermé sur soi. Mais c'est la machine en elle qui rêvait de caresses (...).[18]*

O processo da máquina no universo tecnológico rompe a mais íntima privacidade da liberdade e junta sexualidade e trabalho em um automatismo inconsciente e rítmico – um processo paralelo à assimilação dos empregos.

2 – A tendência assimiladora se manifesta na estratificação ocupacional. Nos estabelecimentos industriais-chave, a força de trabalho "colarinho azul" declina em relação ao elemento "colarinho branco"; cresce o número de trabalhadores fora das frentes de produção.[19] Essa mudança quantitativa se re-

---

16. WALKER, Charles R. *Op. cit.*, p. 104.

17. *Ibid.*, p. 104 ss.

18. "Nos primeiros tempos das máquinas semi-automáticas, as investigações mostraram que as operárias especializadas se deixavam levar, enquanto trabalhavam, por um sonho de ordem sexual, elas se lembravam do quarto, da cama, e de tudo o que dizia respeito a um casal a sós. Mas era a máquina nelas que sonhava com carícias (...)." SARTRE, Jean-Paul. *Critique de la raison dialectique* (Paris: Gallimard, 1960), v. 1, p. 290.

19. *Automation and Major Tehnological Change:* Impact on Union Size, Structure, and Function (Industrial Union Dept. AFL-CIO. Washington, 1958), p. 5 ss. BARKIN, Solomon. *The Decline of the Labor Movement* (Santa Barbara: Center for the Study of Democratic Institutions, 1961), p. 10 ss.

# 62 | SOCIEDADE UNIDIMENSIONAL

fere a uma mudança ocorrida nos instrumentos básicos de produção.[20] No estágio avançado da mecanização, como parte da racionalidade tecnológica, a máquina não é "une unité absolue, mais seulement une réalité technique individualisée, ouverte selon deux voies: celle de la relation aux éléments, et celle des relations interindividuelles dans l'ensemble technique".[21]

À medida que a máquina se torna um sistema de ferramentas e relações e então se estende para além do processo individual de trabalho, ela afirma sua maior dominação ao reduzir a "autonomia profissional" do trabalhador e integrá-lo com outras profissões que sofrem e dirigem o conjunto técnico. Certamente, a antiga autonomia "profissional" do trabalhador era na verdade sua escravização profissional. Mas esse modo *específico* de escravização era ao mesmo tempo a fonte de seu poder profissional específico de negação – o poder de parar um processo que o ameaçou de aniquilamento enquanto ser humano. Agora o trabalhador está perdendo a autonomia profissional que fez dele um membro de uma classe distinta dos outros grupos ocupacionais, porque ela personificava a negação da sociedade estabelecida.

A mudança tecnológica que tende a eliminar a máquina enquanto instrumento *individual* de produção, como "unidade absoluta", parece cancelar a noção marxiana de "composição orgânica do capital" e, com ela, a teoria da criação de mais-valia. De acordo com Marx, a máquina nunca cria valor, mas meramente transfere seu próprio valor para o produto, enquanto a mais-valia permanece sendo o resultado da exploração do trabalho vivo. A máquina é a personificação do poder de trabalho humano e, por seu intermédio, o trabalho passado (trabalho morto) se preserva e determina o trabalho vivo. Hoje, a automação parece alterar qualitativamente a relação entre o trabalho morto e o trabalho vivo; ela tende para o ponto em que a produtividade é determinada "pela máquina e não pelo rendimento individual".[22] Além disso, a própria medida do rendimento individual se torna impossível:

> A automação é, em seu sentido mais amplo, com efeito, o *fim* (end) da medida do trabalho. (...) Com automação, não se pode medir a produção de um homem isolado; agora só se mede a utilização do equipamento. Se isso é generalizado como uma forma de princípio (...) não há mais, por

---

20. Ver p. 58.

21. "Uma unidade absoluta, mas somente uma realidade técnica automatizada aberta em duas vias: uma, da relação com os elementos e, outra, das relações interindividuais no conjunto técnico." SIMONDON, Gilbert. *Du Mode d'existence des objects techniques* (Paris: Aubier, 1958), p. 146.

22. MALLET, Serge. *Arguments*. Paris, n. 12 e 13, p. 18, 1958.

exemplo, nenhuma razão para se pagar um homem por peça ou por hora, ou seja, não há mais razão para se manter o "sistema duplo de pagamento" de salários e ordenados.[23]

Daniel Bell, o autor desse relato, vai além; ele liga essa mudança tecnológica ao próprio sistema histórico de industrialização: o significado da
Industrialização não nasce com a introdução de fábricas, ele "surgiu da *medição do trabalho*. É quando o trabalho pode ser medido, quando se pode ligar um homem ao trabalho, quando se lhe pode colocar arreios e medir sua produtividade em termos de uma única peça e pagá-lo por essa peça ou pela hora, é que se tem a moderna industrialização".[24]

O que está em jogo nessas mudanças tecnológicas é algo mais do que um sistema de pagamento, do que a relação de um trabalhador com outras classes e a organização do trabalho. O que está em jogo é a compatibilidade do progresso técnico com as próprias instituições nas quais a industrialização se desenvolveu.

3 – Essas mudanças no caráter do trabalho e dos instrumentos de produção mudam a atitude e a consciência do trabalhador, que se torna manifesta na amplamente discutida "integração social e cultural" da classe trabalhadora com a classe capitalista. Isso é apenas uma mudança na consciência? A resposta afirmativa, frequentemente dada por marxistas, parece estranhamente inconsistente. Essa mudança fundamental na consciência é compreensível sem assumir uma mudança correspondente na "existência social"? Ainda que se conceda um alto grau de independência ideológica, os nós que atam essa mudança à transformação do processo produtivo militam contra tal interpretação. A assimilação nas necessidades e aspirações, no padrão de vida, nas atividades de lazer e na política deriva de uma integração *na própria fábrica*, no processo material de produção. É certamente questionável se se pode falar de "integração voluntária" (Serge Mallet) em algum outro sentido que não o irônico. Na presente situação, os traços negativos da automação são predominantes: aceleração do trabalho, desemprego tecnológico, fortalecimento da posição de direção, crescente impotência e resignação por parte dos trabalhadores. As chances de promoção declinam visto que os diretores preferem engenheiros e diplo-

---

23. *Automation and Major Technological Change. Op. cit.*, p. 8.

24. *Ibid.*

# 64 | SOCIEDADE UNIDIMENSIONAL

mados em cursos superiores.[25] Entretanto, há outras tendências. A mesma organização tecnológica que contribui para uma comunidade mecânica no trabalho também gera uma interdependência que[26] integra o trabalhador com a fábrica. Nota-se um anseio por parte dos trabalhadores "em contribuir para a solução dos problemas de produção", "um desejo de se engajar ativamente na aplicação de suas próprias inteligências aos problemas técnicos e de produção que estão claramente em conformidade com a tecnologia".[27] Em algumas das empresas mais avançadas tecnicamente, os trabalhadores mostram até mesmo um sério interesse pela empresa – um efeito frequentemente observado na "participação dos trabalhadores" na empresa capitalista. Uma descrição provocativa, referente às refinarias altamente americanizadas Caltex de Ambès, na França, pode servir para caracterizar essa tendência. Os trabalhadores da fábrica têm consciência dos laços que os unem à empresa:

> *Liens professionnels, liens sociaux, liens matériels: le métier appris dans la raffinerie, l'habitude des rapports de production qui s'y sont établis, les multiples avantages sociaux qui, en cas de mort subite, de maladie grave, d'incapacité de travail, de vieillesse enfin, lui sont assurés par sa seule appartenance à la firme, prolongeant au-delà de la période productive de leur vie la sûreté des lendemains. Ainsi, la notion de ce contrat vivant et indestructible avec la "Caltex" les amène à se préoccuper, avec une attention et une lucidité inattendue, de la gestion financière de l'entreprise. Les délégués aux Comités d'entreprise épluchent la comptabilité de la société avec le soin jaloux qu'y accorderaient des actionnaires consciencieux. La direction de la Caltex peut certes se frotter les mains lorsque les syndicats acceptent de surseoir à leurs revendications de salaires en présence des besoins d'investissements nouveaux. Mais elle commence à manifester les plus "légitimes" inquiétudes lorsque, prenant au mot les bilans truqués de la filiale française, ils s'inquiètent des marchés "désavantageux" passés par celles-ci et poussent l'audace jusqu'à contester les prix de revient et suggérer des propositions économiques!*[28]

---

25. WALKER, Charles R. *Op. cit.*, p. 97 ss. Veja também CHINOY, Ely. *Automobile Workers and the American Dream* (Garden City: Doubleday, 1955), *passim*.

26. MANN, Floyd C.; HOFFMAN, L. Richard. *Automation and the Worker. A Study of Social Change in Power Plants* (Nova York: Henry Holt, 1960), p. 189.

27. WALKER, Charles R. *Op. cit.*, p. 213 ss.

28. "Ligações profissionais, sociais, materiais: a habilidade adquirida na refinaria, o fato de eles terem se acostumado às relações de produção estabelecidas ali; os múltiplos benefícios sociais com que eles podem contar no caso de morte súbita, doença grave, incapacidade para o trabalho, enfim, velhice, meramente pelo fato de pertencerem à firma, estendendo sua segurança para além do período

O FECHAMENTO DO UNIVERSO POLÍTICO | 65

4 – O novo mundo do trabalho tecnológico reforça assim o enfraquecimento da posição negativa da classe trabalhadora: esta não parece mais ser a contradição viva da sociedade estabelecida. Essa tendência é reforçada pelo efeito da organização tecnológica da produção sobre o outro lado da parede: sobre a gerência e a direção. A dominação é transfigurada em administração.[29] Os chefes e os proprietários estão perdendo sua identidade como agentes responsáveis; eles estão assumindo a função de burocratas em uma máquina corporativa. Dentro da vasta hierarquia dos quadros executivos e gerenciais que se estendem muito além do estabelecimento individual no laboratório científico e no instituto de pesquisa, o governo e o propósito nacionais, a força palpável de exploração desaparece por trás da fachada de racionalidade objetiva. O ódio e a frustração são privados de seu objetivo específico, e o véu tecnológico encobre a reprodução da desigualdade e da escravidão.[30] Com o progresso técnico como seu instrumento, a não-liberdade – no sentido da sujeição humana a seu aparato produtivo – é perpetuada e intensificada na forma de várias concessões e confortos. O aspecto novo é a esmagadora racionalidade nesse empreendimento

---

produtivo de suas vidas. Assim, a noção de um contrato vitalício e irrevogável com a Caltex faz-lhes pensar com uma atenção e lucidez inesperadas sobre a gestão financeira da empresa. Os delegados aos "Comités d'entreprise" examinam e discutem as contas da companhia com o mesmo zelo que os acionistas lhes devotariam. O quadro de diretores da Caltex pode certamente esfregar as mãos com alegria quando os sindicatos concordam em protelar suas reivindicações salariais em função da necessidade de novos investimentos. Mas eles começam a mostrar sinais de "legítima" ansiedade quando os delegados levam a sério os balancetes fraudados das filiais francesas e se preocupam com os negócios desvantajosos realizados por essas filiais, arriscando-se a ir tão longe a ponto de contestar os custos de produção e sugerir medidas de economia." MALLET, Serge. "Le salaire de la technique". In: *La Nef*, Paris, n. 25, 1959, p. 40. A respeito da tendência integradora nos Estados Unidos, aqui está uma surpreendente afirmação de um líder sindical da United Automobile Works: "Muitas vezes (...) nós nos encontrávamos em uma sala do sindicato e falávamos sobre as queixas que os trabalhadores tinham trazido e o que nós poderíamos fazer a esse respeito. No dia seguinte, quando eu combinava uma reunião com a direção, o problema tinha sido corrigido e o sindicato não ganhava crédito por atender a queixa. Isso se tornou uma disputa de lealdades (...). Todas as coisas pelas quais nós lutamos estavam sendo dadas agora aos trabalhadores. O que nós temos que encontrar são outras coisas que o trabalhador queira e que o empregador não lhes queira dar (...). Estamos procurando. Estamos procurando." *Labor Looks at Labor. A Conversation* (Santa Barbara: Center for the Study of Democratic Institutions, 1963), p. 16 ss.

29. É necessário ainda denunciar a ideologia da "revolução dos gerentes"? A produção capitalista procede por meio de investimento de capital privado para a extração e apropriação privada da mais-valia e o capital é um instrumento social para a dominação do homem pelo homem. As características essenciais desse processo não foram de modo algum alteradas pela multiplicação dos acionários, pela separação entre propriedade e gestão etc.

30. Ver p. 47.

irracional e a profundidade do pré-condicionamento que molda as pulsões instintivas e aspirações dos indivíduos e obscurece a diferença entre consciência falsa e verdadeira. Pois, na realidade, nem a utilização de controles administrativos em vez de físicos (fome, dependência pessoal, força), nem a mudança no caráter do trabalho pesado, nem a assimilação dos grupos profissionais, nem a equalização na esfera do consumo compensam o fato de que as decisões sobre a vida e a morte, sobre a segurança pessoal e nacional são tomadas em esferas sobre as quais os indivíduos não têm qualquer controle. Os escravos da civilização industrial desenvolvida são escravos sublimados, mas eles são escravos, pois a escravidão é determinada "pas par l'obéissance, ni par la rudesse des labeurs, mais par le statu d'instrument et la réduction de l'homme à l'état de chose".[31]

Esta é a forma pura da servidão: existir como um instrumento, como uma coisa. E esse modo de existência não é anulado se a coisa é animada e escolhe seu alimento material e intelectual, se não sente seu ser-coisa, se é uma coisa bonita, limpa e móvel. Inversamente, enquanto a reificação tende a se tornar totalitária em virtude de sua forma tecnológica, os próprios administradores e organizadores se tornam cada vez mais dependentes da maquinaria que eles organizam e administram. E essa dependência mútua não é mais a relação dialética entre senhor e escravo, que foi quebrada na luta por reconhecimento mútuo, mas, em vez disso, um círculo vicioso que encerra tanto o senhor quanto o escravo. Os técnicos dominam ou seu domínio pertence àqueles outros que contam com os técnicos como seus planejadores e executores?

(...) as pressões da corrida armamentista altamente tecnológica de hoje têm tomado a iniciativa e o poder de tirar as decisões cruciais das mãos dos oficiais responsáveis do governo e colocá-las nas mãos dos técnicos, planejadores e cientistas empregados pelos vastos impérios industriais e carregados de responsabilidade pelos interesses de seus empregadores. É sua missão sonhar com novos sistemas de armamentos e persuadir os militares que o futuro de sua profissão, assim como de seu país, depende de comprar aquilo com o que eles sonharam.[32]

Assim como os estabelecimentos produtivos confiam nos militares para a autoconservação e o crescimento, os militares também confiam nas

---

31. "não pela obediência, nem pela dureza do trabalho, mas pelo estatuto de instrumento e a redução do homem ao estado de coisa". PERROUX, François. *La coexistence pacifique* (Paris: Presses Universitaires, 1958), v. III, p. 600.

32. MEACHAM, Stewart. *Labor and the Cold War* (Philadelphia: American Friends Committee, 1959), p. 9.

corporações "não apenas por causa de suas armas, mas também pelo conhecimento de que tipo de armas eles necessitam, quanto elas custam e quanto tempo levará para obtê-las". [33] Um círculo vicioso parece, na verdade, a própria imagem de uma sociedade que está se autoexpandindo e se autoperpetuando na direção que ela mesma pré-estabeleceu – direcionada pelas crescentes necessidades que ela gera e, ao mesmo tempo, restringe.

## Perspectivas de contenção

Há alguma perspectiva de que se possa quebrar essa cadeia de produtividade e repressão crescentes? Uma resposta demandaria uma tentativa de projetar os desenvolvimentos contemporâneos para o futuro, assumindo uma evolução relativamente normal, ou seja, negligenciando-se a possibilidade muito real de uma guerra nuclear. Sob essa suposição, o Inimigo seguiria sendo "permanente" – ou seja, o comunismo continuaria coexistindo com o capitalismo. Ao mesmo tempo, este último continuaria a ser capaz de manter e até mesmo aumentar o padrão de vida para uma parte da população cada vez maior – ainda que por meio da produção intensificada de meios de destruição e do desperdício metódico de recursos e faculdades. Essa capacidade se fortaleceu por meio de duas Guerras Mundiais e da incomensurável regressão física e intelectual provocada pelos sistemas fascistas.

A base material para essa capacidade continuaria a estar disponível:

a) na crescente produtividade do trabalho (progresso técnico);
b) no aumento da taxa de natalidade da população subjacente;
c) na permanente economia de defesa;
d) na integração político-econômica dos países capitalistas e na construção de suas relações com as áreas em desenvolvimento.

Mas o conflito ininterrupto entre a capacidade produtiva da sociedade e sua utilização opressiva e destrutiva demandaria esforços intensificados para impor as exigências do aparato sobre a população – para livrar-se da capacidade excedente, criar a necessidade de comprar os bens que devem ser lucrativamente vendidos e o desejo de trabalhar para sua produção e promoção. O sistema tende então para a administração total e para a total dependência da administração pela regulação da administração pública e privada, reforçando a harmonia preestabelecida entre o interesse do grande

---

33. *Ibid.*

público e das corporações privadas e de seus clientes e servidores. Nem a nacionalização parcial nem a participação ampliada do trabalho na gestão e nos lucros alterariam por si mesmas este sistema de dominação – enquanto o próprio trabalho permanecer uma força apoiadora e afirmativa.

Há tendências dissidentes internas e externas. Uma delas é inerente ao próprio progresso técnico, a saber, a *automação*. Sugeri que a automação em expansão é mais que um crescimento da mecanização quantitativa – ou seja, é uma mudança no caráter das forças produtivas básicas.[34] Parece que a automação até os limites da possibilidade técnica é incompatível com uma sociedade baseada na exploração privada da força humana de trabalho no processo de produção. Quase um século antes de a automação ter se tornado uma realidade, Marx enxergou suas perspectivas explosivas:

> Com o avanço da indústria de grande escala, a criação de riqueza real depende menos do tempo de trabalho e da quantidade de trabalho gasto que do poder dos agentes (*Agentien*) postos em movimento durante o tempo de trabalho. Esses agentes e seu poder de eficácia não são proporcionais ao tempo de trabalho imediato que sua produção requer; sua eficácia depende antes do nível atingido pela ciência e pelo progresso técnico; em outras palavras, depende da aplicação dessa ciência à produção. (...) Assim, o trabalho humano não apareceria mais como incluído no processo de produção – o homem se relaciona com o processo de produção muito mais como supervisor e regulador (*Wächter und Regulator*). (...) Ele fica fora do processo de produção em vez de ser o principal agente no processo de produção. (...) Nessa transformação, o grande pilar da produção e da riqueza não é mais o trabalho imediato executado pelo próprio homem, nem seu tempo de trabalho, mas a apropriação de sua própria produtividade (*Produktivkraft*) universal, isto é, seu conhecimento e seu domínio da natureza através de sua existência social – em uma palavra: o desenvolvimento do indivíduo social (*des gesellschftlichen Individuums*). *O roubo do tempo de trabalho alheio, sobre o qual ainda repousa hoje a riqueza [social]*, aparece então como uma base miserável, comparada com as novas bases que criaram a própria indústria em larga escala. Tão logo o trabalho humano, em sua forma imediata, deixe de ser a grande fonte de riqueza, o tempo de trabalho cessará e deverá necessariamente deixar de ser a medida da riqueza, e o valor de troca deverá necessariamente deixar de ser a medida do valor de uso. *O trabalho excedente da massa* [da população] terá deixado de ser a condição para o desenvolvimento da riqueza social (*des allgemeinen Reichtums*) e o ócio de alguns terá deixado de ser a condição para o desenvolvimento das faculdades universais inte-

---

34. Ver p. 61.

lectuais do homem. O modo de produção que se apoia no valor de troca entrará em colapso. (...).[35]

De fato, a automação parece ser o grande catalisador da sociedade industrial avançada. É um catalisador explosivo ou não na base material da mudança qualitativa, o instrumento técnico da passagem da quantidade para a qualidade. Pois o processo social de automação expressa a transformação, ou, antes, a transubstanciação da força de trabalho, no qual esta, separada do indivíduo, torna-se um objeto produtivo independente e, portanto, um sujeito em si mesmo. Se a automação se tornasse *o* processo de produção material, revolucionaria a sociedade como um todo. A reificação da força humana de trabalho, levada à perfeição, estilhaçaria a forma reificada, cortando a corrente que liga o indivíduo à maquinaria – o mecanismo através do qual seu próprio trabalho o escraviza. A completa automação no reino da necessidade abriria a dimensão do tempo livre na qual a existência privada *e* social do homem se constituiria. Essa seria a transcendência histórica para uma nova civilização.

No atual estágio do capitalismo avançado, as organizações trabalhistas se opõem com razão à automação sem contratações compensatórias. Insistem na utilização extensiva da força humana de trabalho na produção material e, assim, se opõem ao progresso técnico. Entretanto, ao fazê-lo, elas também se opõem à utilização mais eficiente do capital; elas atrapalham os crescentes esforços para aumentar a produtividade do trabalho. Em outras palavras, a detenção contínua da automação pode enfraquecer a posição competitiva nacional e internacional, do capital, causar uma crise econômica de longo alcance e consequentemente reativar o conflito entre interesses de classes.

Essa possibilidade se torna mais realista conforme a disputa entre capitalismo e comunismo se desloca do campo militar para o campo social e econômico. Pelo poder da administração total, a automação no sistema soviético pode se realizar mais rapidamente, uma vez que um determinado nível técnico tenha sido atingido. Essa ameaça à sua posição internacional competitiva compeliria o mundo ocidental a acelerar a racionalização do processo produtivo. Tal racionalização encontra uma dura resistência por parte das organizações trabalhistas, mas uma resistência que não é acom-

---

35. MARX, Karl. *Grundrisse der Kritik der politischen Oekonomie* (Berlim: Dietz Verlag, 1953), p. 592 ss. Veja também p. 596. (Tradução minha.)

70 | SOCIEDADE UNIDIMENSIONAL

panhada pela radicalização política. Nos Estados Unidos, pelo menos, as lideranças dos trabalhadores não vão além, em suas intenções e meios, do âmbito comum dos interesses nacionais e de grupos. Dentro desse contexto, essas forças dissidentes são ainda administráveis. Aqui, também, a proporção decrescente da força humana de trabalho no processo produtivo significa um declínio no poder político de oposição. Em vista do crescente peso do elemento colarinho-branco nesse processo, a radicalização política teria de ser acompanhada pela emergência de uma consciência política independente e pela ação entre os grupos colarinhos--brancos – um desenvolvimento bastante improvável na sociedade industrial avançada. O impulso intensificado para organizar o crescente elemento colarinho-branco nos sindicatos industriais,[36] caso tenha êxito, poderá resultar no crescimento de uma consciência sindical desses grupos, mas dificilmente em sua radicalização política.

Politicamente, a presença de mais trabalhadores colarinhos-brancos nos sindicatos dará aos porta-vozes liberais e dos trabalhadores uma chance mais real de identificar "os interesses dos trabalhadores" com aqueles da comunidade como um todo. A base de massa dos trabalhadores como um grupo de pressão será consideravelmente ampliada e os porta-vozes dos trabalhadores estarão inevitavelmente envolvidos em barganhas de maior alcance sobre a política econômica nacional.[37]

Sob essas circunstâncias, as perspectivas de uma contenção dinâmica das tendências dissidentes dependem primeiramente da habilidade dos interesses criados para se ajustarem e ajustarem sua economia às exigências do Estado de Bem-Estar Social. O considerável aumento dos gastos e a direção governamental, a planificação em escala nacional e internacional, a ampliação do programa de ajuda externa, a seguridade social abrangente, as obras públicas em grande escala, e talvez até a nacionalização parcial pertençam a essas exigências.[38] Eu creio que os interesses dominantes aceitarão, gradualmente e com hesitação, essas exigências e confiarão suas prerrogativas a um poder mais efetivo.

---

36. *Automation and Major Technological Change.* op. cit., p. 11 ss.

37. MILLS, C. Wright. *White Collar* (Nova York: Oxford University Press, 1956), p. 319 ss.

38. Nos países capitalistas menos avançados, em que fortes setores do movimento operário militante ainda estão vivos (França, Itália), sua força é confrontada com a racionalização tecnológica e politicamente acelerada de forma autoritária. As exigências da competição internacional são susceptíveis de fortalecer esta última e promover a adoção de uma aliança com as tendências predominantes nas áreas industriais mais avançadas.

O FECHAMENTO DO UNIVERSO POLÍTICO | 71

Voltando agora às perspectivas de contenção da mudança social no outro sistema da civilização industrial, na União Soviética,[39] a discussão é, desde o início, confrontada com uma dupla incompatibilidade: (a) cronologicamente, a sociedade soviética está em um estágio anterior de industrialização, com amplos setores ainda no estágio pré-tecnológico, e (b) estruturalmente, suas instituições econômicas e políticas são essencialmente diferentes (total nacionalização e ditadura). A interconexão entre os dois aspectos aumenta as dificuldades da análise. O atraso histórico não apenas possibilita, mas também compele a industrialização soviética a prosseguir sem desperdício e obsolescência planejados, sem as restrições à produtividade impostas pelos interesses do lucro privado, e com a satisfação planejada das necessidades vitais ainda não cumpridas após e talvez mesmo simultaneamente à satisfação das necessidades políticas e militares.

Seria essa maior racionalidade da industrialização apenas o indício e a vantagem do atraso histórico, que provavelmente desapareceria uma vez que o nível avançado fosse atingido? Esse é o mesmo atraso histórico que, por outro lado, impõe – sob as condições da coexistência competitiva com o capitalismo avançado – o total desenvolvimento e controle de todos os recursos por um regime ditatorial? E, depois de ter atingido o objetivo de "alcançar e ultrapassar", a sociedade soviética seria então capaz de liberar os controles autoritários até o ponto em que uma mudança qualitativa poderia tomar lugar?

O argumento do atraso histórico – de acordo com o qual a libertação deve, sob as condições predominantes de imaturidade material e intelectual, ser necessariamente obra de força e administração – não é apenas o núcleo do marxismo soviético, mas também dos teóricos da "ditadura educacional", de Platão a Rousseau. É fácil zombar desse argumento, mas ele é difícil de refutar, porque tem o mérito de reconhecer, sem muita hipocrisia, as condições (materiais e intelectuais) que servem para prevenir a autodeterminação genuína e inteligente.

Mais ainda, o argumento desmascara a ideologia repressiva da liberdade, de acordo com a qual a liberdade humana pode florescer em uma vida de labuta, pobreza e estupidez. De fato, a sociedade deve inicialmente garantir os pré-requisitos materiais para todos os seus membros, antes que ela possa se tornar uma sociedade livre; ela deve *criar* inicialmente a

---

39. Para o que se segue, veja meu livro *Soviet Marxism* (Nova York: Columbia University Press, 1958). [Tradução brasileira: *O marxismo soviético*. Rio de Janeiro: Editora Saga, 1969. (N.T.)]

# 72 | SOCIEDADE UNIDIMENSIONAL

riqueza antes de ser capaz de *distribuí-la* de acordo com as necessidades livremente desenvolvidas do indivíduo; ela deve inicialmente permitir que seus escravos aprendam, vejam e pensem antes de saber o que está acontecendo e o que eles mesmos podem fazer para modificá-la. E, no grau em que os escravos foram pré-condicionados a existir como escravos e estar contentes com esta condição, sua libertação parece necessariamente vir de fora e de cima. Eles devem ser "forçados a ser livres", a "ver os objetos como eles são e, às vezes, como eles poderiam aparecer", deve lhes ser mostrado o "bom caminho" que eles estão procurando.[40]

Mas, apesar de toda sua verdade, o argumento não pode responder à questão consagrada pelo tempo: quem educa os educadores e onde está a prova de que eles estão em posse do "bem"? A questão não é invalidada pelo argumento de que ela é igualmente aplicável a certas formas democráticas de governo em que as decisões capitais sobre o que é bom para a nação são feitas por representantes eleitos – eleitos sob condições de efetiva doutrinação livremente aceita. Ainda assim, a única justificativa possível (ela é bastante fraca!) para a "ditadura educacional" é que o terrível risco que ela envolve pode não ser mais terrível que o risco que as grandes sociedades liberais assim como as autoritárias estão correndo agora, nem os custos podem ser muito mais altos.

Entretanto, a lógica dialética insiste, contra a linguagem dos fatos brutos e da ideologia, que os escravos devem ser *livres para* sua libertação antes que eles possam tornar-se livres e que o fim deve operar nos meios para atingi-lo. A proposição de Marx de que a libertação da classe trabalhadora deve ser realizada pela própria classe trabalhadora expressa esse *a priori*. O socialismo deve tornar-se realidade com o primeiro ato da revolução pois ele já deve estar na consciência e na ação daqueles que realizaram a revolução.

Na verdade, há uma "primeira fase" da construção socialista durante a qual a nova sociedade está "ainda estampada com as marcas do nascimento da velha sociedade de cujo ventre ela emerge",[41] mas a mudança qualitativa da velha para a nova sociedade ocorreu quando essa fase começou. De acordo com Marx, a "segunda fase" é literalmente constituída na primeira fase. O modo de vida qualitativamente novo gerado pelo novo modo de produção aparece *na* revolução socialista, que é o fim e está *no* fim do sistema capitalista. A construção socialista começa com a primeira fase da revolução.

---

40. ROUSSEAU, J-J. *The Social Contract*. Livro I, cap. VII; Livro II, cap. VI. Ver p. 45 [capítulo 1].

41. MARX, Karl. "Critique of the Gotha Programme". In: MARX; ENGELS. *Selected Works* (Moscou: Foreign Languages Publ House, 1958), v. II, p. 23.

O FECHAMENTO DO UNIVERSO POLÍTICO | 73

Além disso, a transição do "a cada um de acordo com seu trabalho" para o "a cada um de acordo com suas necessidades" é determinado pela primeira fase – não apenas pela criação da base tecnológica e material, mas também (e isso é decisivo!) pelo *modo* como ela é criada. O controle do processo produtivo pelos "produtores imediatos" deve iniciar o desenvolvimento que distingue a história dos homens livres da pré-história do homem. Esta é uma sociedade em que os antigos objetos de produtividade tornam-se primeiramente indivíduos humanos que planejam e usam os instrumentos de seu trabalho para a realização de suas próprias necessidades e faculdades humanas. Pela primeira vez na história, os homens devem agir livre e coletivamente contra a necessidade que limita sua liberdade e sua humanidade. Portanto, toda repressão imposta pela necessidade seria verdadeiramente uma necessidade autoimposta. Em contraste com essa concepção, o presente desenvolvimento na sociedade comunista adia (ou é compelida a adiar, pela situação interna) a mudança qualitativa para a segunda fase e a transição do capitalismo para o socialismo aparece ainda, a despeito da revolução, como uma mudança quantitativa. A escravização do homem pelos instrumentos de seu trabalho segue em uma forma altamente racionalizada, amplamente eficaz e promissora.

A situação da coexistência hostil pode explicar os aspectos terroristas da industrialização stalinista, mas também coloca em movimento as forças que tendem a perpetuar o progresso técnico como instrumento de dominação; os meios prejudicam os fins. Assumindo novamente que nenhuma guerra nuclear ou outra catástrofe interrompa o seu desenvolvimento, o progresso técnico contribuiria para o contínuo aumento do padrão de vida e para a contínua liberalização dos controles. A economia nacionalizada poderia explorar a produtividade do trabalho e do capital sem resistência constitutiva[42] enquanto reduz consideravelmente as horas de trabalho e aumenta os confortos da vida. E esse modelo econômico pode fazer tudo isso sem abandonar o controle da administração total sobre o povo. Não há razão para presumir que o progresso técnico, associado à nacionalização, contribuirá para a libertação "automática" e para a realização das forças negativas. Ao contrário, a contradição entre as crescentes forças produtivas e sua organização escravizadora – abertamente admitida como um aspecto do desenvolvimento

---

42. Sobre a diferença entre resistência constitutiva e resistência manipulável, ver meu *Soviet Marxism*, *loc. cit.*, p. 109 ss.

## 74 | SOCIEDADE UNIDIMENSIONAL

socialista soviético até mesmo por Stalin[43] – devem, provavelmente, ser atenuadas em vez de agravadas. Quanto mais os governantes são capazes de fornecer os bens de consumo, mais firmemente a população subjacente estará atada às diversas burocracias dominantes.

Mas enquanto essas perspectivas para a contenção da mudança qualitativa no sistema soviético parecem ser análogas àquelas da sociedade capitalista avançada, a base socialista da produção introduz uma diferença decisiva. No sistema soviético, a organização do processo produtivo certamente distancia os "produtores imediatos" (os trabalhadores) do controle sobre todos os meios de produção e assim contribui para as distinções de classes na própria base do sistema. Essa separação foi estabelecida pela decisão e poder políticos após o breve "período heroico" da revolução bolchevique e tem sido perpetuada desde então. E, contudo, ela não é o motor do próprio processo produtivo; ela não é construída dentro desse processo como ocorre na divisão entre capital e trabalho, derivada da propriedade privada dos meios de produção. Consequentemente, os estratos dominantes podem ser separados do processo produtivo – ou seja, eles podem ser substituídos sem que se esfacelem as instituições básicas da sociedade.

Essa é só uma parte da verdade da tese marxista-soviética de que as contradições estabelecidas entre as "relações defasadas de produção e o caráter das forças produtivas" podem ser resolvidas sem violência e que a "conformidade" entre os dois fatores pode ocorrer através de "mudança gradual".[44] A outra parte da verdade é que a mudança quantitativa ainda teria de se transformar em mudança qualitativa, no desaparecimento do Estado, do Partido, do Plano etc. como poderes independentes superimpostos aos indivíduos. Visto que essa mudança deixaria a base material da sociedade (a técnica produtiva nacionalizada) intacta ela estaria limitada a uma revolução *política*. Se ela pudesse conduzir à autodeterminação na própria base da existência humana, a saber, na dimensão do trabalho necessário, ela seria a mais radical e mais completa revolução na história. A distribuição dos artigos de primeira necessidade independentemente do desempenho do trabalho, a redução do tempo de trabalho ao mínimo, a educação universal e multifacetada para a permutabilidade de funções – essas são as condições, mas não os conteúdos da autodeterminação. Enquanto a criação dessas precondições ainda parece ser o resultado da administração imposta

---

43. "Economic Problems of Socialism in the U.S.S.R" (1952). In: GRULIOW, Leo (Ed.). *Current Soviet Policies* (Nova York: F. A. Praeger, 1953), p. 5, 11 e 14.

44. *Ibid.*, p. 14 ss.

de cima para baixo, seu estabelecimento significaria o fim dessa administração. Com certeza, uma sociedade industrial madura e livre continuaria a depender da divisão do trabalho que envolve a desigualdade de funções. Tal desigualdade é requerida pelas necessidades sociais genuínas, pelas exigências técnicas e pelas diferenças físicas e mentais entre os indivíduos. Entretanto, as funções executivas e de supervisão não mais teriam o privilégio de dirigir a vida dos outros em função de algum interesse particular. A transição para tal estado é mais um processo revolucionário do que evolutivo, mesmo que sobre a base de uma economia plenamente nacionalizada e planificada.

Poder-se-ia supor que o sistema comunista, em suas formas estabelecidas, desenvolveria (ou, antes, seria *forçado* a desenvolver em virtude da disputa internacional) as condições que contribuiriam para essa transição? Há fortes argumentos contra essa suposição. Um deles enfatiza a poderosa resistência que a burocracia entrincheirada ofereceria – uma resistência que encontra sua *raison d'être* precisamente nos mesmos motivos que impulsionam a criação de precondições para a libertação, ou seja, a luta de vida ou morte com o mundo capitalista.

Pode-se dispensar a noção de uma "vontade de poder" inata à natureza humana. Isso é um conceito altamente duvidoso e totalmente inadequado para a análise do desenvolvimento social. A questão não é se as burocracias comunistas "renunciariam" à sua posição privilegiada, uma vez que o nível de uma mudança qualitativa possível tenha sido alcançado, mas se elas seriam capazes de evitar que se atingisse esse nível. Para fazer isso, elas teriam de deter o crescimento material e intelectual em um ponto em que a dominação ainda fosse racional e lucrativa, no qual a população subjacente pudesse ainda ser atada ao trabalho ou ao interesse do Estado ou de outras instituições estabelecidas. Novamente, o fator decisivo aqui parece ser a situação global de coexistência, que há muito se tornou um fator na situação *interna* das duas sociedades opostas. A necessidade da utilização total do progresso técnico e de sobrevivência em virtude de um alto padrão de vida pode revelar-se mais forte que a resistência das burocracias existentes.

Eu gostaria de acrescentar algumas observações à opinião frequentemente ouvida de que o novo desenvolvimento dos países atrasados poderia não apenas alterar as perspectivas dos países industrialmente avançados, mas também constituir uma "terceira força" que poderia crescer até tornar-se um poder relativamente independente. Em termos da discussão precedente: há alguma evidência de que as antigas áreas coloniais ou semicoloniais poderiam adotar um caminho de industrialização essencialmente diferente do capitalismo e comunismo atual? Há algo na cultura e tradição nativas dessas áreas que poderia indicar tal alternativa? Eu limitarei minhas observações aos modelos dos países atrasados já em processo de industrialização – ou seja, países em que a industrialização coexiste com uma cultura pré e anti-industrial intacta (Índia, Egito).

Esses países entram em um processo de industrialização com uma população não formada nos valores da produtividade autopropulsora, da eficiência e da racionalidade tecnológica. Em outras palavras, com uma ampla maioria da população que ainda não foi transformada em uma força de trabalho separada dos meios de produção. Essas condições favorecem uma nova confluência de industrialização e libertação – um modo essencialmente diferente de industrialização que construiria o aparato produtivo não apenas de acordo com as necessidades vitais da população subjacente, mas também com o propósito de pacificar a luta pela existência?

A industrialização nessas áreas atrasadas não acontece no vazio. Ela ocorre em uma situação histórica na qual o capital social requerido para a acumulação primária deve ser obtido em grande medida de fora, do bloco capitalista ou comunista, ou de ambos. Mais ainda, há uma ampla suposição de que permanecer independente iria requerer a *rápida* industrialização e o alcance de um nível de produtividade que asseguraria pelo menos autonomia relativa na competição com os dois gigantes.

Nessas circunstâncias, a transformação das sociedades subdesenvolvidas em sociedades industriais deve, tão rapidamente quanto possível, descartar as formas pré-tecnológicas. Isso vale especialmente para os países em que mesmo as necessidades mais vitais da população estão longe de serem satisfeitas, em que um terrível padrão de vida clama inicialmente por quantidades *en masse*, por produção e distribuição massivamente mecanizadas e padronizadas. E, nesses mesmos países, o peso morto dos costumes e condições pré-tecnológicos e até mesmo pré-"burgueses" oferece uma forte resistência a tal desenvolvimento superimposto. O processo da máquina (como processo social) requer a obediência a um sistema de poderes anônimos – a total secularização e destruição dos valores e instituições cuja dessacralização mal começou. Pode-se razoavelmente admitir que, sob o impacto dos dois grandes sistemas de administração tecnológica total, a dissolução dessa resistência prosseguirá em formas liberais e democráticas?

Que os países subdesenvolvidos possam fazer o salto histórico da sociedade pré-tecnológica para a *pós*-tecnológica, na qual o aparato tecnológico dominado pode fornecer a base para uma democracia? Ao contrário, mais parece que o desenvolvimento superimposto desses países trará consigo um período de administração total mais violento e mais rígido que o atravessado pelas sociedades avançadas que podem construir sobre as realizações do período liberal. Em resumo: as áreas atrasadas são propensas a sucumbir a uma das várias formas de neocolonialismo ou a um sistema mais ou menos terrorista de acumulação primitiva.

Entretanto, outra alternativa parece possível.[45] Se a industrialização e a introdução da tecnologia nos países atrasados encontra forte resistência dos modos de vida nativos e tradicionais – uma resistência que não é abandonada mesmo diante da perspectiva bastante concreta de uma vida melhor e mais fácil – essa tradição pré-tecnológica poderia por si mesma tornar-se uma fonte de progresso e industrialização?

Tal progresso nativo demandaria uma política planificada que, em vez de sobrepor a tecnologia às formas tradicionais de vida e trabalho, as ampliaria e melhoraria a partir de suas próprias bases, eliminando as forças (materiais e religiosas) opressivas e exploradoras que as torna incapazes de assegurar o desenvolvimento da existência mais humana. A revolução social, a reforma agrária e a redução da superpopulação seriam pré-requisitos, mas a industrialização segundo os padrões das sociedades avançadas, não. O progresso inerente e específico desses países parece realmente possível em áreas em que os recursos naturais, se liberados da exploração predatória, são ainda suficientes não apenas para a subsistência, mas também para uma vida mais humana. E onde não o são, não poderiam ser tornados suficientes pela ajuda gradual e intermitente da tecnologia – dentro do marco das formas tradicionais?

Se esse é o caso, então prevaleceriam as condições que nunca existiram nas antigas sociedades industriais e não existem nas sociedades industriais avançadas, a saber, os próprios "produtores imediatos" teriam a possibilidade de criar, por meio de seu trabalho e seu ócio, o seu próprio progresso e determinar sua marcha e direção. A autodeterminação procederia a partir da base e o trabalho para a satisfação das necessidades poderia transcender a si mesmo em direção a um trabalho para a satisfação pessoal.

---

45. Para o que se segue, ver os magníficos livros de René Dumont, especialmente, *Terres vivantes* (Paris: Plon, 1961).

78 | SOCIEDADE UNIDIMENSIONAL

Mas, mesmo sob tais suposições abstratas, os limites brutais da autodeterminação devem ser reconhecidos. A revolução inicial que, pela abolição da exploração mental e material, deve estabelecer os pré-requisitos para o novo desenvolvimento, é dificilmente concebível como ação espontânea. Mais ainda, o progresso nativo pressuporia uma mudança na política dos dois grandes blocos industriais de poder, que atualmente configuram o mundo – abandono do neocolonialismo em todas as suas formas. No presente, não há indicação de uma tal mudança.

## O Estado de Bem-Estar Social (*Welfare State*) e o Estado de Guerra (*Warfare State*)

Em resumo: as perspectivas de contenção da mudança, oferecidas pela política da racionalidade tecnológica, depende das perspectivas do Estado de Bem-Estar Social (*Welfare State*). Tal Estado parece capaz de elevar o padrão da vida *administrada*, uma capacidade inerente a todas as sociedades industriais avançadas em que o aparato técnico moderno – erigido como um poder separado e superior aos indivíduos – depende, para seu funcionamento, do desenvolvimento e expansão intensificados da produtividade. Sob tais condições, o declínio da liberdade e da oposição não é uma questão de deterioração ou de corrupção moral ou intelectual. É antes um processo social objetivo na medida em que a produção e a distribuição de uma quantidade crescente de bens e serviços estão de acordo com uma atitude tecnológica racional.

Entretanto, com toda sua racionalidade, o Estado de Bem-Estar Social (*Welfare State*) é um estado de não-liberdade porque sua total administração é uma restrição sistemática: *a)* do tempo livre "tecnicamente" disponível;[46] *b)* da quantidade e da qualidade de bens e serviços "tecnicamente" disponíveis para atender as necessidades vitais individuais; *c)* da inteligência (consciente e inconsciente) capaz de compreender e realizar as possibilidades de autodeterminação.

A sociedade industrial tardia aumentou, em vez de reduzir, a necessidade de funções parasitárias e alienadas (para a sociedade como um todo, se não para o indivíduo). A publicidade, as relações públicas, a doutrinação e a obsolescência planejada não são mais gastos fixos improdutivos, mas antes elementos dos custos básicos de produção. Para ser efetiva, tal

---

46. Tempo "livre", não tempo de "lazer". O último floresce na sociedade industrial avançada, mas é não-livre no sentido em que é administrado pelos negócios e pela política.

produção de supérfluos socialmente necessários requer a contínua racionalização – a utilização implacável da técnica e da ciência avançadas. Em consequência, um padrão de vida crescente é o subproduto quase inevitável da sociedade industrial politicamente manipulada, uma vez que certo nível de atraso tenha sido ultrapassado. A crescente produtividade do trabalho cria um produto excedente cada vez maior que, independentemente de ser apropriado e distribuído privada ou centralmente, permite um consumo crescente – não obstante a diversificação crescente da produtividade. Enquanto essa conjuntura prevalecer, ela reduzirá o valor de uso da liberdade; não há razão para insistir na autodeterminação se a vida administrada é a vida confortável e até mesmo a vida "boa". Esse é o fundamento racional e material para a unificação dos opostos, para o comportamento político unidimensional. Sobre essa base, as forças políticas transcendentes *dentro* da sociedade são detidas e a mudança qualitativa parece possível apenas como uma mudança *de fora*.

A rejeição do Estado de Bem-Estar Social (*Welfare State*) em nome de ideias abstratas de liberdade é pouco convincente. A perda das liberdades econômica e política que foram a real conquista dos dois séculos anteriores pode parecer uma perda insignificante para um Estado capaz de tornar a vida administrada segura e confortável.[47] Se os indivíduos estão satisfeitos a ponto de se sentirem felizes com os bens e serviços entregues a eles pela administração, por que eles devem insistir em instituições diferentes para uma produção diferente de bens e serviços diferentes? E se os indivíduos são pré-condicionados de tal modo que os bens que os satisfazem incluem pensamentos, sentimentos, aspirações, por que eles deveriam desejar pensar, sentir e imaginar por eles mesmos? É verdade que as mercadorias materiais e mentais oferecidas podem ser ruins, supérfluas, um desperdício – mas *Geist* (espírito, mente) e conhecimento não são argumentos contundentes contra a satisfação das necessidades.

A crítica do liberalismo e do conservadorismo (com ou sem o prefixo "neo") a respeito do Estado de Bem-Estar Social (*Welfare State*) repousa, para sua validade, sobre a existência das próprias condições que o Estado de Bem-Estar Social ultrapassou – a saber, um nível mais baixo de riqueza social e de tecnologia. Os aspectos sinistros dessa crítica se manifestam na luta contra a legislação social extensiva e a adequação dos gastos governamentais para serviços que não sejam os de defesa militar.

---

47. Ver p. 42.

## 80 | SOCIEDADE UNIDIMENSIONAL

A denúncia das capacidades opressivas do Estado de Bem-Estar Social serve, assim, para proteger as capacidades opressivas da sociedade *anterior* ao Estado de Bem-Estar Social. No estágio mais avançado do capitalismo, essa sociedade é um sistema de pluralismo subjugado, no qual as instituições rivais cooperam para solidificar o poder do todo sobre o indivíduo. Ainda assim, para o indivíduo administrado, a administração pluralista é muito melhor do que a administração total. Uma instituição poderia protegê-lo contra a outra; uma organização poderia mitigar o impacto da outra; as possibilidades de fuga e de reparação podem ser calculadas. O domínio da lei, não importa o quão restrito, é ainda infinitamente mais seguro que o domínio acima da lei ou sem ela.

Entretanto, em vista das tendências predominantes, deve-se perguntar se essa forma de pluralismo não acelera a destruição do pluralismo. A sociedade industrial avançada é, na verdade, um sistema de poderes compensatórios. Mas essas forças se cancelam em uma unificação maior – no interesse comum para defender e estender a situação estabelecida, para combater as alternativas históricas, para conter a mudança qualitativa. Os poderes compensatórios não incluem aqueles que contrariam o todo.[48] Eles tendem a imunizar o todo contra a negação tanto de dentro como de fora; a política externa de contenção aparece como uma extensão da política interna de contenção.

A realidade do pluralismo torna-se ideológica, ilusória. Ela parece ampliar mais do que reduzir a manipulação e a coordenação, promover mais do que contrariar a integração inevitável. As instituições livres competem com as instituições autoritárias, para fazer do inimigo uma força mortal *dentro* do sistema. E essa força mortal estimula o crescimento e empreendedorismo, não em virtude da magnitude e do impacto econômico do "setor" de defesa, mas em virtude do fato de que a sociedade como um todo se torna uma sociedade de defesa. Pois o Inimigo é permanente. Ele não está no estado de emergência, mas no estado normal das coisas. Ele ameaça tanto na paz quanto na guerra (e talvez mais do que na guerra); assim ele está sendo incorporado ao sistema como uma força de coesão.

Nem a crescente produtividade nem o alto padrão de vida dependem da ameaça externa, mas o uso deles para a contenção da mudança social e para

---

48. Para uma apreciação crítica e realista do conceito ideológico de Galbraith, ver LATHAM, Earl. "The Body Politic of the Corporation". In: MASON, E. S. *The Corporation in Modern Society* (Cambridge: Harvard University Press, 1959), p. 223 e 235 ss.

a perpetuação da servidão depende dessa ameaça. O Inimigo é o denominador comum de tudo o que é feito e desfeito. E o Inimigo não é idêntico ao comunismo atual ou ao capitalismo atual – ele é, em ambos os casos, o espectro real da libertação. Mais uma vez: a insanidade do todo absolve as insanidades particulares e transforma os crimes contra a humanidade em um empreendimento racional. Quando o povo, adequadamente estimulado pelas autoridades públicas e privadas, prepara-se para uma vida de total mobilização, ele está suscetível não apenas por causa do Inimigo presente, mas também por causa das possibilidades de investimento e emprego na indústria e no entretenimento. Mesmo os cálculos mais insanos são racionais: a aniquilação de cinco milhões de pessoas é preferível que a de dez milhões, vinte milhões e assim por diante. É inútil argumentar que uma civilização que justifica sua defesa por esse tipo de cálculo proclama seu próprio fim.

Sob tais circunstâncias, mesmos as liberdades e fugas existentes se encaixam no todo organizado. Nesta fase do mercado arregimentado, a competição está aliviando ou intensificando a corrida pelo aumento e pela aceleração do volume de negócios e da obsolescência? Os partidos políticos estão competindo por pacificação ou por uma indústria armamentista mais forte e mais onerosa? A promoção da "abundância" está promovendo ou retardando a satisfação das necessidades vitais ainda não satisfeitas? Se as primeiras alternativas são verdadeiras, a forma contemporânea de pluralismo fortaleceria o potencial para a contenção da mudança qualitativa e assim impediria, em vez de realizar, a "catástrofe" da autodeterminação. A democracia pareceria ser o mais eficiente sistema de dominação.

A imagem do Estado de Bem-Estar Social esboçada nos parágrafos anteriores é a de uma aberração histórica, situada entre o capitalismo organizado e o socialismo, a servidão e a liberdade, o totalitarismo e a felicidade. Sua possibilidade é suficientemente indicada pelas tendências predominantes do progresso técnico e suficientemente ameaçada por forças explosivas. A tendência mais poderosa, é claro, é o perigo que a preparação para a guerra nuclear global possa se transformar em sua concretização: a dissuasão também serve para dissuadir os esforços para eliminar a *necessidade* da dissuasão. Estão em jogo outros fatores que podem impedir a agradável junção de totalitarismo e felicidade, manipulação e democracia, heteronomia e autonomia – em suma, a perpetuação da harmonia

# 82 | SOCIEDADE UNIDIMENSIONAL

preestabelecida entre o comportamento organizado e o comportamento espontâneo, o pensamento pré-condicionado e o pensamento livre, a conveniência e a convicção. Mesmo o capitalismo mais altamente organizado conserva a necessidade social de apropriação e distribuição privada do lucro como regulador da economia. Ou seja, continua a ligar a realização do interesse geral à dos interesses particulares. Ao fazê-lo, esse capitalismo continua a enfrentar o conflito entre o potencial crescente de pacificação da luta pela existência e a necessidade de intensificar essa luta; entre a progressiva "abolição do trabalho" e a necessidade de preservar o trabalho como a fonte do lucro. O conflito perpetua a existência desumana daqueles que formam a base humana da pirâmide social – os marginalizados e os pobres, os desempregados e os não-empregáveis, as raças perseguidas pela cor, os confinados nas prisões e manicômios.

Nas sociedades comunistas contemporâneas, o inimigo externo, o atraso e o legado de terror perpetuam as características opressivas do "recuperar o atraso e ultrapassar" as realizações do capitalismo. A prioridade dos meios sobre os fins é desse modo agravada – uma prioridade que poderia ser quebrada apenas se a pacificação fosse realizada – e capitalismo e comunismo continuam a competir sem força militar, em uma escala global e por meio de instituições globais. Essa pacificação significaria o nascimento de uma economia genuinamente mundial – o desaparecimento do Estado-nação, do interesse nacional, as empresas nacionais, juntamente com as suas alianças internacionais. E isto é precisamente a possibilidade contra a qual o mundo de hoje está mobilizado:

> *L'ignorance et l'inconscience sont telles que les nationalismes demeurent florissants. Ni l'armement ni l'industrie du XX^e siècle ne permettent aux patries d'assurer leur sécurité et leur vie sinon en ensembles organisés de poids mondial, dans l'ordre militaire et économique. Mais à l'Ouest non plus qu'à l'Est, les croyances collectives n'assimilent les changements réels. Les Grands forment leurs empires, ou en réparent les architectures sans accepter les changements de régime économique et politique qui donneraient efficacité et sens à l'une et à l'autre coalitions.*

e:

> *Dupes de la nation et dupes de la classe, les masses souffrantes sont partout engagées dans les duretés de conflits où leurs seuls ennemis sont des maîtres qui emploient sciemment les mystifications de l'industrie et du pouvoir.*
> *La collusion de l'industrie moderne et du pouvoir territorialisé est un vice dont la réalité est plus pronfonde que les institutions et les structures*

*capitalistes et communistes et qu'aucune dialectique nécessaire ne doit né-
cessairement extirper.*[49]

A interdependência decisiva dos dois únicos sistemas sociais "sobera-nos" do mundo contemporâneo expressa o fato de que o conflito entre progresso e política, entre o homem e seus senhores se tornou total. Quando o capitalismo é desafiado pelo comunismo, ele enfrenta suas próprias capacidades: desenvolvimento espetacular de todas as forças produtivas após a subordinação dos interesses privados na lucratividade que impedem tal desenvolvimento. Quando o comunismo é desafiado pelo capitalismo, ele também enfrenta suas próprias capacidades: confortos e concessões espetaculares e alívio do fardo da vida. Ambos os sistemas têm essa capacidade distorcida que está além do reconhecimento e, em ambos os casos, a razão é em última análise a mesma – a luta contra uma forma de vida que enfraqueceria a base para a dominação.

---

49. "A ignorância e a inconsciência são tais que o nacionalismo continua a florescer. Nem os armamentos do século XX nem a indústria permitem às *pátrias* garantir sua segurança e sua existência exceto por meio de organizações que têm peso em âmbito mundial em questões militares e econômicas. Mas tanto no Oriente como no Ocidente as crenças coletivas não se adaptam às mudanças reais. As grandes potências formam seu império ou reparam a arquitetura destes sem aceitar mudanças no regime econômico e político que dessem efetividade e significado a uma ou a outra das coalizões. (...) Enganadas pela nação e enganadas pela classe, as massas sofredoras estão por toda parte envolvidas no rigor do conflito no qual seus únicos inimigos são senhores que intencionalmente usam as mistificações da indústria e do poder. (...) O conluio da indústria moderna e do poder territorial é um vício que é mais profundamente real do que as instituições e estruturas capitalistas e comunistas e que nenhuma dialética fundamental erradica necessariamente." PERROUX, François. *La coexistence pacifique* (Paris: Presses Universitaires, 1958), v. III, p. 631-3.

# Capítulo 3
# A conquista da consciência infeliz: dessublimação repressiva

Tendo discutido a integração política da sociedade industrial avançada, um acontecimento tornado possível pela crescente produtividade tecnológica e pela dominação cada vez mais ampla do homem e da natureza, nós nos voltaremos agora para a integração correspondente no domínio da cultura. Nesse capítulo, certas noções e imagens chaves da literatura e seu destino ilustrarão como o progresso da racionalidade tecnológica está liquidando os elementos de oposição e transcendência da "cultura superior". De fato, eles sucumbem ao processo de *dessublimação* que prevalece nas regiões avançadas da sociedade contemporânea.

As realizações e os fracassos dessa sociedade invalidam sua cultura superior. A celebração da personalidade autônoma, do humanismo, do amor trágico e romântico parece ser o ideal de uma etapa anterior de desenvolvimento. O que está acontecendo agora não é a deterioração da cultura superior na cultura de massa, mas a refutação dessa cultura pela realidade. A realidade ultrapassa sua cultura. O homem hoje pode fazer *mais* que os heróis da cultura e semideuses; ele resolveu muitos problemas insolúveis. Mas ele também traiu a esperança e destruiu a verdade que estava preservada nas sublimações da cultura superior. Certamente, a cultura superior sempre esteve em contradição com a realidade social e apenas uma minoria privilegiada desfrutou de suas bênçãos e representou seus ideais. As duas esferas antagônicas da sociedade sempre coexistiram; a cultura superior sempre tem sido conciliatória, enquanto a realidade raramente foi perturbada por seus ideais e sua verdade.

A nova característica de hoje é o enfraquecimento do antagonismo entre cultura e realidade social através da invalidação dos elementos de oposição, alienação e transcendência da cultura superior, em virtude dos quais ela constitui *outra dimensão* da realidade. Essa eliminação da cultura *bidimensional* não acontece por meio da negação e rejeição dos "valores culturais", mas por sua completa incorporação à ordem estabelecida, por meio de sua reprodução e exibição em escala massiva.

De fato, esses "valores culturais" servem como instrumento de coesão social. A grandeza de uma literatura e arte livres, os ideais de humanismo, as dores e alegrias dos indivíduos, a realização da personalidade são pontos importantes na luta competitiva entre o Ocidente e o Oriente. Eles se opõem fortemente às atuais formas de comunismo e são administrados e vendidos diariamente. Não importa o fato de eles contradizerem justamente a sociedade que os vende. Do mesmo modo como as pessoas sabem ou sentem que as propagandas e as plataformas políticas não devem ser necessariamente verdadeiras ou corretas, e ainda assim as ouvem e as leem e até mesmo se deixam ser guiadas por elas, elas também aceitam os valores tradicionais e os transformam em parte de seu aparato intelectual. Se os meios de comunicação de massa misturam harmoniosamente, e muitas vezes imperceptivelmente, arte, política, religião e filosofia com comerciais, eles trazem esses domínios da cultura ao seu denominador comum – a forma mercadoria. A música da alma é também a música da arte de vender. O que conta é o valor de troca, não o valor de verdade. A racionalidade do *status quo* se centra no valor de troca, e toda racionalidade que é diferente se curva a ele.

À medida que as grandes palavras de liberdade e realização são pronunciadas por líderes de campanhas e políticos em telas de televisão, em rádios e nos palanques, elas se tornam sons sem significado que ganham sentido apenas no contexto da propaganda, dos negócios, da disciplina e do repouso. Essa absorção do ideal pela realidade testemunha até que ponto o ideal foi ultrapassado. Ele é trazido do reino sublimado da alma ou do espírito (*spirit*) ou do homem interior e é traduzido em termos e problemas operacionais. Aqui estão os elementos progressivos da cultura de massa. A perversão revela o fato de que a sociedade industrial avançada está diante da possibilidade de uma materialização dos ideais. As capacidades dessa sociedade estão progressivamente reduzindo o reino sublimado no qual a condição do homem era representada, idealizada e denunciada. A cultura superior torna-se parte da cultura material. Nessa transformação, ela perde a maior parte de sua verdade.

A cultura superior do Ocidente – cujos valores morais, estéticos e intelectuais a sociedade industrial ainda professa – era uma cultura pré-tecnológica em um sentido tanto funcional como cronológico. Sua validade era derivada da experiência de um mundo que não existe mais, porque está invalidado, em um sentido estrito, pela sociedade tecnológica. Mais ainda, ele permanece, em um alto grau, uma cultura feudal, mesmo quando o período burguês lhe deu algumas das suas mais duradouras formulações. Ela era feudal, não apenas por ser exclusividade das minorias privilegiadas, não apenas por seu elemento romântico inerente (que será discutido a seguir), mas também porque suas obras autênticas expressaram uma alienação consciente e metódica em relação à esfera dos negócios e da indústria e de sua ordem mensurável e lucrativa.

Ainda que essa ordem burguesa tenha encontrado sua representação rica – e até mesmo afirmativa – na arte e na literatura (como na pintura holandesa do século XVII, no *Wilhelm Meister* de Goethe, no romance inglês do século XIX, em Thomas Mann), ela permaneceu uma ordem que foi ofuscada, fragmentada, refutada por outra dimensão que era irreconciliavelmente antagônica à ordem dos negócios, atacando-a e negando-a. E na literatura, essa outra dimensão é representada *não* pelos heróis religiosos, espirituais e morais (que frequentemente sustentam a ordem estabelecida), mas antes por personagens perturbadores como o artista, a prostituta, a adúltera, o grande criminoso e o pária, o guerreiro, o poeta rebelde, o demônio, o louco – aqueles que não ganham a vida, pelo menos de um modo ordeiro e normal.

Na verdade, esses personagens não desapareceram da literatura da sociedade industrial avançada, mas eles sobreviveram essencialmente transformados. O vampiro, o herói nacional, o *beatnik*, a dona de casa neurótica, o *gangster*, a estrela, o magnata carismático desempenham uma função muito diferente e até mesmo contrária àquela de seus predecessores culturais. Eles não são mais as imagens de outro modo de vida, mas antes aberrações ou tipos da mesma vida, servindo mais como afirmação que como negação da ordem estabelecida.

Com certeza, o mundo de seus predecessores era um mundo atrasado, pré-tecnológico, um mundo com a boa consciência da desigualdade e da labuta, no qual o trabalho era ainda um infortúnio do destino; mas um mundo no qual o homem e a natureza não estavam ainda organizados como coisas e instrumentalidades. Com seu código de formas e maneiras, com o estilo e o vocabulário de sua literatura e filosofia, essa cultura do passado

# 88 | SOCIEDADE UNIDIMENSIONAL

expressou o ritmo e o conteúdo de um universo no qual vales e bosques, vilas e hospedarias, nobres e vilões, salões e cortes foram uma parte da realidade experimentada. No verso e na prosa dessa cultura pré-tecnológica estão o ritmo daqueles que perambulam ou andam em carruagens, dos que têm tempo e prazer para pensar, contemplar, sentir e narrar.

É uma cultura ultrapassada e superada e apenas sonhos e regressões infantis podem recuperá-la. Mas essa cultura é, em alguns de seus elementos decisivos, também uma cultura *pós*-tecnológica. Suas mais avançadas imagens e posições parecem sobreviver à sua absorção em confortos e estímulos administrados; elas continuam a assombrar a consciência com a possibilidade de seu renascimento na realização do progresso técnico. Elas são expressão daquela alienação livre e consciente diante das formas estabelecidas de vida às quais a literatura e a arte se opuseram mesmo quando as adornaram.

Em contraste com o conceito marxiano, que denota a relação do homem consigo mesmo e com seu trabalho na sociedade capitalista, a *alienação artística* é a transcendência consciente da existência alienada – uma alienação de "nível mais alto" ou uma alienação mediatizada. O conflito com o mundo do progresso, a negação da ordem dos negócios e os elementos antiburgueses na literatura e arte burguesas não se devem nem à inferioridade estética dessa ordem nem à reação romântica – consagração nostálgica de um estágio da civilização em desaparecimento. "Romântico" é um termo de difamação condescendente que é facilmente aplicado às depreciadas posições de vanguarda, assim como o termo "decadente" muito mais frequentemente denuncia os traços genuinamente progressistas de uma cultura agonizante do que os fatores reais de decadência. As imagens tradicionais da alienação artística são de fato românticas enquanto são esteticamente incompatíveis com a sociedade em desenvolvimento. Essa incompatibilidade é o testemunho de sua verdade. O que eles lembram e preservam na memória pertence ao futuro: imagens de uma gratificação que eliminaria a sociedade que a suprime. As grandes arte e literatura surrealistas das décadas de 1920 e 1930 ainda as recuperaram em sua função subversiva e libertadora. Exemplos aleatórios do vocabulário básico literário podem indicar o alcance e a afinidade dessas imagens e a dimensão que elas revelam: *Alma, Espírito e Coração; la recherche de l'absolu, Les Fleurs du mal, la femme-enfant; O Reino perto do Mar; Le Bateau ivre* e a *Long-legged Bait; Ferne e Heimat;* mas também rum do diabo, máquina do diabo e dinheiro do diabo; *Don Juan* e *Romeu; O Mestre Construtor* e *Quando nós, os mortos, despertamos.*

Sua simples enumeração mostra que eles pertencem a uma dimensão perdida. Eles são invalidados não por causa de sua obsolescência literária. Algumas dessas imagens pertencem à literatura contemporânea e sobrevivem em suas mais avançadas criações. O que tem sido invalidado é sua força subversiva, seu conteúdo destrutivo – sua verdade. Nessa transformação, eles encontram seu lugar na vida cotidiana. As obras alienadas e alienantes da cultura intelectual se tornam bens e serviços familiares. Sua reprodução e consumo massivos são apenas uma mudança em quantidade, a saber, uma apreciação e compreensão crescentes, uma democratização da cultura?

A verdade da literatura e da arte sempre foi reconhecida (se é que alguma vez foi mesmo reconhecida) como de uma ordem "superior", que não deveria perturbar e na verdade não perturbou a ordem dos negócios. O que mudou, no período contemporâneo, foi a diferença entre as duas ordens e sua verdade. O poder de absorção da sociedade esgota a dimensão artística pela absorção de seus conteúdos antagônicos. No reino da cultura, o novo totalitarismo manifesta-se precisamente em um pluralismo harmonizador, em que as obras e as verdades mais contraditórias coexistem pacificamente na indiferença.

Antes do advento dessa reconciliação cultural, a literatura e a arte eram essencialmente alienação, sustentando e protegendo a contradição – a consciência infeliz do mundo dividido, as possibilidades fracassadas, as esperanças não realizadas e as promessas traídas. Elas eram uma força racional, cognitiva, revelando uma dimensão do homem e da natureza que era reprimida e repelida na realidade. Sua verdade estava na ilusão evocada, na insistência em criar um mundo em que o horror da vida fosse trazido à tona e cancelado – dominado pelo reconhecimento. Esse é o milagre da *chef-d'oeuvre*; é a tragédia, sustentada até o fim, e o fim da tragédia – sua solução impossível. Viver o amor próprio e o próprio ódio, viver aquilo que alguém é significa derrota, resignação e morte. Os crimes da sociedade, o inferno que o homem fez para o homem se tornam forças cósmicas inconquistáveis.

A tensão entre o atual e o possível é transfigurada em um conflito insolúvel, no qual a reconciliação é dada pela graça da obra como *forma*: beleza como a *promesse de bonheur*\*. Na forma da obra, as atuais circunstâncias são colocadas em outra dimensão, na qual a realidade dada se mostra como aquilo que é. Assim, ela fala a verdade sobre si mesma; sua linguagem deixa de ser aquela da decepção, ignorância e submissão. A ficção chama os fatos

---

\*.  Promessa de felicidade. (N.T.)

pelo seu próprio nome e seu reino entra em colapso; a ficção subverte a experiência cotidiana e mostra que ela é mutilada e falsa. Mas a arte tem esse poder mágico somente enquanto poder de negação. Ela pode falar sua própria linguagem somente enquanto estão vivas as imagens que recusam e refutam a ordem estabelecida.

*Madame Bovary* de Flaubert é distinta das histórias de amor igualmente tristes da literatura contemporânea pelo fato de que o humilde vocabulário de sua contraparte na vida real ainda contém as imagens da heroína, ou ela lê histórias que ainda contêm tais imagens. Sua ansiedade foi fatal porque não havia psicanalista, e não havia psicanalista porque, em seu mundo, ele não teria sido capaz de curá-la. Ela o teria rejeitado como parte da ordem de Yonville que a destruiu. Sua história foi "trágica" porque a sociedade na qual ela ocorreu era atrasada, com uma moralidade sexual ainda não liberada e uma psicologia ainda não institucionalizada. A sociedade que ainda estava por vir "resolveu" seu problema suprimindo-o. Certamente, seria um absurdo dizer que sua tragédia ou a de Romeu e Julieta é resolvida na democracia moderna, mas também seria um absurdo negar a essência histórica da tragédia. A realidade tecnológica em desenvolvimento mina não apenas as formas tradicionais, mas a própria base da alienação artística, ou seja, ela tende a invalidar não apenas certos "estilos", mas também a própria substância da arte.

Sem dúvida, a alienação não é a única característica da arte. Uma análise, e mesmo uma afirmação do problema está fora do escopo desse trabalho, mas algumas sugestões podem ser oferecidas para esclarecimento. Ao longo de períodos inteiros da civilização, a arte parece estar inteiramente integrada em sua sociedade. As artes egípcia, grega e gótica são exemplos familiares; Bach e Mozart também são usualmente citados como testemunhando o lado "positivo" da arte. O lugar da obra de arte em uma cultura pré-tecnológica e bidimensional é muito diferente daquele de uma civilização unidimensional, mas a alienação caracteriza tanto a arte afirmativa quanto a negativa.

A distinção decisiva não é a diferença psicológica entre arte criada na alegria e arte criada na tristeza, entre sanidade e neurose, mas aquela distinção entre a realidade artística e a realidade social. A ruptura com esta última, a transgressão mágica ou racional, é uma qualidade essencial até mesmo da arte mais afirmativa; ela é alienada também do próprio público a quem ela é endereçada. Não importa o quão próxima e familiar estava a

A CONQUISTA DA CONSCIÊNCIA INFELIZ: DESSUBLIMAÇÃO REPRESSIVA | 91

igreja ou a catedral das pessoas que moravam em seu entorno, ela permaneceu em contraste, aterrorizante ou engrandecedor, com a vida diária do escravo, do camponês e do artesão e talvez mesmo com a de seus senhores. Ritualizada ou não, a arte contém a racionalidade da negação. Em suas posições avançadas, ela é a Grande Recusa – o protesto contra o que é. Os modos pelos quais o homem e as coisas são levados a aparecer, cantar, soar e falar são modos de refutação, de ruptura e de recriação de sua existência fatual. Mas esses modos de negação rendem homenagens à sociedade antagônica à qual eles estão ligados. Separado da esfera do trabalho, em que a sociedade se reproduz a si mesma e a sua miséria, o mundo da arte que criam permanece, com toda sua verdade, um privilégio e uma ilusão.

Dessa forma isso continua, a despeito de toda democratização e popularização, através do século XIX e no século XX. A "cultura superior", em que essa alienação é celebrada, tem seus próprios ritos e seu es invocar outra dimensão da realidade. Sua frequentação requer uma preparação de gala; eles interrompem e transcendem a experiência cotidiana.

Agora essa lacuna essencial entre as artes e a ordem cotidiana, conservada aberta na alienação artística, é progressivamente fechada pela sociedade tecnológica avançada. E com seu fechamento, a Grande Recusa é, por sua vez, recusada; a "outra dimensão" é absorvida no estado de coisas predominante. As obras de alienação são elas próprias incorporadas nessa sociedade e circulam como parte integrante do equipamento que adorna e psicanalisa o estado de coisas vigente. Assim, tornam-se comerciais: vendem, confortam ou excitam.

Os críticos neoconservadores das críticas de esquerda sobre a cultura de massas ridicularizam o protesto contra Bach como música de fundo na cozinha, contra a venda de Platão e Hegel, Shelley e Baudelaire, Marx e Freud nas drogarias. Em vez disso, eles insistem no reconhecimento do fato de que os clássicos deixaram o museu e voltaram à vida novamente, que as pessoas são, justamente por isso, muito mais educadas. É verdade, mas voltando à vida como clássicos, eles retornam como outros que não eles mesmos; eles são privados de sua força antagônica, do estranhamento que era a própria dimensão de sua verdade. Assim, a intenção e a função dessas obras mudaram fundamentalmente. Se uma vez elas se levantaram em contradição com o *status quo*, essa contradição é agora desbaratada.

Mas essa assimilação é historicamente prematura; ela estabelece a igualdade cultural enquanto preserva a dominação. A sociedade está eliminando as prerrogativas e os privilégios da cultura feudal-aristocrática junto com seu

## 92 | SOCIEDADE UNIDIMENSIONAL

conteúdo. O fato de que as verdades transcendentes das belas-artes, as estéticas da vida e do pensamento fossem acessíveis apenas a uns poucos ricos e educados era a falha de uma sociedade repressiva. Mas essa falha não é corrigida por brochuras, educação geral, discos *long playing*, e a abolição do traje a rigor no teatro e na sala de concerto.[50] Os privilégios expressaram a injustiça da liberdade, a contradição entre ideologia e realidade, a separação da produtividade material e intelectual; mas eles também ofereceram um reino protegido no qual as verdades proibidas puderam sobreviver em uma integridade abstrata – distanciadas da sociedade que as suprimia.

Agora esse distanciamento foi removido – e com ele a transgressão e a acusação. O texto e o tom ainda estão presentes, mas foi conquistada a distância que fez delas *Luft von anderen Planeten*\*.[51] A alienação artística tornou-se tão funcional quanto a arquitetura dos novos teatros e salas de concerto nos quais ela é executada. E aqui também, o racional e o mal são inseparáveis. Inquestionavelmente, a nova arquitetura é melhor, isto é, mais bonita e mais prática do que as monstruosidades da era vitoriana. Mas ela é também mais "integrada" – o centro cultural está se tornando uma parte incorporada do *shopping center*, do centro municipal ou governamental. A dominação tem sua própria estética e a dominação democrática tem sua estética democrática. É bom que quase todos possam ter as belas-artes a seu alcance, girando ou pressionando um botão em seu aparelho, ou entrando em uma loja qualquer. Nessa difusão, entretanto, elas se tornam engrenagens de uma máquina cultural que modifica seu conteúdo.

A alienação artística sucumbe, junto com outros modos de negação, ao processo da racionalidade tecnológica. A mudança revela sua profundidade e o grau de sua irreversibilidade se ela é vista como resultado do progresso técnico. O atual estágio redefine as possibilidades do homem e da natureza de acordo com os novos meios disponíveis para sua realização e, à sua luz, as imagens pré-tecnológicas estão perdendo seu poder.

Seu valor de verdade dependeu, em um alto grau, de uma dimensão não compreendida e não conquistada do homem e da natureza, dos limites estreitos colocados sobre a organização e manipulação, do "núcleo insolúvel"

---

50. Sem mal-entendidos: dentro de seus limites, brochuras, educação geral e gravações *long playing* são verdadeiramente uma bênção.

\*. *Ar de outros planetas*. (N.T.)

51. GEORGE, Stefan. In: Arnold Schonberg's Quartet in F Sharp Minor. Ver ADORNO, T. W. *Philosophie der neuen Musik*. (Tübingen: J. C. B. Mohr, 1949), p. 19 ss. [Tradução brasileira: *Filosofia da Nova Música*. São Paulo: Perspectiva, 1989. (N.T.)]

A CONQUISTA DA CONSCIÊNCIA INFELIZ: DESSUBLIMAÇÃO REPRESSIVA | 93

que resistiu à integração. Na sociedade industrial totalmente desenvolvida, esse núcleo insolúvel é progressivamente reduzido pela racionalidade tecnológica. Obviamente, a transformação física do mundo implica a transformação mental de seus símbolos, imagens e ideias. Obviamente, quando cidades, rodovias e parques nacionais substituem vilas, vales e florestas; quando lanchas correm nos lagos e aviões cortam os céus – então essas áreas perdem seu caráter de realidade qualitativamente diferente, de áreas de contradição.

E como a contradição é trabalho do Logos – a confrontação racional do "que não é" com o "que é" – ela deve ter um meio de comunicação. A luta por esse meio, ou antes, a luta contra sua absorção pela unidimensionalidade predominante, manifesta-se nos esforços de vanguarda para criar um estranhamento que tornaria a verdade artística novamente comunicável.

Bertold Brecht esboçou os fundamentos teóricos desses esforços. O caráter total da sociedade estabelecida confronta o dramaturgo com a questão de se ainda é possível "representar o mundo contemporâneo no teatro" – ou seja, representá-lo de tal maneira que o espectador reconheça a verdade que a peça deve transmitir. Brecht responde que o mundo contemporâneo pode então ser representado somente se ele é representado como sujeito à mudança[52] – como o estado de negatividade que deve ser negado. Essa é a doutrina que deve ser aprendida, compreendida e posta em prática; mas o teatro é e deve ser entretenimento, prazer. No entanto, o entretenimento e o aprendizado não são opostos; o entretenimento pode ser o modo mais efetivo de aprendizado. Para ensinar o que o mundo contemporâneo realmente é, por trás do véu ideológico e material, e como isso pode ser mudado, o teatro deve quebrar a identificação do espectador com os acontecimentos no palco. São exigidos não empatia e sentimento, mas distância e reflexão. O "efeito de estranhamento" (*Verfremdungseffekt*) deve produzir essa dissociação em que o mundo pode ser reconhecido como o que ele é. "As coisas da vida cotidiana são retiradas do reino do autoevidente..."[53] "O que é 'natural' deve assumir os traços do extraordinário. Apenas dessa maneira as leis de causa e efeito podem se revelar."[54]

O "efeito de estranhamento" não é superimposto à literatura. É antes a própria resposta da literatura à ameaça de total behaviorismo – a tentativa

---

52. BRECHT, Bertold. *Schrifiten zum Theather* (Berlim; Frankfurt: Suhrkamp, 1957), p. 7 e 9.

53. *Ibid.*, p. 76.

54. *Ibid.*, p. 63.

## 94 | SOCIEDADE UNIDIMENSIONAL

de resgatar a racionalidade do negativo. Nessa tentativa, o grande "conservador" da literatura junta forças com o ativista radical. Paul Valéry insiste no compromisso inescapável da linguagem poética com a negação. Os versos dessa linguagem "*ne parlent jamais que de choses absentes*".[55] Eles falam daquilo que, embora ausente, assombra o universo estabelecido do discurso e do comportamento como sua possibilidade mais proibida – nem céu nem inferno, nem bem nem mal, mas simplesmente "*le bonheur*"*. Assim, a linguagem poética fala daquilo que é desse mundo, que é visível, palpável, audível no homem e na natureza – e daquilo que não é visto, tocado, ouvido.

Criando e movendo-se em um meio que apresenta o ausente, a linguagem poética é uma linguagem de cognição – mas uma cognição que subverte o positivo. Em sua função cognitiva, a poesia realiza a grande tarefa do *pensamento*: "*le travail qui fait vivre en nous ce qui n'existe pas*".[56]

Nomear as "coisas que estão ausentes" é quebrar o encanto das coisas que são; mais ainda, é o ingresso de uma ordem diferente de coisas na ordem estabelecida – "*le commencement d'um monde*"**.[57]

Para a expressão dessa outra ordem, que é transcendência dentro deste mundo, a linguagem poética depende dos elementos transcendentes da linguagem ordinária.[58] Entretanto, a mobilização total de todos meios de comunicação para a defesa da realidade estabelecida coordenou os meios de expressão até o ponto em que a comunicação de conteúdos transcendentes torna-se tecnicamente impossível. O espectro que assombrou a consciência artística desde Mallarmé – a impossibilidade de falar uma linguagem não reificada, de comunicar o negativo – deixou de ser um espectro. Ele se materializou.

As verdadeiras obras literárias de vanguarda comunicam a ruptura com a comunicação. Com Rimbaud e depois com o dadaísmo e o surrealismo, a literatura rejeita a própria estrutura do discurso que, por toda a história da

---

55. VALÉRY, Paul. "Poésie et pensée abstraite". In: *Oeuvres* (Édition de la Pléiade, Paris: Gallimard, 1957), v. I, p. 1.324. [Traduzido como "que sempre falam apenas de coisas ausentes" na versão brasileira: VALÉRY, Paul. *Variedades*. Trad. Maiza Martins Siqueira. São Paulo: Iluminuras, 1991, p. 201-17. (N.T.)]

*. "a felicidade". (N.T.)

56. "o esforço que torna vivo em nós aquilo que não existe". *Ibid.*, p. 1.333.

**. "o começo de um mundo". (N.T.)

57. *Ibid.*, p. 1.327 (com referência à linguagem da música).

58. Ver capítulo 7.

A CONQUISTA DA CONSCIÊNCIA INFELIZ: DESSUBLIMAÇÃO REPRESSIVA | 95

cultura, ligou as linguagens artística e cotidiana. O sistema proposicional[59] (com a sentença como sua unidade de significação) foi o meio no qual as duas dimensões da realidade puderam se encontrar, se comunicar e ser comunicadas. A mais sublime poesia e a prosa mais baixa compartilham esse meio de expressão. Portanto, a poesia moderna "*détruisait les rapports du langage et ramenait le discours à des stations de mots*".[60] A palavra recusa a regra unificadora, sensível, da sentença. Ela explode a estrutura preestabelecida de significação e, transformando-se em um "objeto absoluto", designa um universo intolerável, autoaniquilador – um *discontinuum*. Essa subversão da estrutura linguística implica uma subversão da experiência da natureza:

> *La nature y devient un discontinu d'objets solitaires et terribles, parce qu'ils n'ont que des liaisons virtuelles; personne ne choisit pour eux un sens privilégié ou un emploi ou un service, personne ne les réduit à la signification d'un comportement mental ou d'une intention, c'est-à-dire finalement d'une tendresse. (...) Ces mots-objets sans liaison, parés de toute la violence de leur éclatement... ces mots poétiques excluent les hommes; il n'y a pas d'humanisme poétique de la modernité: ce discours debout est un discours plein de terreur, c'est-à-dire qu'il met l'homme en liaison non pas avec les autres hommes, mais avec les images les plus inhumaines de la Nature; le ciel, l'enfer, le sacré, l'enfance, la folie, la matière pure etc.*[61]

O material tradicional da arte (imagens, harmonias, cores) reaparecem apenas como "citações", resíduos de significação passada em um contexto de recusa. Assim, as pinturas surrealistas

> *sind der Inbegriff dessen, was die Sachlichkeit mit einem Tabu zudeckt, weil es sie an ihr eigenes dinghaftes Wesen gemahnt und daran, daß sie nicht damit fertig wird, daß ihre Rationalität irrational bleibt. Der Surrealismus sammelt ein, was die Sachlichkeit den Menschen versagt; die Entstellungen*

---

59. Ver capítulo 5.

60. "destruiu as relações da linguagem e trouxe o discurso de volta ao estágio de *palavras* [Sugestão: nível das *palavras*]." BARTHES, Roland. *Le Degré zero de l'écriture* (Paris: Éditions du Seuil, 1953), p. 72 (grifos meus).

61. "A natureza torna-se um descontínuo de objetos terríveis e solitários porque eles têm apenas elos virtuais. Ninguém escolhe para eles um significado privilegiado ou uso ou serviço. Ninguém os reduz à significação de uma atitude mental ou de uma intenção, ou seja, em última análise, a uma ternura. (...) Essas palavras-objeto sem ligação, armadas de toda violência de seu poder explosivo (...) essas palavras poéticas excluem os homens. Não há humanismo poético da modernidade: esse discurso inicial é um discurso cheio de terror que significa que ele liga o homem não com os outros homens, mas com as imagens mais desumanas da natureza: o céu, o inferno, o sagrado, a infância, a loucura, a matéria pura etc." *Ibid.*, p. 73 ss.

*bezeugen, was das Verbot dem Begehrten antat. Durch sie errettete er das Veraltete, ein Album von Idiosynkrasien, in denen der Glückanspruch verraucht, den die Menschen in ihrer eigenen technifi zierten Welt verweigert finden.*[62]

Ou, a obra de Bertold Brecht preserva a *"promesse de bonheur"* contida no romance e no *Kitsch* (brilho da lua e o mar azul; melodia e doce lar; lealdade e amor), transformando-a em fermento político. Seus personagens cantam paraísos perdidos e a esperança inesquecível (*"Siehst Du den Mond über Soho, Geliebter?" "Jedoch eines Tages, und der Tag war blau." "Zuerst war immer Sontag." "Und ein Schiff mit acht Segeln." "Alter Bilbao Mond, Da wo noch Liebe lohnt"*) – e a canção é de crueldade e cobiça, exploração, trapaça e mentiras. Os enganados cantam sua decepção, mas eles aprendem (ou aprenderam) suas causas e é apenas aprendendo as causas (e como enfrentá-las) que eles recuperam a verdade de seu sonho.

Os esforços para recuperar a Grande Recusa na linguagem da literatura sofrem o destino de ser absorvidos pelo que eles refutam. Como os clássicos modernos, a vanguarda e os *beatniks* compartilham a função de entretenimento sem pôr em perigo a boa consciência dos homens de boa vontade. Essa absorção é justificada pelo progresso técnico; a recusa é refutada pelo alívio da miséria na sociedade industrial avançada; a abolição da cultura superior é um efeito colateral da conquista da natureza e da progressiva conquista da escassez.

Invalidando delicadas imagens da transcendência por meio da sua incorporação à realidade cotidiana onipresente, essa sociedade atesta o grau em que os conflitos insolúveis estão se tornando administráveis – em que a tragédia e o romance, os sonhos arquetípicos e as ansiedades estão sendo tornadas suscetíveis de solução e dissolução técnicas. O psiquiatra cuida dos Don Juans, Romeus, Hamlets, Faustos assim como cuida dos Édipos – ele os cura. Os dirigentes do mundo estão perdendo suas características metafísicas. Suas aparições na televisão, nas conferências de imprensa, no parlamento e nas audiências públicas são adequadas ao drama somente

---

62. "[As pinturas surrealistas] (...) reuniram o que o funcionalismo cobre com tabus porque elas revelam a realidade como reificação e o irracional em sua racionalidade. O surrealismo recupera o que o funcionalismo nega ao homem; as deformações demonstram o que o tabu fez ao objeto de desejo. Assim, o surrealismo resgata o obsoleto – uma coleção de idiossincrasias no qual a exigência de felicidade faz desaparecer aquilo que o mundo tecnificado recusa ao homem". ADORNO, Theodor W. *Noten zur Literatur* (Berlim; Frankfurt: Suhrkamp, 1958), p. 160.

dentro dos limites da publicidade,[63] enquanto as consequências de suas ações ultrapassam o âmbito do drama.

Os antídotos contra a desumanidade a injustiça estão sendo administrados por uma burocracia organizada racionalmente, que é, entretanto, invisível em seu centro vital. A alma contém poucos segredos e anseios que não podem ser sensatamente discutidos, analisados e constatados. A solidão, a própria condição que sustentou o indivíduo contra e além de sua sociedade, tornou-se tecnicamente impossível. A análise lógica e linguística demonstra que os velhos problemas metafísicos são problemas ilusórios; a questão do "significado" das coisas pode ser reformulada como a questão do significado das palavras, e o universo estabelecido do discurso e do comportamento pode fornecer critérios perfeitamente adequados para a resposta.

É um universo racional que, pelos simples peso e capacidades de seu aparato, bloqueia toda fuga. Em sua relação com a realidade da vida cotidiana, a cultura superior do passado era muitas coisas – oposição e adorno, clamor e resignação. Mas era também a aparência do reino de liberdade: a recusa em se comportar adequadamente. Tal recusa não pode ser dificultada sem uma compensação que pareça mais satisfatória que a recusa. A conquista e a unificação dos opostos, que encontra sua glória ideológica na transformação da cultura superior em cultura de massa, tem lugar sobre uma base material de crescente satisfação. Essa é também a base que permite uma *dessublimação* devastadora.

A alienação artística é sublimação. Ela cria as imagens de condições que são irreconciliáveis com o Princípio de Realidade estabelecido, mas que, enquanto imagens culturais, tornam-se toleráveis, até mesmo edificantes e úteis. Agora essas imagens mentais são invalidadas. Sua incorporação à cozinha, ao escritório, à loja; seu uso comercial nos negócios e no lazer é, em um sentido, dessublimação – que substitui a gratificação mediada pela imediata. Mas é dessublimação praticada a partir de uma "posição de força" por uma parte da sociedade que pode permitir-se mais do que antes porque seus interesses se tornaram os impulsos mais interiorizados de seus cidadãos, e porque os prazeres que ela concede promovem a coesão social e o contentamento.

O Princípio de Prazer absorve o Princípio de Realidade; a sexualidade é liberada (ou, antes, liberalizada) sob formas socialmente construtivas.

---

63. O legendário herói revolucionário ainda existe e é capaz de desafiar a televisão e a imprensa – seu mundo é aquele dos países "subdesenvolvidos".

Essa noção implica a existência de formas repressivas de dessublimação,[64] em comparação com as quais as pulsões e objetivos sublimados contêm mais desvio, mais liberdade e mais recusa em respeitar os tabus sociais. Parece que tal dessublimação repressiva atua de fato na esfera sexual e aqui, como na dessublimação da cultura superior, opera como o subproduto dos controles sociais da realidade tecnológica, que amplia a liberdade enquanto intensifica a dominação. Essa ligação entre dessublimação e sociedade tecnológica talvez possa ser mais bem esclarecida ao se discutir a mudança no uso social da energia pulsional.

Nessa sociedade, nem todo tempo gasto com máquinas é tempo de trabalho (isto é, labuta desagradável, mas necessária), e nem toda energia poupada pela máquina é força de trabalho. A mecanização também "poupou" a libido, a energia das Pulsões de Vida – ou seja, impediu-a de atingir as formas prévias de realização. Esse é o núcleo de verdade no contraste romântico entre o viajante moderno e o poeta errante ou o artesão, entre a linha de montagem e o artesanato, entre a vila e a cidade, entre o pão produzido industrialmente e o feito em casa, entre o barco a vela e o barco a motor etc. Na verdade, esse mundo romântico pré-tecnológico foi permeado de miséria, labuta e imundície, e estas, por sua vez, foram o pano de fundo de todo prazer e gozo. Houve, ainda, uma "paisagem", um meio de experiência libidinal que não mais existe.

Com seu desaparecimento (em si um pré-requisito histórico do progresso), toda uma dimensão da atividade e passividade humanas foi deserotizada. O ambiente por meio do qual o indivíduo poderia obter prazer – que ele poderia perceber como gratificante quase como uma zona estendida do corpo – foi rigidamente reduzido. Consequentemente, o "universo" da catexia libidinal é da mesma maneira reduzido. O efeito é uma localização e contração da libido, a redução do erótico à experiência e satisfação sexual.[65]

Por exemplo, comparem-se o fazer amor em uma campina e em um automóvel, o passeio dos amantes fora dos muros da cidade e numa rua de Manhattan. Nos primeiros casos, o ambiente compartilha e convida à catexia* libidinal e tende a ser erotizado. A libido transcende as zonas erógenas imediatas – um processo de sublimação não-repressiva. Em

---

64. Ver meu livro *Eros and Civilization* (Boston: Beacon Press, 1954), especialmente o cap. X.

65. De acordo com a terminologia usada nos últimos trabalhos de Freud: sexualidade como pulsão parcial "especializada"; Eros como o do organismo inteiro.

*. Em psicanálise, a energia psíquica investida ou concentrada em um objeto (que pode ser uma pessoa, uma coisa, um grupo, processos ou pulsões do próprio eu, uma causa etc.). (N.R.T.)

contraste, um ambiente mecanizado parece bloquear tal autotranscendência da libido. Impelida para o esforço de estender o campo de gratificação erótica, a libido torna-se menos "polimorfa", menos capaz de erotismo além da sexualidade localizada, e *a última* se intensifica. Assim, diminuindo a energia erótica e intensificando a energia sexual, a realidade tecnológica *limita o escopo da sublimação*. Ela também reduz a *necessidade* de sublimação. No aparato mental, a tensão entre o que é desejado e o que é permitido parece consideravelmente reduzida e o Princípio de Realidade parece não mais requerer uma transformação indiscriminada e dolorosa das necessidades pulsionais. O indivíduo deve adaptar-se a um mundo que não parece exigir a negação de suas necessidades interiores – um mundo que não é essencialmente hostil.

O organismo está sendo então pré-condicionado para a aceitação espontânea do que é oferecido. Visto que a maior liberdade envolve antes uma contração do que uma extensão e desenvolvimento de necessidades pulsionais, ela atua mais *a favor* do que *contra* o *status quo* da repressão geral – alguém poderia falar de uma "dessublimação institucionalizada". Esta parece ser um fator vital para o surgimento da personalidade autoritária de nosso tempo.

Sempre tem sido observado que a civilização industrial avançada opera com um grau maior de liberdade sexual – "opera" no sentido de que esta se torna um valor de mercado e um elemento dos costumes sociais. Sem deixar de ser um instrumento de trabalho, ao corpo é permitido exibir seus atributos sexuais no mundo do trabalho cotidiano e nas relações de trabalho. Essa é uma das únicas realizações da sociedade industrial – tornada possível pela redução da sujeira e do trabalho físico pesado; pela disponibilidade de roupas baratas e atrativas, pelo cultivo da beleza e da higiene física; pelas exigências da indústria da propaganda etc. As atrativas secretárias e vendedoras, o executivo jovem e viril e o supervisor atraente são mercadorias altamente vendáveis, e a posse de amantes adequadas – outrora prerrogativa de reis, príncipes e lordes – facilita a carreira até mesmo dos postos mais modestos do mundo dos negócios.

O funcionalismo, que se pretende artístico, promove essa tendência. Lojas e escritórios se abrem por meio de enormes janelas de vidro e expõem seu pessoal; no interior, balcões altos e divisórias opacas estão caindo em desuso. A corrosão da privacidade em massivos edifícios de apartamentos e casas suburbanas quebra a barreira que antes separou a existência individual da

# SOCIEDADE UNIDIMENSIONAL

existência pública e expõe mais facilmente as qualidades atrativas de outras esposas e outros maridos. Essa socialização não é contraditória, mas complementar à deserotização do ambiente. O sexo é integrado ao trabalho e às relações públicas e é tornado assim mais suscetível à satisfação (controlada). O progresso técnico e a vida mais confortável permitem a sistemática inclusão de componentes libidinais no reino da produção e da troca de mercadorias. Mas, não importa o quão controlada possa ser a mobilização da energia pulsional (o que às vezes equivale a uma gestão científica da libido), não importa o quanto isso possa servir para sustentar o *status quo* – é também gratificante para os indivíduos administrados, assim como correr de lancha, manejar o cortador de grama, dirigir um automóvel em alta velocidade.

Essa mobilização e administração da libido respondem por grande parte da submissão voluntária, da ausência de terror, da harmonia preestabelecida entre as necessidades individuais e os desejos, objetivos e aspirações socialmente requeridos. A conquista política e tecnológica dos fatores transcendentes da existência humana, tão característica da civilização industrial avançada, aqui se afirma na esfera pulsional: satisfação de um modo que gera submissão e enfraquece a racionalidade do protesto.

O escopo da satisfação socialmente permissível e desejável é enormemente ampliado, mas através dessa satisfação, o Princípio de Prazer é reduzido – privado das exigências que são irreconciliáveis com a sociedade estabelecida. O prazer, assim ajustado, gera submissão.

Em contraste com os prazeres da dessublimação ajustada, a sublimação preserva a consciência da renúncia que a sociedade repressiva impõe ao indivíduo e dessa forma preserva a necessidade de liberação. Com certeza, toda sublimação é imposta pelo poder da sociedade, mas a consciência infeliz desse poder já rompe com a alienação. De fato, toda sublimação aceita a barreira social para a gratificação pulsional, mas ela também transgride essa barreira.

O Superego, ao censurar o inconsciente e implantar o consciente, também censura o censor porque a consciência desenvolvida registra o ato perverso proibido não apenas no indivíduo, mas também em sua sociedade. Inversamente, a perda da consciência, devido às liberdades satisfatórias garantidas por uma sociedade não-livre, contribui para uma *consciência feliz* que facilita a aceitação dos males dessa sociedade. É o sinal do declínio da autonomia e da compreensão. A sublimação requer um alto grau de autonomia e compreensão; ela é a mediação entre o consciente e o inconsciente, entre os processos primários e os secundários, entre o intelectual e o pulsional, a renúncia e a rebelião. Em suas formas mais perfeitas, tal como na *obra de arte*, a sublimação torna-se o poder cognitivo que derrota a supressão enquanto se rende a ela.

À luz da função cognitiva desse modo de sublimação, a dessublimação desenfreada na sociedade industrial avançada revela sua função verdadeiramente conformista. Essa liberação da sexualidade (e da agressividade) liberta os impulsos instintivos de grande parte da infelicidade e do descontentamento que elucida o poder repressivo do universo estabelecido de satisfação. Certamente, há infelicidade generalizada e a consciência feliz é bastante frágil – uma fina camada sobre o temor, a frustração e o desgosto. Essa infelicidade se presta facilmente à mobilização política; sem espaço para o desenvolvimento da consciência, ela pode se tornar o reservatório pulsional para um novo modo fascista de vida e morte. Mas há muitos meios pelos quais a infelicidade sob a consciência feliz pode se tornar uma fonte de força e coesão para a ordem social. Os conflitos do indivíduo infeliz agora parecem muito mais passíveis de cura que aqueles que foram causados pelo "mal-estar na civilização" ("*discontent in civilization*")* de Freud, e eles parecem muito mais adequadamente definidos em termos de "personalidade neurótica de nosso tempo" do que em termos da eterna luta entre Eros e Tanatos.

A maneira pela qual a dessublimação controlada pode enfraquecer a revolta das pulsões contra o Princípio de Realidade estabelecido pode ser esclarecida pelo contraste entre a representação da sexualidade nas literaturas clássica e romântica e em nossa literatura contemporânea. Se alguém seleciona, dentre os trabalhos que são, em sua verdadeira substância e sua forma interior, determinados pelo compromisso erótico, exemplos tão essencialmente diferentes como *Fedra* de Racine, *As afinidades eletivas* de Goethe, *As flores do mal* de Baudelaire, *Anna Karenina* de Tostói, a sexualidade aparece sistematicamente de uma forma altamente sublimada, "mediada" e reflexiva – mas nessa forma, ela é absoluta, descomprometida, incondicional. A dominação de Eros é, desde o início, também de Thanatos. Realização é destruição, não em um sentido moral ou sociológico, mas em

---

*.    Marcuse utilizou a expressão "*discontent in civilization*" com base em *Civilization and its discontents* de Freud. Trata-se da tradução para o inglês do escrito original alemão *Das unbehagen in der Kultur*, cuja tradução portuguesa mais aceita hoje é *O mal-estar na cultura*. A tradução alemã de *Eros and civilization* verteu a expressão anterior por "*unbehagen in der Kultur*". (N.T.)

um sentido ontológico. Está acima do bem e do mal, acima da moralidade social e assim permanece além do alcance do Princípio de Realidade estabelecido, que esse Eros recusa e destrói.

Em contraste, a sexualidade dessublimada é excessiva nos alcoólatras de O'Neill e nos selvagens de Faulkner, em *Uma rua chamada pecado* e em *A gata em teto de zinco quente*, em *Lolita*, em todas as histórias de orgias em Hollywood e Nova Iorque e nas aventuras das donas de casa suburbanas. Isso é infinitamente mais realista, ousado e desinibido. É parte integrante da sociedade em que isso acontece, mas de modo algum é negação. O que acontece é seguramente selvagem e obsceno, viril e saboroso, bastante imoral – e, precisamente por causa disto, perfeitamente inofensivo.

Liberada da forma sublimada que foi o verdadeiro símbolo de seus sonhos irreconciliáveis – uma forma que é o estilo, a linguagem na qual a história é contada – a sexualidade torna-se um veículo para os *best-sellers* da opressão. Não se poderia dizer de nenhuma das mulheres sensuais na literatura contemporânea o que Balzac diz da prostituta Esther: que a sua ternura era do tipo que floresce só no infinito. Essa sociedade transforma tudo o que toca em uma fonte potencial de progresso *e* exploração, de escravidão *e* satisfação, de liberdade *e* de opressão. A sexualidade não é exceção.

O conceito de dessublimação controlada implicaria a possibilidade de uma realização simultânea da sexualidade reprimida *e* da agressividade, uma possibilidade que parece incompatível com a noção freudiana da quantidade invariável de energia pulsional disponível para a distribuição entre os dois impulsos primários. De acordo com Freud, o fortalecimento da sexualidade (libido) envolveria necessariamente o enfraquecimento da agressividade e vice-versa. Entretanto, se a realização da libido socialmente permitida e encorajada fosse aquela da sexualidade parcial e localizada, ela seria equivalente a uma compreensão atual da energia erótica e essa dessublimação seria compatível com o crescimento tanto das formas não-sublimadas de agressividade quanto das formas sublimadas. Estas são desenfreadas na sociedade industrial contemporânea.

Teria essa agressividade atingido um grau de banalização em que os indivíduos estão se acostumando com o risco de sua própria dissolução e desintegração no curso normal de prontidão nacional? Ou essa aquiescência se deve inteiramente à sua impotência de fazer algo a respeito? De qualquer forma, o risco de uma possível destruição realizada pelo homem tornou-se aparato normal tanto da economia mental quanto material das pessoas, de tal forma que não serve mais para acusar ou refutar o sistema social estabelecido. Mais ainda, como parte de seu cotidiano, pode até atar as pessoas a esse sistema. A conexão econômica e política entre o inimigo total e o alto padrão de vida (e o nível desejado de emprego!) é transparente o bastante, mas também racional o bastante, para ser aceita.

Assumindo que a Pulsão Destrutiva (em última análise: a Pulsão de Morte) é um amplo componente da energia que alimenta a dominação técnica do homem e da natureza, parece que a capacidade crescente da sociedade de manipular o progresso técnico também aumenta a sua *capacidade de manipular e controlar essa pulsão*, isto é, de satisfazê-la "produtivamente". Assim, a coesão social seria reforçada nas mais profundas raízes pulsionais. O risco supremo e mesmo a realidade da guerra encontrariam não apenas uma aceitação impotente, mas também a aprovação pulsional por parte das vítimas. Aqui também nós teríamos dessublimação controlada.

A dessublimação institucionalizada parece ser então um aspecto da "conquista da transcendência" realizada pela sociedade unidimensional. Assim como essa sociedade tende a reduzir e mesmo absorver a oposição (a diferença qualitativa!) no domínio da política e da cultura superior, ela o faz da mesma forma na esfera pulsional. O resultado é a atrofia dos órgãos mentais para compreender as contradições e as alternativas e, na única dimensão restante da racionalidade tecnológica, prevalece a *Consciência Feliz*.

Isso reflete a crença de que o real é racional e que o sistema estabelecido, a despeito de tudo, fornece os bens. As pessoas são levadas a encontrar no aparato produtivo o agente efetivo de pensamento e ação ao qual seus pensamentos e ações pessoais podem e devem ser submetidos. E nessa transferência, o aparato também assume o papel de um agente moral. A consciência é absolvida pela reificação, pela necessidade geral de coisas.

Nessa necessidade geral, a culpa não tem lugar. Um homem pode dar o sinal que liquida centenas e milhares de pessoal, então se declarar livre de todo peso na consciência e viver feliz para sempre. Os poderes antifascistas, que venceram o fascismo nos campos de batalha, colheram os benefícios dos cientistas, generais e engenheiros nazistas: eles têm a vantagem histórica dos que chegaram depois. O que começa com o horror dos campos de concentração transforma-se em práticas de treinamento de pessoas para condições anormais – uma existência humana subterrânea e a ingestão diária de alimentos radioativos. Um líder religioso cristão declara que

## 104 | SOCIEDADE UNIDIMENSIONAL

evitar por todos os meios disponíveis que seu vizinho entre em seu abrigo antibomba não vai contra os princípios do cristianismo. Outro ministro cristão contradiz seu colega e diz que sim. Quem está certo? Novamente, a neutralidade da racionalidade técnica se sobrepõe à política e novamente se manifesta como espúria, porque, em ambos os casos, ela serve à política da dominação.

> O mundo dos campos de concentração (...) não era uma sociedade excepcionalmente monstruosa. O que nós vimos lá era a imagem e, de certo modo, a quintessência, da sociedade infernal na qual nós estamos mergulhados todos os dias.[66]

Parece que até mesmo as transgressões mais hediondas podem ser reprimidas de tal maneira que, para todos os propósitos práticos, elas deixaram de ser um perigo para a sociedade. Ou, se sua erupção leva a distúrbios funcionais no indivíduo (como no caso de um piloto de Hiroshima), isso não afeta o funcionamento da sociedade. Um hospital psiquiátrico administra o distúrbio.

A Consciência Feliz não tem limites – ela dispõe de jogos com morte e sofrimento nos quais a alegria, o grupo de trabalho e a importância estratégica se misturam numa harmonia social compensadora. A *Rand Corporation*,\* que reúne conhecimento acadêmico, pesquisa e problemas militares, associados ao clima necessário à boa vida, informa sobre tais jogos em um estilo de beleza indulgente, em seu "RANDom News" (v. 9, n. 1), sob o título *BETTER SAFE THAN SORRY*\*\*. Os foguetes estão prontos para ser disparados, a bomba H está esperando, os voos espaciais estão acontecendo, e o problema é "como proteger a nação e o mundo livre". Com tudo isso, os

---

66. IONESCO, Eugène. *Nouvelle Revue Française*, jul. 1956, como citado no *London Times Literary Supplement*, 4 mar. 1960. Herman Kahn sugere em um estudo RAND de 1959 (RM-2206-RC) que "deveria ser feito um estudo sobre a população sobrevivente em meios similares aos refúgios superpopulosos (campos de concentração, o uso russo e alemão de vagões lotados, navios de tropas, prisões superlotadas (...) etc.). Alguns princípios orientadores poderiam ser encontrados e adaptados a um programa de refúgios".

\*. A denominação *Rand Corporation* resulta da contração de *"Research and Development Corporation"*. É um instituto de pesquisa situado no sul da Califórnia fundado em 1948 como consequência da Segunda Guerra Mundial e que esteve frequentemente a serviço do aparato militar norte-americano. A *Rand Corporation* iniciou suas atividades a partir do desdobramento de uma companhia aérea militar e dedica-se a "ampliar e promover fins científicos, educacionais e de caridade, para o bem-estar público e a segurança dos Estados Unidos" (Fonte: Página da *Rand Corporation* na Internet). (N.T.)

\*\*. "Melhor prevenir do que remediar". (N.T.)

A CONQUISTA DA CONSCIÊNCIA INFELIZ: DESSUBLIMAÇÃO REPRESSIVA | 105

estrategistas militares estão preocupados, pois "o custo de arriscar, de experimentar e de cometer algum erro, pode ser terrivelmente elevado". Mas aqui vem a RAND; ela vem em auxílio e "estratagemas como RAND'S SAFE* entram em ação". A cena em que RAND entra não é sigilosa. É uma cena em que "o mundo se torna um mapa, mísseis são meramente símbolos [viva o poder tranquilizante do simbolismo!] e as guerras são apenas [apenas] planos e cálculos escritos sobre um papel (...)". Nesse quadro, RAND transfigurou o mundo em um interessante jogo tecnológico, e se pode relaxar – os "estrategistas militares podem ganhar valiosa experiência 'artificial' sem risco".

## Jogando o jogo

Para compreender o jogo, deve-se participar, pois a compreensão está "na experiência".

Como os jogadores de SAFE provêm de quase todos os departamentos da RAND assim como da Força Aérea, nós poderíamos encontrar um físico, um engenheiro e um economista na equipe azul. A equipe vermelha representará um corte transversal semelhante.

O primeiro dia é dedicado a uma reunião conjunta para esclarecer sobre o que é o jogo e para o estudo das regras. Quando finalmente as equipes estão sentadas em torno dos mapas, em suas respectivas salas, o jogo começa. Cada equipe recebe sua declaração política do Diretor de Jogo. Essas declarações, usualmente preparadas por um membro do Grupo de Controle, dão um panorama da situação mundial no momento do jogo, alguma informação sobre a política da equipe adversária, os objetivos que a equipe deve alcançar e o seu orçamento. (As políticas são mudadas a cada jogo para explorar um leque amplo de possibilidades estratégicas.)

Em nosso jogo hipotético, o objetivo da equipe azul é manter uma capacidade de dissuasão durante o jogo – ou seja, manter uma força que é capaz de contra-atacar a equipe vermelha e assim a equipe vermelha será incapaz de arriscar um ataque. (A equipe azul também recebe alguma informação sobre a política dos vermelhos.)

A política dos vermelhos é conseguir uma superioridade de força sobre os azuis.

Os orçamentos dos azuis e vermelhos comparam-se aos atuais orçamentos de defesa...

É confortador saber que o jogo tem sido jogado desde 1961 na RAND, "em nosso subsolo labiríntico – em algum lugar sob o bar", e que "os car-

---

*.  SEGURIDADE RAND. (N.R.T.)

# 106 | SOCIEDADE UNIDIMENSIONAL

dápios nas paredes das salas dos azuis e dos vermelhos listam armas disponíveis e equipamentos que as equipes compram... Cerca de setenta itens ao todo". Há um "Diretor de Jogo" que interpreta as regras do jogo, pois, embora haja "um livro de regras completo com diagramas e ilustrações em 66 páginas", problemas inevitavelmente surgem durante o jogo. O Diretor de Jogo também tem outra importante função: "sem notificar previamente os jogadores", ele "inicia a guerra para medir a efetividade das forças militares existentes". Mas então, o placar informa "Café, bolo e ideias". Relaxar! O "jogo continua durante os períodos restantes – até 1972, quando termina. Então, as equipes azul e vermelha enterram os mísseis e se sentam juntas para um café e um bolo na sessão *post mortem*". Mas não relaxem muito: há "uma situação do mundo real que não pode ser transposta efetivamente para o SAFE", e esta é a "negociação". Nós somos gratos por isso: a única esperança que resta na situação do mundo real está fora do alcance da RAND.

Obviamente, no reino da Consciência Feliz, o sentimento de culpa não tem lugar e o cálculo se encarrega da consciência. Quando o todo está em jogo, não há crime exceto aquele de rejeitar o todo, ou de não defendê-lo. Crime, culpa e sentimento de culpa se tornam um problema privado. Freud revelou na psique do indivíduo os crimes da humanidade e, na história individual, a história do todo. Essa ligação fatal é suprimida com êxito. Aqueles que se identificam com o todo, que são os líderes e defensores do todo podem cometer erros mas não podem fazer o mal – eles não são culpados. Eles podem se tornar culpados novamente quando essa identificação não se sustentar mais, quando eles desaparecerem.

# Capítulo 4
# O fechamento do universo do discurso

> *Dans l'état présent de l'Histoire, toute écriture politique ne peut que confirmer un univers policier, de meme toute écriture intellectuelle ne peut qu'instituer une para-littérature, qui n'ose plus dire son nom.*
>
> *No estado presente da História, todo escrito político pode apenas confirmar um universo-policial, assim como todo escrito intelectual pode apenas produzir para-literatura que não ousa mais dizer seu nome.*
>
> Roland Barthes

A Consciência Feliz – a crença de que o real é racional e que o sistema entrega os bens – reflete o novo conformismo que é uma faceta da racionalidade tecnológica traduzida em comportamento social. É novo porque é racional a um grau sem precedente. Sustenta uma sociedade que reduziu – e em suas mais avançadas áreas eliminou – a irracionalidade mais primitiva de estágios anteriores, que prolonga e melhora a vida com mais regularidade do que antes. A guerra de aniquilação ainda não ocorreu; os campos nazistas de extermínio foram abolidos. A Consciência Feliz repele toda afinidade. A tortura foi reintroduzida como um fato normal, mas numa guerra colonial que ocorre à margem do mundo civilizado. E lá é praticada com boa consciência, pois guerra é guerra. E essa guerra, também, está na margem – assola apenas os países "subdesenvolvidos". Contra as expectativas, a paz reina.

# 108 | SOCIEDADE UNIDIMENSIONAL

O poder sobre o homem, que essa sociedade adquiriu, é diariamente absolvido por sua eficácia e produtividade. Quando assimila tudo que toca, quando absorve a oposição, quando joga com a contradição, demonstra sua superioridade cultural. E, do mesmo modo, a destruição de recursos e a intensificação do desperdício [*waste*] demonstra sua opulência e os "alto níveis de bem-estar": "a Comunidade está muito bem para se importar!".[67]

## A linguagem da administração total

Este tipo de bem-estar, a superestrutura produtiva apoiada sobre a base infeliz da sociedade, permeia a "mídia" que faz a mediação entre os senhores e seus dependentes. Seus agentes de publicidade moldam o universo da comunicação no qual o comportamento unidimensional se expressa. Sua linguagem testemunha a identificação e a unificação, a promoção sistemática do pensar e fazer positivos, o ataque orquestrado às noções transcendentes e críticas. Nos modos predominantes da linguagem, a diferença desafia conjuntamente modos de pensamento bidimensionais e dialéticos e comportamento tecnológico ou "hábitos de pensamento" sociais.

Na expressão desses hábitos de pensamento, a tensão entre aparência e realidade, causa e efeito, substância e qualidade acidental tendem a desaparecer. Os elementos de autonomia, descoberta, demonstração, e crítica retrocedem ante a designação, asserção e imitação. Elementos mágicos, autoritários e ritualísticos permeiam a fala e a linguagem. O discurso é privado das mediações que constituem os estágios do processo de cognição e avaliação cognitiva. Os conceitos que compreendem os fatos e, por meio disso, transcendem os fatos, estão perdendo sua representação linguística autêntica. Sem essas mediações, a linguagem tende a expressar e promover a identificação imediata entre razão e fato, verdade e verdade estabelecida, essência e existência, a coisa e sua função.

Essas identificações, que apareceram como uma característica do operacionalismo,[68] reaparecem como características do discurso no comportamento social. Aqui, a operacionalização da linguagem ajuda a repelir os elementos não-conformistas da estrutura e do movimento do discurso. Vocabulário e sintaxe são igualmente afetados. A sociedade expressa suas exigências diretamente no material linguístico, mas não sem oposição; a linguagem popular ataca com humor malicioso e provocador o discurso

---

67. CALBRAITH, John K. *American Capitalism* (Boston: Houghton Mifflin, 1956), p. 96.

68. Ver p. 50.

O FECHAMENTO DO UNIVERSO DO DISCURSO | 109

oficial e semioficial. A gíria e a fala coloquial raramente foram tão criativas. É como se o homem comum (ou seu porta-voz anônimo) afirmasse em sua fala sua humanidade contra os poderes existentes, como se a rejeição e a revolta, subjugadas na esfera política, explodissem no vocabulário que chama as coisas pelos seus nomes: "head-shrinker" e "egghead"; "boob tube"; "think tank"; "beat it" e "dig it"; e "gone, man, gone".*

Entretanto, os laboratórios de defesa e escritórios executivos, os governos e as máquinas, os marcadores de ponto e os gerentes, os experts eficientes e os salões de beleza políticos (que produzem os líderes com a maquiagem apropriada) falam uma linguagem diferente e, por enquanto, eles parecem ter a última palavra. É a palavra que ordena e organiza, que induz pessoas a fazerem, a comprarem e a aceitarem. É transmitida num estilo que é uma criação linguística autêntica; uma sintaxe na qual a estrutura da sentença é abreviada e condensada de tal modo que nenhuma tensão, nenhum "espaço" é deixado entre as partes da sentença. Essa forma linguística milita contra todo desenvolvimento de significado. Tentarei agora ilustrar esse estilo.

A característica do operacionalismo – tornar o conceito sinônimo do conjunto correspondente de operações[69] – ocorre na tendência linguística "para considerar os nomes das coisas como seres indicativos, ao mesmo tempo, de sua maneira de funcionar, e os nomes das propriedades e dos processos como simbólicos do aparato usado para detectá-los ou produzi--los".[70] Isso é raciocínio tecnológico, que tende "a identificar as coisas às suas funções".[71]

Como um hábito de pensamento fora da linguagem científica e técnica, tal raciocínio molda a expressão de um comportamento social e político específico. Neste universo comportamental, palavras e conceitos tendem a coincidir, ou melhor, o conceito tende a ser absorvido pela palavra. O primeiro não tem outro conteúdo do que aquele designado pela palavra no uso publicizado e padronizado, e espera-se que a palavra não tenha nenhuma outra resposta além do comportamento (reação) publicizado e padronizado. A palavra torna-se *cliché* e, como cliché, governa a fala ou a escrita; a comunicação, assim, impede o desenvolvimento genuíno do significado.

---

\*. Esses termos podem ser traduzidos, respectivamente, por: "encolhedor de cabeças" ou "psiquiatra", "cabeça de ovo" ou "intelectual", "tomara-que-caia" ou "televisor", "tanque de pensar" ou "instituto de pesquisa independente", "cai fora" e "sacou", e "já era". (N.R.T.)

69. Ver p. 50.

70. GERR, Stanley. "Language and Science". *Philosophy of Science*, p. 156, apr. 1942.

71. *Ibid.*

## 110 | SOCIEDADE UNIDIMENSIONAL

De fato, toda linguagem contém inumeráveis termos que não requerem desenvolvimento de seu significado, tal como os termos que designam os objetos e os utensílios da vida quotidiana, a natureza visível, as necessidades e carências vitais. Esses termos são geralmente entendidos de modo que sua mera aparência produz uma resposta (linguística ou operacional) adequada ao contexto pragmático no qual eles são falados.

A situação é muito diferente com respeito a termos que denotam coisas ou ocorrências fora do alcance desse contexto não-controverso. Aqui, a operacionalização da linguagem expressa um enfraquecimento do significado que tem uma conotação política. Os nomes das coisas não são somente "indicativos de sua maneira de funcionar", mas sua maneira (verdadeira) de funcionar também define e "fecha" o significado da coisa, excluindo outras maneiras de funcionar. O substantivo governa a sentença numa forma autoritária e totalitária, e a sentença torna-se uma declaração a ser aceita – repele a demonstração, a qualificação e a negação de seu significado codificado e declarado.

Nos pontos nodais do universo do discurso público, proposições analíticas autovalidantes parecem funcionar como fórmulas mágico-rituais. Marteladas e remarteladas na mente do receptor, elas produzem o efeito de fechá-la dentro do círculo das condições prescritas pela fórmula.

Já me referi à hipótese autovalidante como forma proposicional no universo do discurso político.[72] Tais substantivos como "liberdade", "igualdade", "democracia" e "paz" implicam, analiticamente, um conjunto específico de atributos que ocorre invariavelmente quando o substantivo é falado ou escrito. No Ocidente, a predicação analítica está em termos tais como empresa, iniciativa, eleições e indivíduos livres; no Oriente, em termos como trabalhadores e camponeses, construir o comunismo ou o socialismo, abolição de classes antagônicas. Em qualquer um dos lados, a transgressão do discurso que vá além da estrutura analítica fechada é incorreta ou propaganda, embora os meios de forçar a verdade e o grau de punição serem muito diferentes. Nesse universo do discurso público, a fala se move por meio de sinônimos e tautologias; verdadeiramente, nunca se move para a diferença qualitativa. A estrutura analítica isola o substantivo principal de todos os significados que poderiam invalidar ou ao menos perturbar o uso corrente do substantivo em discursos políticos e de opinião pública. O conceito ritualizado torna-se imune à contradição.

---

72. Ver p. 51.

O FECHAMENTO DO UNIVERSO DO DISCURSO | III

Assim, o fato de o modo predominante de liberdade ser servidão, e de o modo predominante de igualdade ser desigualdade superposta, é excluído da expressão pela definição fechada desses conceitos de acordo com os poderes que moldam o respectivo universo do discurso. O resultado é a familiar linguagem Orwelliana ("paz é guerra" e "guerra é paz" etc.), a qual não é de modo algum exclusividade do totalitarismo terrorista. Nem é menos Orwelliana se a contradição não estiver explicitada na frase, mas estiver contida num substantivo. Que um partido político que trabalha para a defesa e crescimento do capitalismo seja chamado "Socialista", e um governo despótico de "democrático", e uma eleição fraudada de "livre", são características linguísticas – e políticas – familiares que são muito anteriores a Orwell.

Relativamente nova é a aceitação geral dessas mentiras pela opinião pública e privada, a supressão de seu conteúdo monstruoso. A divulgação e a efetividade dessa linguagem comprovam o triunfo da sociedade sobre as contradições que ela contém; elas são reproduzidas sem explodir o sistema social. E é a contradição franca e aberta que é transformada num instrumento de discurso e publicidade. A sintaxe de abreviamento proclama a reconciliação de opostos ao soldá-los juntos numa estrutura firme e familiar. Tentarei mostrar que a "bomba limpa" e a "radiação inofensiva" são apenas as criações últimas de um estilo normal. Antes considerada a principal ofensa contra a lógica, a contradição agora aparece como um princípio da lógica de manipulação – caricatura realista da dialética. É a lógica de uma sociedade que pode ter recursos para dispensar a lógica e jogar com a destruição, uma sociedade com domínio tecnológico sobre a mente e a matéria.

O universo do discurso no qual os opostos são reconciliados tem uma base firme para tal unificação – sua destrutividade lucrativa. A total comercialização une esferas da vida que antes eram antagônicas, e essa união se expressa na suave conjunção linguística de partes conflitantes da fala. Para uma mente ainda não suficientemente condicionada, muito do discurso e da imprensa públicos parece totalmente surrealista. Manchetes tais como "Sindicatos Buscam Harminia de Míssil"[*],[73] e propagandas tais "Abrigo Nuclear de Luxo"[74] ainda podem evocar a reação simplista segundo a qual "Sindicato", "Indústria Armamentista", e "Acordo de Paz" são contradições

---

[*]. O sentido dessa manchete é "sindicatos buscam acordo de paz com indústria armamentista", mas optou-se por se conservar uma tradução mais literal em função do uso que Marcuse faz do termo "Míssil" na sequência do texto. (N.R.T.)

73. *The New York Times*, 1º dez. 1960.

74. *Ibid.*, 2 nov. 1960.

## 112 | SOCIEDADE UNIDIMENSIONAL

irreconciliáveis, e que nenhuma lógica e nenhuma linguagem seriam capazes de unir corretamente luxo e nuclear. Entretanto, a lógica e a linguagem se tornam perfeitamente racionais quando aprendemos que um "submarino nuclear equipado com mísseis balísticos" "custa cento e vinte milhões de dólares" e que "carpete, jogo de tabuleiro e TV" são fornecidos no modelo de mil dólares do abrigo. A validação não está primariamente no fato dessa linguagem vender (parece que o negócio de radiação não estava tão bom), mas sim por ela promover a identificação imediata do particular com o interesse geral, Negócio com Poder Nacional, prosperidade com potencial de aniquilação. Não passa de um pequeno deslize um teatro anunciar uma "Performance Especial de Véspera de Eleição: Dança da Morte de Strindberg".[75] O anúncio revela a afinidade numa forma menos ideológica do que é normalmente admitida.

A unificação de opostos que caracteriza o estilo comercial e político é uma das muitas maneiras pelas quais o discurso e a comunicação se tornam imunes à expressão de protesto e recusa. Como podem tal protesto e recusa encontrar a palavra certa quando os órgãos da ordem estabelecida admitem e advertem que a paz é realmente a iminência da guerra, que as armas mais recentes rendem negócios lucrativos, e que o abrigo antiaéreo pode significar aconchego? Ao exibir suas contradições como sinal de sua verdade, esse universo do discurso fecha-se contra qualquer discurso que não se apresente em seus próprios termos. E, por sua capacidade de assimilar todos os outros termos em seu próprio, oferece a possibilidade de combinar a maior tolerância possível com a maior unidade possível. Contudo sua linguagem testemunha o caráter repressivo dessa unidade. Essa linguagem fala mediante construções que impõem ao receptor o significado tendencioso e reduzido, o desenvolvimento bloqueado do conteúdo, a aceitação daquilo que é oferecido da forma em que é oferecido.

A predicação analítica é uma construção repressiva. O fato de um nome específico ser quase sempre ligado mesmos adjetivos e atributos "explicatórios" transforma a sentença em uma fórmula hipnótica que, repetida infinitamente, fixa o significado na mente do receptor. Ele não pensa em explicações essencialmente diferentes (e possivelmente verdadeiras) do substantivo. Mais tarde examinaremos outras construções nas quais se revela o caráter dessa linguagem. Elas têm em comum um encurtamento e um abreviamento da sintaxe que cortam o desenvolvimento do significado

---

75. *Ibid.*, 7 nov. 1960.

O FECHAMENTO DO UNIVERSO DO DISCURSO | 113

ao criar imagens fixadas que se impõem com uma concretude opressiva e petrificada. É a técnica bem conhecida da indústria da propaganda, na qual é metodicamente usada para "estabelecer uma imagem" que adere à mente e ao produto, e ajuda a vender os homens e os bens. Fala e escrita são agrupadas em torno de "frases de efeito" e "agitadores de público" que transmitem a imagem. Essa imagem pode ser "liberdade" ou "paz", ou o "bom rapaz" ou o "comunista" ou "Miss Rheingold"*. Espera-se do leitor ou ouvinte associá-las (e de fato as associa) a uma estrutura fixa de instituições, atitudes, aspirações, e espera-se que ele reaja de uma maneira fixa e específica.

Para além da esfera relativamente inocente da comercialização, as consequências são mais sérias, pois tal linguagem é ao mesmo tempo "intimidação e glorificação".[76] As proposições assumem a forma de comandos sugestivos: são evocativos mais do que demonstrativos. A predicação torna-se prescrição; a comunicação do todo tem um carácter hipnótico. Ao mesmo tempo, é tingida com uma falsa familiaridade – o resultado da constante repetição e da bem administrada sinceridade popular da comunicação. Esta se relaciona com o receptor imediatamente – sem a distância do status, da educação e do escritório – e o atinge na atmosfera informal da sala de estar, da cozinha e do quarto.

A mesma familiaridade é estabelecida através de linguagem personalizada, que desempenha um papel considerável na comunicação avançada.[77] É o "seu" congressista, "sua" autoestrada, "sua" farmácia favorita, "seu" jornal; é trazido "a você", convida "você" etc. Dessa maneira, coisas e funções sobrepostas, padronizadas, e gerais são apresentadas como "especialmente para você". Faz pouca diferença se os indivíduos assim endereçados acreditam nisso ou não. Seu sucesso indica que ela promove a autoidentificação dos indivíduos com as funções que eles e os outros desempenham.

Nos setores mais avançados da comunicação funcional e manipulada, a linguagem impõe, em construções verdadeiramente impressionantes, a identificação autoritária entre pessoa e função. A revista *Time* pode servir como um exemplo extremo dessa tendência. Seu uso do genitivo inflexivo faz os indivíduos parecerem meros apêndices ou propriedades de seu

---

\*. Concurso de beleza que, entre 1940 e 1965, elegia anualmente a garota-propaganda que figurava nos anúncios da cerveja norte-americana Rheingold. (N.T.)

76. BARTHES, Roland. *Le Degré zéro de l'écriture* (Paris: Editions du Seuil, 1953), p. 33. [Tradução brasileira: *O grau zero da escrita*. São Paulo: Martins Fontes, 2004. (N.T.)]

77. Ver LOWENTHAL, Leo. *Literature, Popular Culture, and Society* (Prentice-Hall, 1961), p. 109 ss.; e HOGGART, Richard. *The Uses of Literacy* (Boston: Beacon Press, 1961), p. 161 ss.

# 114 | SOCIEDADE UNIDIMENSIONAL

lugar, seu emprego, seu empregador ou empresa. Eles são apresentados como Byrd da Virgínia, Blough da U.S. Steel, Nasser do Egito.[*] Uma construção atributiva hifenizada cria uma síndrome fixa: "O governador mão--de-ferro, cabeça-de-pudim da Georgia (...) tinha o palco todo montado para um de seus inflamados comícios políticos semana passada".

O governador,[78] sua função, suas características físicas e suas práticas políticas são reunidas numa estrutura indivisível e imutável que, em sua inocência e imediatez naturais, subjuga a mente do leitor. A estrutura não deixa espaço para distinção, desenvolvimento, diferenciação de significado: vive e se move somente como um todo. Dominado por tais imagens personalizadas e hipnóticas, a reportagem pode, em seguida, até mesmo fornecer informações importantes, mesmo a informação essencial. A narrativa continua com segurança dentro do bem-editado quadro de uma história razoavelmente interessante, tal como definida pela política do editor.

O uso do abreviamento hifenizado está bastante difundido. Por exemplo, Teller "sobrancelha-de-escova", o "pai da bomba-H", "o construtor de mísseis, von Braun ombro-de-touro", "jantar científico-militar"[79] e o submarino "de propulsão-nuclear, com artilharia-de-mísseis-balísticos". Tais construções são, talvez não por acaso, particularmente frequentes em frases unindo tecnologia, política e exército. Termos designando esferas ou qualidades muito diferentes são forçados a unir-se num todo sólido e avassalador.

O efeito é novamente mágico e hipnótico – a projeção de imagens que transmitem uma unidade irresistível, uma harmonia de contradições. Assim, o Pai amado e temido, o provedor da vida, gera a bomba-H para a aniquilação da vida; a "ciência-militar" esforça-se para reduzir a ansiedade e o sofrimento com o trabalho de criar ansiedade e sofrimento. Ou, sem hífen, a Academia da Liberdade de especialistas em guerra fria,[80] e a "bomba limpa" – atribuindo integridade moral e física à destruição. Pessoas que falam e aceitam tal linguagem parecem ser imunes a tudo – e suscetíveis

---

[*]. Referência a Robert Byrd (1917-2010), senador da Virgínia Ocidental (West Virginia); Roer Blogh (1904-1985), chefe executivo da US Steel Corporation, Siderúrgica; e Gamal Abdel Nasser (1918-1970), 2º presidente do Egito. (N.T.)

78. O enunciado refere-se não ao presente Governador, mas ao Sr. Talmadge.

79. Os últimos três, citados em *The Nation*, 22 fev. 1958.

80. Uma sugestão da revista *Life*, citado em *The Nation*, 20 ago. 1960. Segundo David Sarnoff, uma lei para estabelecer tal Academia está no Congresso. Veja John K. Jessup, Adlai Stevenson, e outros, The National Purpose (produzido sob a supervisão e com a ajuda do corpo editorial da revista *Life*, Nova York, Holt, Rinehart and Winston, 1960), p. 58.

a tudo. A hifenização (explícita ou não) não reconcilia sempre o irreconciliável; frequentemente, a combinação é muito gentil – como no caso do "ombro-de-touro, o construtor de mísseis" – ou carrega uma ameaça, ou uma dinâmica inspiradora. Mas o efeito é similar. A estrutura imponente une os atores e as ações de violência, poder, proteção e propaganda num lampejo. Vemos o homem ou a coisa em ação e apenas em ação – não pode ser de outro modo.

Nota sobre siglas. OTAN, SEATO, NU, AFL-CIO, AEC, mas também URSS, RDA etc. A maioria dessas siglas são perfeitamente razoáveis e justificadas pelo comprimento da designação não-abreviada. Entretanto, alguém poderia arriscar-se a ver em algumas delas uma "astúcia da Razão" – a sigla pode ajudar a reprimir questões indesejadas. OTAN não sugere o que Organização do Tratado do Atlântico Norte exprime, isto é, um tratado entre nações do Atlântico Norte – sobre o qual se poderia perguntar sobre a adesão de Grécia e Turquia. URSS abrevia Socialismo e Soviético; RDA: democrática. ONU se livra de "unidas" com ênfase excessiva; SEATO faz o mesmo com aqueles países do Sudeste-Asiático que não pertencem a ela. AFL-CIO enterra as diferenças políticas radicais que uma vez separaram as duas organizações, e AEC é apenas mais uma agência administrativa entre muitas outras. As siglas denotam somente aquilo que é institucionalizado, de tal modo que a conotação transcendente é eliminada. O significado é ajustado, adulterado, modificado. Uma vez que se tornou um vocábulo aceitável, constantemente repetido em uso geral, "sancionado" pelos intelectuais, perdeu todo valor cognitivo e serve meramente para reconhecimento de um fato inquestionável.*

O estilo é de uma *concretude* avassaladora. A "coisa identificada com sua função" é mais real do que a coisa distinguida de sua função, e a expressão linguística dessa identificação (no substantivo funcional e nas muitas formas gramaticais de abreviamento sintático) cria um vocabulário e uma sintaxe básicos que obstruem a diferenciação, a separação e a distinção. Essa linguagem, que constantemente impõe *imagens*, milita contra o desenvolvimento e a expressão de *conceitos*. Com sua imediatez e seu estilo direto impede o pensamento conceitual; assim, impede o pensamento. Pois o conceito *não*-identifica a coisa à sua função. Tal identificação pode mesmo ser o significado legítimo, e talvez o único, do conceito operacional e tecnológico, mas definições operacionais e tecnológicas são usos especí-

---

*. Organização do Tratado do Sudoeste-Asiático (SEATO); Organização das Nações Unidas (ONU); Federação Americana do Trabalho e Congresso de Organizações Industriais (AFL-CIO) e Comissão de Energia Atômica (AEC). (N.T.)

## 116 | SOCIEDADE UNIDIMENSIONAL

ficos de conceitos para propósitos específicos. Além disso, eles dissolvem conceitos em operações e excluem o propósito conceitual que é contrário a tal dissolução. Prioritariamente ao seu uso operacional, o conceito *nega* a identificação da coisa com sua função; distingue aquilo que a coisa é de suas funções contingentes na realidade estabelecida.

As tendências predominantes do discurso, que rejeitam essas distinções, são expressivas das mudanças nos modos de pensamento discutidos nos primeiros capítulos – a linguagem operacionalizada, abreviada e unificada é a linguagem do pensamento unidimensional. De modo a ilustrar sua novidade, a contrastarei brevemente com uma filosofia clássica da gramática que transcende o universo comportamental e relaciona categorias linguísticas a categorias ontológicas.

Segundo essa filosofia, o sujeito gramatical de uma sentença é primeiramente uma "substância" e permanece assim nos vários estados, funções e qualidades que a sentença predica do sujeito. É ativamente ou passivamente relacionado a seus predicados, mas permanece diferente deles. Se não é um nome próprio, o sujeito é mais do que um nome: ele nomeia o *conceito* de uma coisa, um universal que a sentença define em um estado ou função particular. O sujeito gramatical, assim, carrega um significado que *excede* aquele expresso na frase.

Nas palavras de Wilhelm von Humboldt: o nome como sujeito gramatical denota algo que "pode entrar em certas relações",[81] mas não é idêntico a essas relações. Além disso, ele permanece o que é nas relações e "contra" elas; é seu cerne "universal" e substantivo. A síntese proposicional vincula a ação (ou estado) com o sujeito de tal maneira que o sujeito é designado como o ator (ou suporte) e assim é diferenciado do estado ou função em que calha estar. Ao dizer: "o raio fulmina", alguém "pensa não meramente no fulminar do raio, mas no próprio raio mesmo que fulmina", de um sujeito que "passou à ação". E se uma sentença dá uma definição de seu sujeito, ela *não* reduz o sujeito a seus estados e funções, mas o define como estando neste estado, ou exercendo esta função. O sujeito não se constitui em seus predicados, nem por desaparecer neles, nem por existir como uma entidade anterior e exterior aos seus predicados – ele é o resultado de um processo de mediação que se expressa na frase.[82]

---

81. HUMBOLDT, W. v. *Über die Verschiedenheit des menschlichen Spachbaues* (reimp. Berlim, 1936), p. 254.

82. Para essa filosofia da gramática na lógica dialética, ver o conceito de Hegel da "substância como sujeito" e da "sentença especulativa" no Prefácio da *Fenomenologia do Espírito*.

Aludi à filosofia da gramática para esclarecer o grau em que as abreviações linguísticas indicam uma abreviação do pensamento que elas, por sua vez, fortalecem e promovem. A insistência sobre os elementos filosóficos na gramática, sobre o elo entre o "sujeito" gramático, lógico e ontológico, destaca os conteúdos que são suprimidos na linguagem funcional, banidos da expressão e da comunicação. A redução do conceito a imagens imutáveis; o desenvolvimento preso a fórmulas autovalidantes e hipnóticas; imunidade contra a contradição; identificação da coisa (e da pessoa) com sua função – essas tendências revelam o espírito unidimensional na linguagem que fala.

Se o comportamento linguístico bloqueia o desenvolvimento conceitual, se milita contra a abstração e a mediação, se se rende aos fatos imediatos, nega o reconhecimento das circunstâncias por trás dos fatos, e assim nega a recognição dos fatos e de seu conteúdo histórico. Para a sociedade, essa organização do discurso operacional é de vital importância; serve como um veículo de coordenação e subordinação. A linguagem unificada, operacional, é a uma linguagem irreconciliavelmente anticrítica e antidialética. Nela, a racionalidade operacional e comportamental absorve os elementos transcendentes, negativos, antagônicos da Razão.

Discutirei[83] esses elementos em termos da tensão entre o "é" e o "deve", entre essência e aparência, potencialidade e atualidade – o ingresso do negativo nas determinações positivas da lógica. A tensão mantida permeia o universo bidimensional do discurso que é o universo do pensamento crítico, abstrato. As duas dimensões são antagônicas entre si; a realidade participa de ambas, e os conceitos dialéticos desenvolvem as contradições reais. Em seu próprio desenvolvimento, o pensamento dialético veio a compreender o caráter histórico das contradições e o processo de sua mediação como processo histórico. Assim a "outra" dimensão de pensamento pareceu ser uma dimensão histórica – a potencialidade como possibilidade *histórica*, sua realização como acontecimento histórico.

A supressão dessa dimensão no universo social da racionalidade operacional é uma *supressão da história*, e isso não é um assunto acadêmico, mas político. É a supressão do próprio passado da sociedade – e de seu futuro, na medida em que esse futuro invoca a mudança qualitativa, a negação do presente. Um universo do discurso no qual as categorias de liberdade tornaram-se permutáveis e mesmo idênticas a seus opostos não está somente praticando a linguagem Orwelliana ou Esopiana, mas está negando e esquecendo a realidade histórica – o horror do fascismo; a ideia do socialismo; as precondições

---

83. No capítulo 5.

da democracia, o conteúdo da liberdade. Se uma ditadura burocrática governa e define uma sociedade comunista, se os regimes fascistas estão funcionando como parceiros do Mundo Livre, se o programa de bem-estar do capitalismo esclarecido é derrotado com sucesso quando é rotulado de "socialismo", se os fundamentos da democracia são harmoniosamente abolidos na democracia, então os velhos conceitos históricos são invalidados pelas atuais redefinições operacionais. As redefinições são falsificações que, imposta pelos poderes constituídos, servem para transformar a falsidade em verdade.

A linguagem operacional é uma linguagem radicalmente anti-histórica: a racionalidade operacional tem pouco espaço e pouco uso para a razão histórica.[84] Essa luta contra a história faz parte da luta contra uma dimensão na qual faculdades e forças dissidentes podem se desenvolver – faculdades e forças que podem retardar a coordenação total do indivíduo com a sociedade? A lembrança do passado pode causar *insights* perigoso e a sociedade estabelecida parece estar com medo dos conteúdos subversivos de memória. A lembrança é um modo de distanciamento diante dos fatos dados, um modo de "mediação" que rompe, por poucos momentos, o poder onipresente dos fatos dados. A memória recorda o terror e a esperança que passaram. Ambos vêm à vida de novo, mas enquanto na realidade o primeiro recorre a formas cada vez mais novas, a última permanece esperança. E nos acontecimentos pessoais que reaparecem na memória individual, os medos e as aspirações da humanidade se afirmam – o universal no particular. É a história que a memória preserva. Aquilo que sucumbe ao poder totalitário do universo comportamental:

> *Das Schreckbild einer Menschheit ohne Erinnerung (...) ist kein blosses Verfallsprodukt (...) sondern es ist mit der Fortschrittlichkeit des bürgerlichen Prinzips notwendig verknüpft. (...) Oekonomen und Soziologen wie Werner Sombart und Max Weber haben das Prinzip des Traditionalismus den feudalen Gesellschaftsformen zugeordnet und das der Rationalität den bürgerlichen. Das sagt aber nicht weniger, als dass Erinnerung, Zeit, Gedächtnis von der fortschreitenden bürgerlichen Gesellschaft selber als eine Art irrationaler Rest liquidiert wird (...).*[85]

---

84. Isso não significa que a história, particular ou geral, desaparece do universo do discurso. O passado é evocado com frequência suficiente: seja como os Pais Fundadores, ou Marx-Engels-Lenin, ou como as origens humildes de um candidato presidencial. Entretanto, estes também são invocações ritualizadas que não permitem o desenvolvimento do conteúdo recordado; frequentemente, a mera invocação serve para bloquear tal desenvolvimento, que mostraria sua impropriedade histórica.

85. "O fantasma do homem sem memória (...) é mais do que um aspecto de declínio (...) está necessariamente vinculado com o princípio de progresso na sociedade burguesa." "Economistas e sociólogos tais como Werner Sombart e Max Weber correlacionaram o princípio da tradição às formas feudais

Se a racionalidade em progresso da sociedade industrial avançada tende a suprimir, como um "resíduo irracional", os elementos perturbadores do Tempo e da Memória, também tende a suprimir a racionalidade perturbadora contida nesse resíduo irracional. Reconhecimento e relação com o passado como presente contrariam a operacionalização do pensamento pela realidade estabelecida. Militam contra o fechamento do universo do discurso e comportamento; tornam possível o desenvolvimento de conceitos que desestabilizam e transcendem o universo fechado ao compreendê-lo como um universo histórico. Confrontado com a sociedade dada como objeto de sua reflexão, o pensamento crítico se torna consciência histórica; como tal, é essencialmente juízo.[86] Longe de necessitar um relativismo indiferente, ele procura pelo critério de verdade e falsidade, progresso e regressão na história real do homem.[87] A mediação do passado com o presente descobre as circunstâncias que levaram aos acontecimentos, que determinaram o modo de vida, que estabeleceram os senhores e os servos; ela projeta os limites e as alternativas. Quando essa consciência crítica fala, ela fala *"le langage de la connaissance"* (Roland Barthes) que rompe um universo fechado do discurso e sua estrutura petrificada. Os termos chave dessa linguagem não são nomes hipnóticos que evocam infinitamente os mesmos predicados congelados. Antes, permitem um desenvolvimento aberto; até revelam seu conteúdo em predicados contraditórios.

O Manifesto Comunista fornece um exemplo clássico. Aqui, os dois termos chave, Burguesia e Proletariado, "governam" predicados contrários. A "burguesia" é o sujeito do progresso técnico, da libertação, da conquista da natureza, da criação da riqueza social, *e* da perversão e destruição dessas realizações. De modo semelhante, o "proletariado" carrega os atributos da opressão total *e* da derrota total da opressão.

Tal relação dialética de opostos na proposição é tornada possível pelo reconhecimento do sujeito como um agente histórico cuja identidade se constitui dentro da sua prática histórica e *contra* ela, dentro da sua realidade social e *contra* ela. O discurso desenvolve e enuncia o conflito histórico entre a coisa

---

da sociedade, e o princípio da racionalidade à sociedade burguesa. Isso significa, simplesmente, que a sociedade burguesa avançada liquida a Memória, o Tempo e a Recordação como resquícios irracionais do passado (...)"ADORNO, Theodor W., "Wes bedeutet Aufarbeitung der Vergangenheit?". In: *Bericht über die Erzieherkonferenz am 6 und 7* (Wiesbaden: Frankfurt, nov. 1960), p. 14. A luta contra a história será mais discutida no capítulo 7.

86. Ver p. 48 e capítulo 5.

87. Para uma maior discussão desse critério ver capítulo 8.

120 | SOCIEDADE UNIDIMENSIONAL

e sua função, e esse conflito encontra expressão linguística em sentenças que unem predicados contraditórios numa unidade lógica – contraparte conceitual da realidade objetiva. Em contraste com toda linguagem Orwelliana, a contradição é demonstrada, explicitada, explicada e denunciada. Ilustrei o contraste entre as duas linguagens fazendo referência ao estilo da teoria Marxiana, mas as qualidades críticas e cognitivas não são as características exclusivas do estilo Marxiano. Também podem ser encontradas (embora de diferentes modos) no estilo da grande crítica conservadora e liberal da sociedade burguesa em desenvolvimento. Por exemplo, a linguagem de Burke e Tocqueville, de um lado, e a de John Stuart Mill, de outro, é uma linguagem "aberta", altamente demonstrativa, conceitual, que não sucumbiu ainda às fórmulas hipnótico-rituais do neoconservadorismo e do neoliberalismo atuais.

Contudo, a ritualização autoritária do discurso é mais impressionante quando afeta a própria linguagem dialética. As exigências da industrialização competitiva e a total sujeição do homem ao aparato produtivo aparecem na transformação autoritária da linguagem marxista em estalinista e pós-estalinista. Tais exigências, como interpretadas pela liderança que controla o aparato, definem o que é certo e errado, verdadeiro e falso. Não deixam tempo nem espaço para uma discussão que projetaria alternativas disruptivas. Essa linguagem não se presta mais ao "discurso", em absoluto. Ela anuncia e, em virtude do poder do aparato, estabelece os fatos – é enunciação autovalidante. Aqui,[88] deve ser suficiente citar e parafrasear Roland Barthes quando ele descreve suas características mágico-autoritárias: "il n'y a plus aucun sursis entre la dénomination et le jugement, et la clôture du langage est parfaite (...)"[89].

A linguagem fechada não demonstra nem explica – comunica a decisão, a sentença, o comando. Quando define, a definição se torna "separação entre bem e mal"; estabelece certos e errados inquestionáveis, e um valor como justificativa para outro valor. Opera por meio de tautologias, mas as tautologias são "sentenças" terrivelmente eficazes. Julgam numa "forma pré-julgada"; sentenciam condenações. Por exemplo, o "conteúdo objetivo", isto é, a definição de termos como "desviante" e "revisionista" é a do código penal, e esse tipo de validação promove uma consciência para a qual a linguagem dos poderes existentes é a linguagem da verdade.[90]

---

88. Ver meu *Soviet Marxism, loc. cit.*, p. 87 ss.

89. "não há mais nenhum intervalo entre o nome e o juízo, e o fechamento da linguagem está completo".

90. BARTHES, Roland. *Loc. cit.*, p. 37-40.

Infelizmente, isso não é tudo. O crescimento produtivo da sociedade comunista estabelecida também condena a oposição comunista libertária; a linguagem que tenta recordar e preservar a verdade original sucumbe à sua ritualização. A orientação do discurso (e da ação) sobre termos como "o proletariado", "conselhos de trabalhadores" e a "ditadura do aparato estalinista" se torna orientação sobre fórmulas rituais nas quais o "proletariado" ainda não existe ou já deixou de existir, nas quais o controle direto "de baixo" interferiria com o progresso da produção de massa, nas quais a luta contra a burocracia enfraqueceria a eficácia da única força real que pode ser mobilizada contra o capitalismo numa escala internacional. Aqui, o passado é rigidamente retido, mas não mediado com o presente. Opõem-se os conceitos que compreenderam uma situação histórica sem desenvolvê-los na presente situação – sua dialética é bloqueada.

A linguagem ritual-autoritária espalha-se no mundo contemporâneo, pelos países democráticos e não-democráticos, capitalistas e não-capitalistas.[91] Segundo Roland Barthes, é a linguagem "propre à tous les régimes d'autorité," e está lá hoje, na órbita da civilização industrial avançada, uma sociedade que não está sob um regime autoritário? Como a substância dos vários regimes deixa de aparecer em modos alternativos de vida, ela sobrevive em técnicas alternativas de manipulação e controle. A linguagem não apenas reflete esses controles, mas se torna um instrumento de controle mesmo quando não transmite ordens, mas informação; quando não exige obediência, mas escolha, quando não demanda submissão, mas liberdade.

Essa linguagem controla reduzindo as formas e os símbolos linguísticos de reflexão, abstração, desenvolvimento, contradição; substituindo imagens por conceitos. Nega ou absorve o vocabulário transcendente; estabelece e impõe verdade e falsidade, não procura por elas. Mas esse tipo de discurso não é terrorista. Parece despropositado supor que os receptores acreditam, ou são levados a acreditar, no que é dito a eles. Antes, a nova marca da linguagem ritual-mágica é que as pessoas não acreditam nela, ou não se importam, e ainda assim agem de acordo com ela. Não se "acredita" no enunciado de um conceito operacional, mas ele se justifica na ação – conseguir que uma tarefa seja feita, vender e comprar, recusar-se a escutar os outros etc.

---

91. Para a Alemanha Ocidental, ver os estudos intensivos empreendidos pelo Institut für Sozialforschung, Frankfurt am Main, em 1950-1951: POLLOCK, F. (Ed.). *Gruppen Experiment* (Frankfurt: Europaeische Verlagsanstalt, 1955) especialmente p. 545 ss. Também KORN, Karl. *Sprache in der verwalteten Welt* (Frankfurt: Heinrich Scheffler, 1958), para ambas as partes da Alemanha. [A Alemanha foi reunificada em 1990. (N.T.)]

## 122 | SOCIEDADE UNIDIMENSIONAL

Se a linguagem da política tende a se tornar a da propaganda, com isso fazendo a ponte entre dois reinos da sociedade que antes eram muito diferentes, então essa tendência parece expressar o grau no qual a dominação e a administração cessaram de ser uma função separada e independente na sociedade tecnológica. Isso não significa que o poder dos políticos profissionais decresceu. Muito pelo contrário. Quanto mais global é o desafio que eles construíram a fim de enfrentar, mais a proximidade da destruição total se torna normal, maior sua independência diante da efetiva soberania popular. Mas sua dominação foi incorporada nos desempenhos e descansos diários dos cidadãos, e os "símbolos" da política são também aqueles do negócio, do comércio e do divertimento.

As vicissitudes da linguagem têm seu paralelo nas vicissitudes do comportamento político. Na venda de equipamento para entretenimento relaxante nos abrigos antibomba, no programa de televisão em que candidatos competem pela liderança nacional, a união entre política, negócios e divertimento está completa. Porém, a união é fraudulenta e fatalmente prematura – negócio e divertimento são ainda a política da dominação. Isso não é a peça satírica após a tragédia; não é a *finis tragoediae* – a tragédia agora pode começar. E, mais uma vez, o sacrifício ritual será do povo, não do herói.

## A pesquisa da administração total

A comunicação funcional é apenas a camada exterior do universo unidimensional no qual o homem é ensinado a esquecer – a converter o negativo em positivo de tal modo que ele possa continuar a funcionar, diminuído, mas adaptado e com um razoável bem-estar. As instituições da liberdade de expressão e de pensamento não dificultam a coordenação mental com a realidade estabelecida. O que está acontecendo é uma devastadora redefinição do próprio pensamento. A coordenação do indivíduo com sua sociedade atinge aquelas camadas da mente nas quais são elaborados os conceitos destinados a compreender a realidade estabelecida. Esses conceitos são tomados da tradição intelectual e traduzidos em termos operacionais – uma tradução que tem o efeito de reduzir a tensão entre pensamento e realidade, ao enfraquecer o poder negativo do pensamento.

Esse é um processo filosófico, e para elucidar a extensão em que rompe com a tradição, a análise terá de se tornar cada vez mais abstrata e ideológica. É a esfera mais distante da concretude da sociedade que pode mostrar mais claramente a extensão da conquista do pensamento pela sociedade.

O FECHAMENTO DO UNIVERSO DO DISCURSO | 123

Além disso, a análise terá de voltar na história da tradição filosófica e tentar identificar as tendências que levaram à ruptura.

Entretanto, antes de entrar na análise filosófica, como uma transição para o reino mais abstrato e teórico, discutirei brevemente sobre dois exemplos (representativos, segundo o meu ponto de vista) no campo intermediário da pesquisa empírica, diretamente relacionados com certas condições características da sociedade industrial avançada. Questões de linguagem ou de pensamento, de palavras ou de conceitos; análise linguística ou epistemológica – o assunto a ser discutido milita contra tais distinções acadêmicas. A separação de uma forma puramente linguística de uma análise conceitual é em si mesma uma expressão do redirecionamento do pensamento que os próximos capítulos tentarão explicar. Na medida em que a referida crítica da pesquisa empírica é empreendida na preparação para a subsequente análise filosófica – e à luz dela – um enunciado preliminar sobre o uso do termo "conceito" que guia a crítica pode servir como uma introdução.

"Conceito" designa a representação mental de algo que é entendido, compreendido, conhecido como o resultado de um processo de reflexão. Este algo pode ser um objeto da prática quotidiana, ou uma situação, uma sociedade, um romance. Em qualquer caso, se são compreendidos,* tornam-se objetos do pensamento e, como tais seu conteúdo e seu significado são idênticos, embora diferentes, aos objetos reais da experiência imediata. "Idênticos" na medida em que o conceito denota a mesma coisa; "diferentes" na medida em que o conceito é o resultado de um reflexão que entendeu a coisa no contexto (e à luz) de outras coisas que não aparecem na experiência imediata e que "explicam" a coisa (mediação).

Se o conceito nunca denota uma coisa particular concreta, se é sempre abstrato e geral, é porque o conceito compreende mais do que uma coisa particular – alguma condição ou relação universal que é essencial à coisa particular, que determina a forma na qual aparece como um objeto concreto da experiência. Se o conceito de algo concreto é o produto da classificação, organização e abstração mentais, esses processos mentais levam à compreensão somente na medida em que reconstituem a coisa particular em sua condição e relação universais, assim transcendendo sua aparência imediata frente a sua realidade.

---

\* "begriffen; auf ihren Begriff gebracht". (N.T.)

Do mesmo modo, todos os conceitos cognitivos têm um *significado transitivo*: vão além da referência descritiva a fatos particulares. E se os fatos são aqueles da sociedade, os conceitos cognitivos também vão além de qualquer contexto particular de fatos – nos processos e condições sobre os quais repousa a respectiva sociedade, e que perpassam todos os fatos particulares que fazem, sustentam e destroem a sociedade. Por virtude de sua referência a essa totalidade histórica, os conceitos cognitivos transcendem todo contexto operacional, mas sua transcendência é empírica porque torna os fatos reconhecíveis como aquilo que realmente são.

O "excesso" de significado do conceito operacional ilumina a forma limitada e mesmo enganosa na qual se permite que os fatos sejam experimentados. Daí a tensão, a discrepância e o conflito entre o conceito e o fato imediato – a coisa concreta; a tensão entre a palavra que se refere ao conceito e aquela que se refere às coisas. Portanto, a noção da "realidade do universal". Daí, também o caráter não-crítico e conciliatório desses modos de pensamento que tratam conceitos como dispositivos mentais e traduzem conceitos universais em termos de referentes objetivos, particulares.

Onde esses conceitos reduzidos determinam a análise da realidade humana, individual ou social, mental ou material, chegam a uma falsa concretude – uma concretude isolada das condições que constituem sua realidade. Nesse contexto, o tratamento operacional do conceito assume uma função política. O indivíduo e seu comportamento são analisados num sentido terapêutico – ajustamento a sua sociedade. Pensamento e expressão, teoria e prática devem ser adequados aos fatos da existência individual sem deixar lugar para a crítica conceitual desses fatos.

O caráter terapêutico do conceito operacional mostra mais claramente onde o pensamento conceitual é metodicamente colocado à serviço da exploração e do aperfeiçoamento das condições sociais existentes, dentro do quadro das instituições sociais existentes – na sociologia industrial, pesquisa de motivação, pesquisas de mercado e de opinião pública.

Se a forma dada às sociedade permanece o último quadro de referência para a teoria e a prática, nada há de errado com esse tipo de sociologia e psicologia. É mais humano e mais produtivo ter boas relações patrão-empregado do que más, ter condições de trabalho agradáveis do que desagradáveis, ter harmonia do que conflito entre os desejos dos consumidores e as necessidades dos negócios e da política.

Mas a racionalidade desse tipo de ciência social aparece numa outra luz se a sociedade dada, enquanto permanecer dentro do quadro de referência,

O FECHAMENTO DO UNIVERSO DO DISCURSO | 125

se torna o objeto de uma teoria crítica que visa à própria estrutura dessa sociedade, presente em todos os fatos e condições particulares e determinando seu lugar e sua função. Então, seu caráter ideológico e político se torna aparente, e a elaboração dos conceitos adequadamente cognitivos exige ir além da concretude falaciosa do empirismo positivista. O conceito terapêutico e operacional torna-se falso na medida em que isola e atomiza os fatos, estabiliza-os dentro de um todo repressivo e aceita os termos do todo como os termos da análise. A tradução metodológica do conceito universal em operacional torna-se assim uma redução repressiva do pensamento.[92]

Tomarei como exemplo um "clássico" da sociologia industrial: o estudo das relações de trabalho nas Instalações Hawthorne da Western Electric Company.[93] É um estudo antigo, empreendido cerca de vinte e cinco anos atrás, e desde então os métodos foram muito aprimorados. Mas em minha opinião, sua substância e sua função permaneceram as mesmas. Mais ainda, esse modo de pensamento não apenas se estendeu a outros ramos da ciência social e à filosofia, como também ajudou a moldar os sujeitos com os quais se relacionava. Os conceitos operacionais resultam em métodos de controle social aperfeiçoados: tornam-se parte da ciência da administração, o Departamento de Relações Humanas. Em *Labor Looks At Labor* estão estas palavras de um operário automotivo: [a administração] "não podia nos parar numa linha de piquete; não podia nos parar à força, e então estudaram 'relações humanas' nos campos econômico, social e político para encontrar meios de parar os sindicatos".

Ao investigar as queixas dos operários sobre as condições de trabalho e os salários, os pesquisadores observaram que a maioria dessas queixas foi formulada em enunciados que continham "termos vagos, indefinidos", sem a

---

92. Na teoria do funcionalismo, o caráter ideológico e terapêutico da análise não aparece; é obscurecido pela generalidade abstrata dos conceitos ("sistema", "parte", "unidade", "item", "consequências múltiplas", "função"). São em princípio aplicáveis a qualquer "sistema" que o sociólogo escolhe como objeto de sua análise – do menor grupo à sociedade como tal. A análise funcional é encerrada no Sistema selecionado, que em si não está submetido a uma análise crítica que transcenda as fronteiras do Sistema para o contínuo histórico, no qual suas funções e disfunções tornam-se o que são. A teoria funcional assim apresenta a falácia da abstração mal colocada. A generalidade de seus conceitos é atingida pela abstração de suas qualidades mesmas que fazem do sistema um sistema histórico e que dá significado crítico-transcendente a suas funções e disfunções.

93. As citações são de Roethlisberger e Dickson, *Management and the Worker* (Cambridge: Harvard University Press, 1947). Ver a excelente discussão em BARITZ, Loren, *The Servants of Power. A History of the Use of Social Science in American* Industry (Middletown: Wesleyan University Press, 1960), cap. 5 e 6.

126 | SOCIEDADE UNIDIMENSIONAL

"referência objetiva" a "padrões que são geralmente aceitos", e tinha características "essencialmente diferentes das propriedades geralmente associadas com os fatos comuns".[94] Em outras palavras, as queixas foram formuladas em enunciados gerais tais como "os banheiros são sujos", "o trabalho é perigoso", "a remuneração é baixa".

Guiados pelo princípio do pensamento operacional, os pesquisadores delimitaram-se a traduzir ou reformular esses enunciados de tal maneira que sua generalidade vaga pudesse ser convertida a referentes particulares, a termos que designassem a situação particular na qual a queixa se originou e assim retratando "precisamente as condições na companhia". A forma geral foi dissolvida em enunciados que identificavam as operações e as condições particulares das quais a queixa foi derivada, e a queixa foi resolvida mudando essas operações e condições particulares. Por exemplo, o enunciado "os banheiros são sujos" foi traduzido em "em tal e tal ocasião eu fui a este banheiro, e havia alguma sujeira nele." Questionários, então, determinaram que isso foi "em grande parte devido a um descuido de alguns empregados", uma campanha contra jogar papéis, cuspir no chão e práticas similares foi instituída, e um zelador foi contratado para vigiar constantemente os banheiros. "Foi desse modo que muitas das queixas foram reinterpretadas e usadas para efetuar melhorias."[95]

Um outro exemplo: um trabalhador B faz o enunciado geral de que a remuneração por peça em seu emprego é muito baixa. A entrevista revela que "sua esposa está num hospital e que ele está preocupado com as contas do médico. Neste caso, o conteúdo implícito da queixa é o fato de os presentes ganhos de B, devido à doença de sua esposa, serem insuficientes para cumprir suas obrigações financeiras atuais".[96]

Tal tradução muda significativamente o significado da proposição verdadeira. O enunciado não traduzido formula uma condição geral em sua generalidade ("os salários são muito baixos"). Vai além da condição particular na fábrica particular e além da situação particular do operário. Nessa generalidade, e somente nessa generalidade, o enunciado expressa uma acusação devastadora que toma o caso particular como uma manifestação de um estado de coisas universal, e insinua que este último não pode ser mudado pelo aprimoramento daquele.

---

94. Roethlisberger and Dickson. *Loc. cit.*, p. 255 ss.

95. *Ibid.*, p. 256.

96. *Ibid.*, p. 267.

Assim, o enunciado não traduzido estabeleceu uma relação concreta entre o caso particular e o todo do qual é um caso – e o todo inclui as condições exteriores ao respectivo emprego, exteriores à respectiva instalação, exteriores à respectiva situação pessoal. O todo é eliminado na tradução, e é essa operação que torna a cura possível. O operário pode não estar ciente disso, e para ele sua queixa pode mesmo ter um significado particular e pessoal que a tradução exibe como seu "conteúdo implícito". Mas a linguagem que ele usa afirma sua validade objetiva contra sua consciência – expressa as condições que *existem*, embora não "para ele". A concretude do caso particular que a tradução alcança é o resultado de uma série de abstrações de sua concretude *real*, que está no caráter universal do caso.

A tradução relaciona o enunciado geral à experiência pessoal do operário que o faz, mas para no ponto em que o operário individual se experimentaria como "o operário", e no qual seu emprego apareceria como "o emprego" da classe operária. É necessário apontar que, em suas traduções, o pesquisador operacional segue meramente o processo da realidade, e provavelmente até as próprias traduções do operário? A experiência apreendida não é obra sua, e sua função não é pensar em termos de uma teoria crítica, mas treinar supervisores "em métodos mais humanos e efetivos de lidar com seus operários"[97] (somente o termo "humano" parece não-operacional e carente de análise).

Porém, como esse modo gerencial de pensamento e pesquisa se estende a outras dimensões do esforço intelectual, os serviços que produz se tornam cada vez mais inseparáveis de sua validade científica. Nesse contexto, a operacionalização tem um efeito verdadeiramente terapêutico. Uma vez que o descontentamento pessoal está isolado da infelicidade geral, uma vez que os conceitos universais que militam contra a operacionalização são dissolvidos em referentes particulares, o caso se torna um incidente tratável e fácil de lidar.

De fato, o caso permanece o incidente de um universal – nenhum modo de pensamento pode dispensar os universais – mas de um gênero muito diferente daquele expresso no enunciado não traduzido. O operário B, uma vez que suas contas médicas foram pagas, reconhecerá que, de um modo geral, os salários *não são* muito baixos, e que foram um problema somente em sua situação individual (que pode ser similar a outras situações individuais). Seu caso foi subsumido sob um outro gênero – aquele de casos de infortúnio pessoal. Ele não é mais um "operário" ou "empregado" (membro

---

97. *Loc. cit.*, p. VIII.

128 | SOCIEDADE UNIDIMENSIONAL

de uma classe), mas o operário ou empregado B na instalação Hawthorne da Western Electric Company. Os autores de *Management and the Worker* estavam bem conscientes dessa implicação. Eles dizem que uma das funções fundamentais para ser desempenhada numa organização industrial é "a função específica do trabalho com pessoal", e essa função requer que, ao lidar com as relações patrão-empregado, se deva "pensar no que está na mente de alguns empregados particulares em termos de um operário que tem tido uma história pessoal particular", ou "em termos de um empregado cujo trabalho ocorre num lugar específico na fábrica que o vincula a pessoas e grupos em particular (...)". Em contraste, os autores rejeitam, como algo incompatível com a "função específica do trabalho com pessoal", referir-se ao empregado "médio" ou "típico" ou "ao que está na mente do operário em geral".[98]

Podemos resumir esses exemplos ao contrastar os enunciados originais com sua tradução na forma funcional. Tomamos os enunciados em ambas formas em seu significado imediato, deixando de lado o problema de sua verificação.

(1) "Os salários são muito baixos". O sujeito da proposição é "salários", não a remuneração de um operário particular num emprego particular. O homem que faz o enunciado poderia apenas pensar em sua experiência individual mas, na forma como ele emite seu enunciado, ele transcende essa experiência individual. O predicado "muito baixos" é um adjetivo relacional, requer um referente que não é designado na proposição – muito baixos para quem ou para o quê? Este referente poderia novamente ser o indivíduo que faz o enunciado, ou seus companheiros de trabalho, mas o substantivo geral (salários) carrega o movimento inteiro de pensamento expresso pela proposição e faz os outros elementos proposicionais compartilharem o caráter geral. O referente permanece indeterminado – "muito baixos, em geral", ou "muito baixos para qualquer um que seja um assalariado como o falante." A proposição é abstrata. Refere-se a condições universais que nenhum caso particular pode substituir; seu significado é "transitivo", qualquer caso individual. A proposição exige realmente sua tradução num contexto mais concreto, mas um no qual os conceitos universais não possam ser definidos por qualquer conjunto *particular* de

---

98. *Loc. cit.*, p. 591.

operações (tal como a história pessoal do operário B e sua função especial na instalação W). O conceito "salários" refere-se ao grupo "assalariados" e integra todas as histórias pessoais e trabalhos específicos num universal concreto. (2) "Os presentes ganhos de B, devido à doença de sua esposa, são insuficientes para cobrir seus gastos atuais." Observe que nessa tradução de (1), o sujeito foi modificado. O conceito universal "salários" é substituído por "os presentes ganhos de B", cujo significado é completamente definido pelo conjunto particular de operações que B deve desempenhar para comprar comida, roupas, casa, remédios etc. para sua família. A "transitividade" foi abolida; o grupo "assalariados" desapareceu junto com o sujeito "salários" e o que permanece é um caso particular que, despido de seu significado transitivo, se torna suscetível aos padrões de tratamento aceitos pela companhia à qual pertence o caso.

O que há de errado com isso? Nada. A tradução dos conceitos e da proposição como um todo é validada pela sociedade para a qual o pesquisador se dirige. A terapia funciona porque a instalação ou o governo pode se dispor a bancar ao menos uma parte considerável dos custos, porque desejam fazer assim, e porque o paciente deseja submeter-se a um tratamento que promete ser um sucesso. Os conceitos universais vagos, indefinidos, que apareceram na queixa não traduzida foram de fato sobras do passado; sua persistência na fala e no pensamento foram de fato um bloqueio (embora pequeno) ao entendimento e à colaboração. Na medida em que a sociologia e a psicologia operacionais contribuíram para aliviar as condições sub-humanas, são parte do progresso, intelectual e material. Mas também testemunham a racionalidade ambivalente do progresso, que é satisfatório em seu poder repressivo, e repressivo em suas satisfações.

A eliminação do significado transitivo permaneceu uma característica da sociologia empírica. Ela caracteriza mesmo um enorme número de estudos que não são destinados a cumprir uma função terapêutica para algum proveito específico. Resultado: uma vez abolido o excesso "não-realista" de significado, a investigação é fechada dentro do vasto limite no qual a sociedade estabelecida valida e invalida as proposições.

Em virtude de sua metodologia, esse empirismo é ideológico. De modo a ilustrar seu caráter ideológico, vejamos um estudo de atividade política nos Estados Unidos. Em seu ensaio "Competitive Pressure and

130 | SOCIEDADE UNIDIMENSIONAL

Democratic Consent," Morris Janowitz e Dwaine Marvick querem "julgar a medida em que uma eleição é uma expressão efetiva do processo democrático." Tal julgamento implica a avaliação do processo de eleição "em termos dos requisitos para manter uma sociedade democrática", e por sua vez requer uma definição de "democrática". Os autores oferecem a escolha entre duas definições alternativas; as teorias da democracia da "delegação" e da "competição":

> As teorias da "delegação" que têm sua origem nas concepções clássicas de democracia, postulam que o processo de representação deriva de um conjunto claro de diretrizes que o eleitorado impõe sobre seus representantes. Uma eleição é um procedimento de conveniência e um método para assegurar que os representantes sigam as diretrizes dos constituintes.[99]

Ora, esta "preconcepção" foi "rejeitada com antecedência como irrealista porque assumiu um nível de articulação de opinião e de ideologia que raramente é visto nos debates eleitorais nos Estados Unidos". Essa declaração bastante franca desse fato é de algum modo suavizada pela dúvida reconfortante "se tal nível de opinião articulada existiu em qualquer eleitorado democrático desde a ampliação do direito ao voto no século XIX". De qualquer modo, os autores aceitam a teoria democrática da "competição" ao invés da preconcepção rejeitada, segundo a qual uma eleição democrática é um processo "de selecionar e recusar candidatos" que estão "em competição pelo posto público". Essa definição, para ser realmente operacional, requer "critérios" pelos quais o caráter da competição pública deve ser aferido. Quando a competição política produz um "processo de consentimento", e quando produz um "processo de manipulação"? Um conjunto de três critérios é oferecido:

(1) Uma eleição democrática requer competição entre candidatos opostos que impregne todo o eleitorado. O eleitorado obtém poder de sua habilidade de escolher entre ao menos dois candidatos competitivamente orientados, ambos com oportunidades razoáveis de ganhar.

(2) Uma eleição democrática requer que ambos [!] os partidos se comprometam de maneira equilibrada para manter blocos de eleitores estabelecidos, para recrutar votantes independentes e para converter eleitores dos partidos de oposição.

---

99. EULAU, H.; ELDERSVELD, S. J.; JANOWITZ, M. (Eds.). *Political Behavior* (Glencoe Free Press, 1956), p. 275.

(3) Uma eleição democrática requer que ambos [!] os partidos estejam comprometidos vigorosamente em vencer a eleição em curso; mas, vencendo ou perdendo, ambos partidos precisam também procurar fortalecer suas oportunidades de sucesso nas próximas eleições e nas seguintes. (...)[100]

Penso que essas definições descrevem muito precisamente o estado real das coisas nas eleições Americanas de 1952, que é o objeto da análise. Em outras palavras, os critérios para julgar um dado estado de coisas são aqueles oferecidos pelo (ou, desde que sejam aqueles de um sistema social funcionando bem e firmemente estabelecido, imposto pelo) estado de coisas dado. A análise é "fechada"; o alcance do julgamento é confinado dentro de um contexto de fatos que exclui o julgamento sobre o contexto no qual os fatos são feitos, artificialmente, e no qual seu significado, função e desenvolvimento são determinados.

Comprometida com esse quadro, a investigação se torna circular e autovalidante. Se "democrático" é definido nos termos limitantes mas realistas do processo real da eleição, então esse processo é democrático mesmo antes de se saber os resultados da investigação. De fato, o quadro operacional ainda permite (e mesmo pede) distinção entre consentimento e manipulação; a eleição pode ser mais ou menos democrática segundo o grau determinado de consentimento e manipulação. Os autores chegam à conclusão de que a eleição de 1952 "foi caracterizada por um processo de consentimento genuíno a um grau maior do que as previsões mais confiantes poderiam sugerir"[101] – embora fosse um "grave erro" negligenciar as "barreiras" para o consentimento e negar que "pressões manipuladoras estivessem presentes".[102] A análise operacional não pode ir além desse enunciado pouco esclarecedor. Em outras palavras, não pode levantar a questão decisiva se o consentimento em si não era resultado da manipulação – uma questão para a qual o estado atual das coisas fornece ampla justificativa. A análise não pode levantá-la porque transcenderia seus termos em direção ao significado transitivo – para um conceito de democracia que revelaria a eleição democrática como um processo democrático limitado.

---

100. *Ibid.*, p. 276.

101. *Ibid.*, p. 284.

102. *Ibid.*, p. 285.

# 132 | SOCIEDADE UNIDIMENSIONAL

Tal conceito não-operacional é precisamente aquele rejeitado pelos autores como "não-realista" porque define democracia em um nível muito articulado como um controle claro de representação pelo eleitorado – controle popular como soberania popular. E esse conceito não-operacional não é, de modo algum, inadequado. Não é de modo algum fruto da imaginação ou da especulação, mas antes define o significado histórico da democracia, as condições pelas quais a luta pela democracia foi feita, e que ainda estão por se realizar.

Além disso, esse conceito é impecável em sua exatidão semântica porque significa exatamente o que diz – a saber, que é realmente o eleitorado que impõe sua diretriz sobre os representantes, e não os representantes que impõem suas diretrizes ao eleitorado, que então seleciona e reelege os representantes. Um eleitorado autônomo, livre porque é livre de doutrinação e manipulação, estaria de fato num "nível de opinião e ideologia articuladas" que provavelmente não se encontra por aí. Portanto, o conceito deve ser rejeitado como "não-realista" – deve ser se se aceita o real nível predominante de opinião e ideologia como responsável por prescrever os critérios válidos para a análise sociológica. E se a doutrinação e a manipulação atingiram o estágio em que o nível prevalecente de opinião se tornou um nível de falsidade, em que o verdadeiro estado de coisas não é mais reconhecido como aquilo que ele é, então uma análise que é metodologicamente comprometida a rejeitar conceitos transitivos se compromete com uma consciência falsa. Seu próprio empirismo é ideológico.

Os autores estão bem cientes do problema. A "rigidez ideológica" apresenta uma "séria implicação" ao avaliar o grau do consentimento democrático. De fato, consentimento para o quê? Para os candidatos políticos e sua política, naturalmente. Mas isso não é suficiente, porque assim o consentimento a um regime fascista (e poder-se-ia falar de um consentimento genuíno a tal regime) seria um processo democrático. Assim, o consentimento em si mesmo deve ser avaliado – avaliado em termos de seu conteúdo, seus objetivos, seus "valores" – e essa etapa parece envolver transitividade de significado. Entretanto, tal etapa "não-científica" pode ser evitada se a orientação ideológica a ser avaliada é aquela dos dois partidos que estão "efetivamente" concorrendo, mais a orientação "ambivalente-neutralizada" dos votantes.[103]

A tabela que dá os resultados do escrutínio da orientação ideológica mostra três graus de adesão às ideologias do Partido Republicano e Demo-

---

103. *Ibid.*, p. 280.

O FECHAMENTO DO UNIVERSO DO DISCURSO | 133

crata e às opiniões "ambivalentes e neutralizadas".[104] Os próprios partidos estabelecidos, suas políticas e suas maquinações não são questionados, nem tão pouco a verdadeira diferença entre eles com relação às questões vitais (aquelas da política atômica e da preparação total para a guerra), questões que parecem essenciais para a avaliação do processo democrático, a menos que a análise opere com um conceito de democracia que simplesmente reúna as características da forma *estabelecida* da democracia. Tal conceito não-operacional não é totalmente inadequado para o assunto da investigação. Indica claramente o bastante as qualidades que, no período contemporâneo, distinguem sistemas democráticos e não-democráticos (por exemplo, competição efetiva entre candidatos representando diferentes partidos; liberdade do eleitorado para escolher entre esses candidatos), mas essa adequação não é suficiente se a tarefa da análise teórica é algo mais que descritiva – se a tarefa é *compreender, reconhecer* os fatos pelo que eles são, pelo que eles "significam" para aqueles a quem foram dados como fatos e quem têm de viver com eles. Na teoria social, o reconhecimento dos fatos é crítico dos fatos.

Mas conceitos operacionais não são sequer suficientes para *descrever* os fatos. Eles apenas atingem certos aspectos e frações dos fatos que, *se* tomados pelo todo, privam a descrição de seu caráter objetivo e empírico. Como um exemplo vejamos o conceito de "atividade política" no estudo de Julian L. Woodward e Elmo Roper, "Political Activity of American Citizens".[105] Os autores apresentam uma "definição operacional do termo 'atividade política'" constituída por "cinco modos de comportamento": (1) votar nas eleições; (2) apoiar possíveis grupos de pressão (...); (3) comunicar-se direta e pessoalmente com os legisladores; (4) participar das atividades políticas do partido (...); (5) comprometer-se na habitual disseminação de opiniões políticas através de comunicação boca a boca (...).

Certamente, esses são "canais de influência possível sobre legisladores e autoridades do governo," mas pode sua medição realmente fornecer "um método para separar as pessoas relativamente ativas em relação às questões políticas nacionais daquelas que estão relativamente inativas?" Eles incluem atividades decisivas "em relação a questões nacionais" tais como os contatos técnicos e econômicos entre corporações e o governo e entre as próprias corporações-chave? Eles incluem a formulação e a disseminação

---

104. *Ibid.*, p. 138 ss.

105. *Ibid.*, p. 133.

134 | SOCIEDADE UNIDIMENSIONAL

de opinião "informação e entretenimento não-políticos pela grande mídia publicitária? Eles levam em consideração os pesos políticos muito diferentes das várias organizações que se posicionam acerca de questões púbicas? Se a resposta é negativa (e creio que seja), então os *fatos* da atividade política não são adequadamente descritos e investigados. Muitos dos fatos constitutivos, e penso que os determinantes, permanecem fora do alcance do conceito operacional. E em virtude dessa limitação – essa injunção metodológica contra conceitos transitivos que podem mostrar os fatos em sua luz verdadeira e chamá-los por seu verdadeiro nome – a análise descritiva dos fatos bloqueia a apreensão dos fatos e se torna um elemento da ideologia que sustenta os fatos. Proclamando a realidade social existente como sua própria norma, essa sociologia fortalece nos indivíduos a "fé infiel" na realidade de que são vítimas: "Nada permanece de ideologia, senão o reconhecimento do que é – modelo de um comportamento que submete a um poder esmagador da realidade estabelecida".[106] Contra esse empirismo ideológico, a contradição plena reafirma seu direito: "(...) aquilo que existe não pode ser verdadeiro".[107]

---

106. ADORNO, Theodor W. "Ideologie". In: LENK, Kurt (Ed.). *Ideologie* (Neuwied: Luchterhand, 1961), p. 262 ss.

107. BLOCH, Ernst. *Philosophische Grundfragen I* (Frankfurt: Suhrkamp, 1961), p. 65.

# O Pensamento Unidimensional

# Capítulo 5
# Pensamento negativo: a lógica derrotada do protesto

"(...) aquilo que existe não pode ser verdadeiro." Para nossos olhos e ouvidos bem treinados, essa afirmação é petulante e ridícula, ou tão ofensiva quanto outra afirmação que parece dizer o oposto: "o que é real é racional". E, no entanto, na tradição do pensamento ocidental, ambas revelam, em uma formulação provocadoramente resumida, a ideia de Razão que tem orientado sua lógica. Além disso, ambas expressam o mesmo conceito, a saber, a estrutura antagônica da realidade e do pensamento que tenta entender a realidade. O mundo da experiência imediata – o mundo no qual nos encontramos vivendo – precisa ser compreendido, transformado, até subvertido para se tornar o que ele realmente é.

Na equação Razão = Verdade = Realidade, que une o mundo subjetivo e objetivo em uma unidade antagônica, Razão é o poder subversivo, o "poder do negativo" que estabelece, como Razão teórica e prática, a verdade para os homens e as coisas – ou seja, as condições nas quais os homens e as coisas se tornam o que eles são. A tentativa de demonstrar que essa verdade teórica e prática não é uma condição subjetiva, mas objetiva, foi a preocupação original do pensamento ocidental e a origem de sua lógica – lógica não no sentido de uma disciplina especial da filosofia mas como o modo de pensamento apropriado para compreender o real como racional.

O universo totalitário da racionalidade tecnológica é a última transmutação da ideia de Razão. Neste e no próximo capítulo, eu tentarei identificar alguns dos principais estágios no desenvolvimento desta ideia – o processo pelo qual a lógica se torna a lógica da dominação. Tal análise ideológica pode contribuir para a compreensão do desenvolvimento real, já que ele

## 138 | O PENSAMENTO UNIDIMENSIONAL

está focalizado na união (e na separação) de teoria e prática, pensamento e ação, no processo histórico – um desdobramento da Razão teórica e prática em uma única.

O universo operacional fechado da civilização industrial avançada com sua harmonia aterrorizante de liberdade e opressão, produtividade e destruição, crescimento e regressão está pré-designado nessa ideia de Razão como um projeto histórico específico. Os estágios tecnológico e pré--tecnológico compartilham alguns conceitos básicos de homem e natureza que expressam a continuidade da tradição ocidental. Dentro desse *continuum*, diferentes modos de pensamento se confrontam uns com os outros; eles pertencem a modos diferentes de apreender, organizar, mudar a sociedade e a natureza. As tendências estabilizadoras colidem com os elementos subversivos da razão, o poder do positivo com aquele do pensamento negativo, até as conquistas da civilização industrial avançada levam ao triunfo da realidade unidimensional sobre toda contradição.

Esse conflito data das origens do próprio pensamento filosófico e encontra expressão impressionante no contraste entre a lógica dialética de Platão e a lógica formal do Organon Aristotélico. O esboço subsequente do modelo clássico do pensamento dialético pode preparar o terreno para uma análise das características contrastantes da racionalidade tecnológica.

Na filosofia clássica grega, a Razão é a faculdade cognitiva para distinguir o que é verdadeiro do que é falso na medida em que a verdade (e falsidade) é essencialmente a condição do Ser, da realidade – e apenas nesse sentido é uma propriedade de *proposições*. O discurso verdadeiro, lógico, revela e expressa aquilo que realmente é – como distinto do que *aparenta* ser (real). E em virtude dessa equação entre Verdade e Ser (real), Verdadeiro é um valor, uma vez que Ser é melhor do que não-Ser. O último não é simplesmente Nada; ele é uma potencialidade e uma ameaça do Ser – destruição. A luta pela verdade é uma luta contra a destruição, pela "salvação" (σώζειν) do Ser (um esforço que em si parece ser destrutivo se critica uma realidade estabelecida como "falsa": Sócrates contra a Cidade-Estado ateniense). Visto que a luta pela verdade "salva" a realidade da destruição, a verdade arrisca e compromete a existência humana. Esse é o projeto essencialmente humano. Se o homem aprendeu a ver e saber o que realmente é, ele agirá de acordo com a verdade. A epistemologia é ética em si mesma, e a ética é epistemologia.

Essa concepção reflete a experiência de um mundo antagônico em si mesmo – um mundo afligido pela necessidade e pela negatividade, cons-

PENSAMENTO NEGATIVO: A LÓGICA DERROTADA DO PROTESTO | 139

tantemente ameaçado pela destruição, mas também um mundo que é um *cosmos*, estruturado de acordo com as causas finais. Na medida em que a experiência de um mundo antagônico guia o desenvolvimento das categorias filosóficas, a filosofia se move em um universo que está quebrado em si mesmo (*déchirement ontologique*) – bidimensional. Aparência e realidade, falsidade e verdade, (e, como veremos, falta de liberdade e liberdade) são condições ontológicas.

A distinção não se dá em virtude ou por falha do pensamento abstrato; ao contrário, ela está enraizada na experiência do universo do qual participa na teoria e na prática. Nesse universo, há modos de ser nos quais homens e coisas são "por si mesmos" e "como si mesmos", e modos nos quais eles *não* são – ou seja, nos quais eles existem em distorção, limitação, ou negação de sua natureza (essência). Superar essas condições negativas é o processo do ser e do pensamento. A filosofia se origina na dialética; seu universo de discurso responde aos fatos de uma sociedade antagônica.

Quais são os critérios para essa distinção? Em que base o status de "verdade" é atribuído a uma forma ou condição ao invés de outra? A filosofia clássica grega confia amplamente naquilo que foi anteriormente denominado (em um sentido depreciativo) "intuição", *i.e.*, uma forma da cognição na qual o objeto do pensamento aparece claramente como aquilo que realmente é (em suas qualidades essenciais), e em uma relação antagônica com sua situação contingente, imediata. De fato, essa evidência da intuição não é muito diferente daquela cartesiana. Não é uma faculdade misteriosa da mente, uma experiência estranha imediata, nem é separada da análise conceitual. Intuição é, ao contrário, a meta (preliminar) de tal análise – o resultado da mediação intelectual metódica. Como tal, ela é a mediação da experiência concreta.

A noção da essência de homem pode servir como um exemplo. Analisado na condição na qual ele se encontra em seu universo, o homem parece possuir certas faculdades e poderes que poderiam torná-lo apto a levar uma "boa vida", *i.e.*, uma vida tão livre de fadiga, dependência e feiura quanto possível. Alcançar essa vida é alcançar a "vida melhor": viver de acordo com a essência da natureza ou do homem.

Com certeza, essa ainda é a máxima do filósofo; é ele quem analisa a situação humana. Ele sujeita a experiência ao seu julgamento crítico, e este contém um julgamento de valor – a saber, que a libertação do esforço é preferível ao esforço, e uma vida inteligente é preferível a uma vida estúpida. Aconteceu de a filosofia ter nascido com esses valores. O pensamento científico teve que romper essa união entre julgamento de valor e análise, pois se tornou crescentemente claro que os valores filosóficos não guiavam a organização da sociedade nem a transformação da natureza. Eles eram ineficazes, irreais. A concepção grega já contém o elemento histórico – a essência do homem é diferente no escravo e no cidadão livre, no grego e no bárbaro. A civilização superou a estabilização ontológica dessa diferença (ao menos em teoria). Mas esse desenvolvimento ainda não invalidou a distinção entre natureza essencial e contingente, entre modos de existência verdadeiros e falsos – sempre que a distinção derive de uma análise lógica da situação empírica, e entenda seu potencial assim como sua contingência.

Para o Platão dos últimos *Diálogos* e para Aristóteles, as formas do Ser são formas de movimento – transição de potencialidade para atualidade, realização. O Ser finito é realização incompleta, sujeito a mudança. Sua geração é corrupção; é permeada por negatividade. Assim, ele não é a realidade verdadeira – a Verdade. A busca filosófica parte do mundo finito em direção à construção de uma realidade que não está sujeita à diferença dolorosa entre potencialidade e atualidade, que dominou sua negatividade e que é completa e independente em si mesma – *livre*.

Essa descoberta é o trabalho de Logos e Eros. Os dois termos chave designam duas formas de negação; o conhecimento erótico assim como o lógico quebram a segurança do estabelecido, da realidade contingente e lutam por uma verdade compatível com ela. Logos e Eros são, simultaneamente, subjetivos e objetivos. A ascensão das formas de realidade "mais baixas" até as "mais altas" é movimento da matéria assim como da mente. De acordo com Aristóteles, a realidade perfeita, o deus, atrai o mundo inferior (ώς έρώμενον); ele é a causa final de todo ser. Logos e Eros são em si mesmos a unidade do positivo e do negativo, criação e destruição. Nas exigências do pensamento e na loucura do amor está a recusa destrutiva das formas de vida estabelecidas. A verdade transforma as formas de pensamento e de existência. Razão e liberdade convergem.

Contudo, essa dinâmica tem seus limites inerentes na medida em que o caráter antagônico da realidade, sua explosão nas formas verdadeiras e falsas de existência, parece ser uma condição ontológica imutável. Há formas de existência que nunca poderão ser "verdadeiras" porque elas não podem nunca *repousar* na realização de suas potencialidades, no gozo de ser. Na realidade humana, toda existência que se consome na busca pelos pré-requisitos da existência é, assim, existência "falsa" e sem liberdade. Obviamente isso reflete a condição nada ontológica de uma sociedade baseada na proposição de que a liberdade é incompatível com a atividade de obtenção das necessidades da vida, que essa atividade é a função "natural" de uma classe específica, e que cognição da verdade e existência verdadeira implicam liberdade de toda extensão de tal atividade. Essa é, de fato, a constelação pré e antitecnológica *par excellence*.

Mas, a linha divisória real entre racionalidade pré-tecnológica e tecnológica não é a mesma daquela entre uma sociedade baseada na não-liberdade, e outra baseada na liberdade. A sociedade ainda está organizada de tal modo que a obtenção das necessidades da vida constitui a ocupação integral e permanente de classes sociais específicas, que não são, *portanto*, livres e estão impedidas de uma existência humana. Nesse sentido, a proposição clássica de acordo com a qual a verdade é incompatível com a escravidão pelo trabalho socialmente necessário ainda é válida.

O conceito clássico implica a proposição segundo a qual a liberdade de pensamento e de expressão deve permanecer um privilégio de classe enquanto prevalecer essa escravidão. Porque pensamento e expressão dizem respeito a um sujeito que pensa e fala, e se a vida do último depende do cumprimento de uma função superimposta, depende da realização dos requisitos dessa função – assim depende daqueles que controlam esses requisitos. A linha divisória entre o projeto pré-tecnológico e tecnológico, ao contrário, está no modo no qual a subordinação às necessidades da vida – de "ganhar a vida" – está organizada e, nos novos modos de liberdade e não-liberdade, verdade e falsidade que correspondem a essa organização.

Quem é, nessa concepção clássica, o sujeito que abrange a condição ontológica do verdadeiro e do falso? É aquele que domina a pura contemplação (*theoria*), e que domina uma prática guiada pela teoria, *i.e.*, o filósofo estadista. Com certeza, a verdade que ele conhece e expõe está potencialmente acessível a todos. Guiado pelo filósofo, o escravo no *Mênon* de Platão é capaz de alcançar a verdade de um axioma geométrico, *i.e.*, a verdade para além da mudança e da corrupção. Mas uma vez que a verdade é um estado do Ser assim como do pensamento, e uma vez que o último é a expressão e a manifestação do primeiro, o acesso à verdade permanece mera potencialidade enquanto ele não estiver vivendo na e com a verdade. E essa forma de existência está fechada para o escravo – e a qualquer um que tem que passar sua vida satisfazendo as necessidades da vida. Consequentemente, se os homens

## 142 | O PENSAMENTO UNIDIMENSIONAL

não mais tivessem que passar suas vidas no reino da necessidade, a verdade e uma existência verdadeiramente humana seriam *universais* de modo estrito e real. A filosofia considera a *igualdade* do homem mas, ao mesmo tempo, ela se submete à negação factual da igualdade. Porque, na realidade dada, a satisfação das necessidades é o trabalho permanente da maioria, e as necessidades *têm* que ser satisfeitas e atendidas, para que a verdade (que é a liberdade das necessidades materiais) possa existir.

Aqui a barreira histórica impede e distorce a busca pela verdade; a divisão social do trabalho obtém a dignidade de uma condição ontológica. Se verdade pressupõe libertação da labuta, e se essa liberdade é, na realidade social, a prerrogativa de uma minoria, então a realidade permite tal verdade apenas de forma aproximada e para um grupo privilegiado. Esse estado de coisas contradiz o caráter universal da verdade, que define e "prescreve" não apenas um fim teórico, mas a vida melhor para o homem enquanto homem, com respeito à essência do homem. Para a filosofia, a contradição é insolúvel, ou então não aparece como uma contradição porque é a estrutura de uma sociedade de escravos ou de servos que essa filosofia não-transcende. Assim, ela deixa a história para trás, não dominada, e deixa a verdade em segurança, elevada acima da realidade histórica. Aqui a verdade é preservada intacta, não como uma conquista do céu ou no céu, mas como uma conquista do pensamento – intacta porque sua noção mesma expressa a ideia de que aqueles que dedicam suas vidas a ganhar a vida são incapazes de viver uma existência humana.

O conceito ontológico de verdade está no centro de uma lógica que pode servir como um modelo da racionalidade pré-tecnológica. É a racionalidade de um universo bidimensional do discurso que contrasta com as formas unidimensionais do pensamento e do comportamento que se desenvolvem na execução do projeto tecnológico.

Aristóteles usa o termo "logos apofântico" para distinguir um tipo específico de Logos (fala, comunicação) – aquele que descobre a verdade e a falsidade e é, em seu desenvolvimento, determinado pela diferença entre verdade e falsidade (*De Interpretatione*, 16b-17a). É a lógica do juízo, mas no sentido enfático de uma sentença (judicial): atribuindo (p) a (S) porque e na medida em que pertence a (S), como uma propriedade de (S); ou negando (p) a (S) porque e na medida em que ele não pertence a (S); etc. Partindo dessa base ontológica, a filosofia aristotélica segue para estabelecer as

PENSAMENTO NEGATIVO: A LÓGICA DERROTADA DO PROTESTO | 143

"formas puras" de toda predicação verdadeira possível (e falsa); ela se torna a lógica formal dos juízos.

Quando Husserl reavivou a ideia de uma lógica apofântica, ele enfatizou sua intenção *crítica* original. E ele encontrou essa intenção precisamente na ideia de uma lógica dos *juízos* - quer dizer, no fato de que o pensamento não estava diretamente preocupado com o Ser (*das Seiende selbst*) mas, ao contrário, com "pretensões", proposições sobre o Ser.[108] Husserl vê nessa orientação sobre os juízos uma restrição e um preconceito a respeito da tarefa e do escopo da lógica.

A ideia clássica de lógica mostra de fato um preconceito ontológico - a estrutura do juízo (proposição) se refere a uma realidade cindida. O raciocínio se move entre a experiência do Ser e do Não-ser, essência e fato, produção e corrupção, potencialidade e realidade. O Organon aristotélico abstrai dessa unidade de opostos as formas gerais de proposições e de suas conexões (corretas ou incorretas); todavia, partes decisivas dessa lógica formal permanecem comprometidas com a metafísica aristotélica.[109]

Anterior a essa formalização, a experiência do mundo cindido encontra sua lógica na dialética platônica. Aqui, os termos "Ser", "Não-ser", "Movimento", "O Uno e o Múltiplo", "Identidade" e "Contradição" são metodicamente mantidos abertos, ambíguos, sem definição completa. Eles têm um horizonte aberto, um universo inteiro de significado que é estruturado gradualmente no próprio processo de comunicação, mas que nunca é terminado. As proposições são submetidas, desenvolvidas e testadas em um diálogo, no qual o parceiro é levado a questionar o universo normalmente inquestionado da experiência e da fala, e a entrar em uma nova dimensão do discurso - diferentemente, aqui ele é *livre* e o discurso é voltado para sua liberdade. Ele deve ir além daquilo que lhe é dado - como aquele que fala, em sua proposição, vai além do conjunto inicial de termos. Esses termos têm muitos significados porque as condições às quais eles se referem têm muitos lados, implicações e efeitos que não podem ser isolados e estabilizados. Seu desenvolvimento lógico responde ao processo da realidade, ou *Sache selbst*. As leis do pensamento são leis da realidade, ou melhor, *se tornam* as leis da realidade se o pensamento entende a verdade da experiência imediata como a aparência de outra verdade, que é aquela das for-

---

108. HUSSERLS, Edmund. *Formale und Transzendentale Logik* (Halle: Niemeyer, 1929), especialmente p. 42 e 115.

109. PRANTL, Carl. *Geschichte der Logik im Abendlande*, Darmstadt, v. I, p. 135 e 211, 1957. Para o argumento contra essa interpretação, ver p. 147.

144 | O PENSAMENTO UNIDIMENSIONAL

mas verdadeiras da realidade – das Ideias. Assim existe contradição ao invés de correspondência entre o pensamento dialético e a realidade dada; o juízo verdadeiro julga essa realidade não em seus próprios termos, mas em termos que idealizam sua subversão. E nessa subversão, a realidade se transforma em sua própria verdade.

Na lógica clássica, o juízo que constitui o cerne original do pensamento dialético foi formalizado na forma proposicional "S é p". Mas essa forma oculta, ao invés de revelar, a proposição dialética básica, que afirma o caráter negativo da realidade empírica. Julgada à luz de sua essência e sua ideia, os homens e as coisas existem como diferentes do que são; consequentemente, o pensamento contradiz aquilo que é (dado), opõe sua verdade àquela da realidade dada. A verdade concebida pelo pensamento é a Ideia. Como tal, em termos da realidade dada, é "mera" Ideia, "mera" essência – potencialidade.

Mas a potencialidade essencial não é como as muitas possibilidades que estão contidas no universo dado do discurso e da ação; a potencialidade essencial é de um tipo muito diferente. Sua realização envolve subversão da ordem estabelecida, uma vez que pensar de acordo com a verdade é o compromisso com o existir de acordo com a verdade. (Em Platão, os conceitos extremos que ilustram essa subversão são: morte como o início da vida do filósofo e a liberação violenta da caverna). Assim, o caráter subversivo da verdade impõe ao pensamento uma qualidade *imperativa*. A lógica se centra em juízos que são, como proposições demonstrativas, imperativos – o predicado "é" implica um "deve ser".

Esse estilo de pensamento contraditório, bidimensional, é a forma interior não apenas da lógica dialética, mas de toda filosofia que venha a lidar com a realidade. As proposições que definem a realidade afirmam como verdade algo que *não é* imediatamente verdadeiro; assim, contradizem o que é e negam sua verdade. O juízo afirmativo contém a negação que desaparece na forma proposicional (S é p). Por exemplo, "virtude é conhecimento"; "justiça é o estado no qual todos cumprem a função para a qual sua natureza melhor se ajusta"; "o perfeitamente real é o perfeitamente conhecível"; "*verum est id, quod est*"; "o homem é livre"; "o Estado é a realidade da Razão".

Se essas proposições são verdadeiras, então o verbo de ligação "é" indica um "dever", um desiderato. Julga condições nas quais a virtude *não* é conhecimento, nas quais os homens *não* realizam a função para a qual a natureza deles mais os dotaram, nas quais eles não são livres etc. Ou, a forma categórica S-p afirma que (S) *não é* (S); (S) é definido como outro que não si mes-

PENSAMENTO NEGATIVO: A LÓGICA DERROTADA DO PROTESTO | 145

mo. A verificação da proposição envolve um *processo* de fato assim como de pensamento: (S) deve *se tornar* aquilo que ele é. A afirmação categórica então se transforma em um *imperativo* categórico; ela não afirma um fato, mas a necessidade de *realizar* um fato. Por exemplo, poderia ser lido como segue: um homem *não é* (de fato) livre, dotado de direitos inalienáveis etc.; mas *deve ser*, porque ele é livre aos olhos de Deus, por natureza etc.[110]

O pensamento dialético compreende a tensão crítica entre "ser" e "dever" primeiro como uma condição ontológica, pertencente à estrutura do próprio Ser. Contudo, o reconhecimento desse estado do Ser – sua teoria – pretende ser, desde o início, uma *prática* concreta. Vistos à luz de uma verdade que aparece neles falsificada ou negada, os próprios fatos dados parecem falsos e negativos.

Consequentemente, o pensamento é levado, pela situação de seus obje-tos, a medir sua verdade em termos de outra lógica, outro universo de dis-curso. E essa lógica projeta outro modo de existência: a racionalização da verdade nas palavras e ações do homem. E visto que esse projeto envolve o homem como "animal social", a *polis*, o movimento do pensamento tem um conteúdo político. Assim, o discurso socrático é um discurso político visto que contradiz as instituições políticas estabelecidas. A busca pela de-finição correta, pelo "conceito" de virtude, justiça, piedade e conhecimento se torna um empreendimento subversivo, uma vez que o conceito aspira a uma nova *polis*.

O pensamento não tem poder para realizar tal transformação a menos que ele transcenda a si mesmo em prática, e a dissociação da prática mate-rial, da qual a filosofia se origina, dá ao pensamento filosófico sua qualidade abstrata e ideológica. Em virtude dessa dissociação, o pensamento filosófico crítico é necessariamente transcendente e *abstrato*. A filosofia compartilha essa abstração com todo pensamento genuíno, pois ninguém pensa real-mente se não abstrai daquilo que é dado, se não relaciona os fatos com as circunstâncias que os originaram, se não desfaz – em sua mente – os fatos. A abstração é a vida do pensamento, a prova de sua autenticidade.

---

110. Mas por que a proposição não *diz* "deve" se ela *significa* "deve"? Por que a negação desaparece na afirmação? A origem metafísica da lógica determinou a forma proposicional? O pensamento pré--socrático assim como o socrático precede à separação entre lógica e ética. Se apenas aquilo que é verdade (o Logos; a Ideia) realmente é, então a realidade da experiência imediata participa do μη ον, daquilo que *não é*. E ainda, esse μη ον *é*, para a experiência imediata (que é a realidade única para a vasta maioria dos homens), a única realidade que é. O duplo sentido de "ser" poderia assim expressar a estrutura bidimensional do único mundo.

Mas existem abstrações falsas e verdadeiras. Abstração é um evento histórico em um *continuum* histórico. Ela se origina em bases históricas, e permanece relacionada à base na qual ela se move: o universo social estabelecido. Mesmo onde a abstração crítica chega à negação do universo estabelecido do discurso, a base sobrevive na negação (subversão) e limita as possibilidades da nova posição.

Nas origens clássicas do pensamento filosófico, os conceitos transcendentes permaneceram comprometidos com a separação predominante entre trabalho intelectual e manual – com a sociedade estabelecida de escravidão. O Estados "ideal" de Platão mantém e reforma a escravidão enquanto a organiza de acordo com uma verdade eterna. E, em Aristóteles, o rei-filósofo (em quem teoria e prática ainda estão combinadas) dá lugar à supremacia do *bios theoreticos*, que dificilmente pode reclamar uma função e um conteúdo subversivos. Aqueles que suportavam o peso de uma realidade falsa e que, por isso, pareciam necessitar mais da subversão não entravam nas preocupações da filosofia. Esta se abstraía deles e continuou abstraindo-se deles.

Nesse sentido, o "idealismo" era parente do pensamento filosófico, pois a noção da supremacia do pensamento (consciência) também anuncia a impotência do pensamento em um mundo empírico que a filosofia transcende e corrige – em pensamento. A racionalidade em nome da qual a filosofia emitia seus juízos obteve aquela "pureza" abstrata e geral que a torna imune diante do mundo no qual se deve viver. Com exceção dos "heréticos" materialistas, o pensamento filosófico raramente foi afligido pelas amarguras da existência humana.

Paradoxalmente, é precisamente a intenção crítica do pensamento filosófico que leva à purificação idealista – uma intenção crítica que visa ao mundo empírico como um todo, e não apenas a certos modos de pensamento ou comportamento dentro dele. Ao definir seus conceitos em termos de potencialidades que são de uma ordem de pensamento e existência essencialmente diferente, a crítica filosófica se encontra bloqueada pela realidade da qual ela se separa, e segue construindo um reino da Razão depurado da contingência empírica. As duas dimensões do pensamento – aquela das verdades essenciais e aquela das verdades aparentes – não mais interferem uma na outra, e sua relação dialética concreta se torna uma relação abstrata epistemológica ou ontológica. Os juízos emitidos na realidade dada são substituídos por proposições que definem as formas gerais do pensamento, objetos do pensamento, e relações entre o pensamento e seus objetos. O sujeito do pensamento se

PENSAMENTO NEGATIVO: A LÓGICA DERROTADA DO PROTESTO | 147

torna uma forma de subjetividade pura e universal, da qual todos os particulares são removidos.

Para esse sujeito formal, a relação entre ὄν e μὴ ὄν, mudança e permanência, potencialidade e realidade, verdade e falsidade, não é mais uma preocupação existencial[111]. Ela é, ao contrário, uma questão de filosofia pura. O contraste entre a lógica dialética de Platão e a lógica formal de Aristóteles é impressionante.

No Órganon aristotélico, o "termo" silogístico (*horos*) está "tão ausente de significado substancial que uma letra do alfabeto é um substituto totalmente equivalente". Assim, é totalmente diferente do termo "metafísico" (também *horos*), que designa o resultado de uma definição essencial, a resposta à questão: τὶ ἐστίν?[112] Kapp afirma contra Prantl que "os dois significados diferentes são totalmente independentes um do outro e nunca foram misturados pelo próprio Aristóteles". De todo modo, na lógica formal, o pensamento é organizado de uma maneira muito diferente daquela do diálogo platônico?

Nessa lógica formal, o pensamento é indiferente aos seus objetos. Se são mentais ou físicos, se se referem à sociedade ou à natureza, eles se tornam sujeitos às mesmas leis gerais de organização, cálculo e conclusão – mas eles o fazem como signos funcionais intercambiáveis, abstraindo-se sua "substância" particular. Essa qualidade geral (qualidade quantitativa) é a precondição da lei e da ordem – na lógica assim como na sociedade – o preço do controle universal.

*Die Allgemeinheit der Gedanken, wie die diskursive Logik sie entwickelt, erhebt sich auf dem Fundament der Herrschaft in der Wirklichkeit.*[113]

A *Metafísica* de Aristóteles afirma a conexão entre conceito e controle: o conhecimento das "causas primeiras" é – como o conhecimento do universal

---

111. Para evitar um engano: Eu não acredito que *Frage nach dem Sein* e questões similares são ou devem ser uma preocupação existencial. O que era significante nas origens do pensamento filosófico pode bem ter se tornado insignificante no fim dele, e a perda do significado pode não ser devida à incapacidade de pensar. A história da humanidade tem dado respostas definitivas à "questão do Ser", e as tem dado em termos muito concretos, que provaram sua eficácia. O universo tecnológico é um deles. Para uma discussão adicional ver o capítulo 6.

112. KAPP, Ernest. *Greek Foundations of Traditional Logic* (Nova York: Columbia University Press, 1942), p. 29.

113. "O conceito geral que a lógica discursiva desenvolveu tem seu fundamento na realidade da dominação". HORKHEIMER, M.; ADORNO, T. W. *Dialetik der Aufklärung* (Amsterdam, 1947), p. 25.

148 | O PENSAMENTO UNIDIMENSIONAL

– o conhecimento mais certo e efetivo, uma vez que dispor sobre as causas é dispor sobre seus efeitos. Em virtude do conceito universal, o pensamento alcança o domínio sobre os casos particulares. Contudo, o universo mais formalizado da lógica ainda se refere à estrutura mais geral do mundo dado, experienciado; a forma pura ainda é aquela do conteúdo que ela formaliza. A própria ideia da lógica formal é um evento histórico no desenvolvimento dos instrumentos físicos e mentais para controle e cálculo universal. Nessa tarefa, o homem teve que criar uma harmonia teórica pra além da discórdia real, depurar o pensamento de contradições, hipostasiar unidades identificáveis e intercambiáveis no processo complexo da sociedade e da natureza.

Sob a regra da lógica formal, a noção de conflito entre essência e aparência é prescindível, se não, insignificante; o conteúdo material é neutralizado; o princípio de identidade é separado do princípio de contradição (contradições são o defeito do pensamento incorreto); as causas finais são removidas da ordem lógica. Bem definidos em seu escopo e função, os conceitos se tornam instrumentos de predição e controle. A lógica formal é, então, o primeiro passo na longa estrada ao pensamento científico – apenas o primeiro passo, uma vez que um grau de abstração e matematização muito maior ainda é requerido para ajustar os modos de pensamento à racionalidade tecnológica.

Os métodos do procedimento tecnológico são muito diferentes nas lógicas antiga e moderna, mas a despeito de toda diferença está a construção de uma ordem de pensamento universalmente válida, neutra em relação ao conteúdo material. Muito antes do homem e da natureza tecnológica emergirem como objetos do controle e do cálculo racional, a mente tornou-se suscetível à generalização abstrata. Os termos que poderiam ser organizados em um sistema lógico coerente, livre de contradição ou com uma contradição manejável, foram separados daqueles que não o poderiam ser. Foi feita a distinção entre o universal, calculável, "objetivo" e a dimensão particular, incalculável, subjetiva do pensamento; o último adentrou a ciência apenas através de uma série de reduções.

A lógica formal pressupõe a redução de qualidades secundárias em primárias, por meio da qual a primeira se transforma nas propriedades mensuráveis e controláveis da física. Os elementos do pensamento podem então ser organizados cientificamente – como os elementos humanos podem ser organizados na realidade social. A racionalidade pré-tecnológica e a tecnológica ontologia e tecnologia estão ligadas por aqueles elementos do pensamento que ajustam as regras do pensamento às regras de controle e dominação.

Os modos de dominação pré-tecnológico e tecnológico são fundamentalmente diferentes – tão diferentes quanto a escravidão é diferente do trabalho livre assalariado, o paganismo do cristianismo, a cidade-estado da nação, quanto o massacre da população de uma cidade capturada é diferente dos campos de concentração Nazistas. Entretanto, a história ainda é a história da dominação, e a lógica do pensamento permanece a lógica da dominação. A lógica formal almejava validade universal para as leis do pensamento. E, de fato, sem universalidade, o pensamento seria um assunto privado, reservado, incapaz de entender o menor setor da existência. O pensamento é sempre algo mais, diferente do pensar individual; se eu começo a pensar em pessoas individuais em uma situação específica, eu as encontro em um contexto supraindividual que elas compartilham, e eu penso em conceitos gerais. Todos os objetos do pensamento são universais. Mas é igualmente verdade que o significado supraindividual, a universalidade do conceito, nunca é meramente formal; é constituída na inter-relação entre os sujeitos (pensantes e atuantes) e seu mundo.[114] Abstração lógica também é abstração sociológica. Há uma *mimesis* lógica que formula as leis do pensamento num acordo de proteção com as leis da sociedade, mas ela é apenas um modo de pensamento entre outros.

A esterilidade da lógica formal de Aristóteles sempre foi percebida. O pensamento filosófico se desenvolveu paralelamente e mesmo fora dessa lógica. Em seus esforços principais, nem as escolas idealistas, nem as materialistas, nem as racionalistas, nem as empiristas parecem dever qualquer coisa a ela. A lógica formal era não-transcendente em sua própria estrutura. Ela canonizou e organizou o pensamento dentro de uma estrutura preestabelecida para além da qual nenhum silogismo pode ir – ela permaneceu "analítica". A lógica continuou como uma disciplina especial ao lado do desenvolvimento substancial do pensamento filosófico, essencialmente imutável a despeito dos novos conceitos e novos conteúdos que marcaram esse desenvolvimento.

De fato, nem os escolásticos nem o racionalismo e o empirismo do início do período moderno tiveram qualquer razão para contestar o modo de pensamento que tinha canonizado suas formas gerais na lógica aristotélica. Sua intenção estava, ao menos, de acordo com a validade e a exatidão científicas, e o resto não interfere na elaboração conceitual da nova experiência e dos novos fatos.

---

114. Ver ADORNO, T. W. *Zur Metakritik der Erkenntnistheorie* (Stuttgart, 1956), cap. I, "Kritik der logischen Absolutismus".

150 | O PENSAMENTO UNIDIMENSIONAL

A lógica matemática e simbólica contemporânea é certamente muito diferente de sua predecessora clássica, mas elas compartilham a oposição radical à lógica dialética. Em termo dessa oposição, a antiga e a nova lógica formal expressam o mesmo modo de pensamento. Este está purificado daquela "negatividade" que era tão iminente nas origens da lógica e do pensamento filosófico – a experiência do poder repressor, enganador e manipulador da realidade estabelecida. E com a eliminação dessa experiência, o esforço conceitual de sustentar a tensão entre "ser" e "dever" e de subverter o universo estabelecido do discurso em nome de sua própria verdade é, outrossim, eliminado de todo pensamento que pretende ser objetivo, exato e científico. Porque a subversão *científica* da experiência imediata, que estabelece a verdade da ciência contra aquela da experiência imediata, não desenvolve os conceitos que carregam em si o protesto e a recusa. A nova verdade científica que eles opõem à verdade aceita não contém em si mesma o julgamento que condena a realidade estabelecida.

Em contraste, o pensamento dialético permanece não-científico na medida em que ele é tal juízo, e o juízo é imposto sobre o pensamento dialético pela natureza de seu *objeto* – pela sua objetividade. Esse objeto é a realidade em sua concretude verdadeira; a lógica dialética exclui toda abstração que abandona e deixa para trás, incompreendido, o conteúdo concreto. Hegel detecta na filosofia crítica de seu tempo o "medo do objeto" (*Angst vor dem Objekt*), e ele exige que o pensamento genuinamente científico supere essa posição de medo e compreenda a "razão pura e a lógica" (*das Logische, das Rein-Vernünftige*) na concretude mesma de seus objetos.[115] A lógica dialética não pode ser formal porque ela é determinada pelo real, que é concreto. E essa concretude, longe de se opor a um sistema de princípios e conceitos gerais, requer tal sistema de lógica porque se move sob as leis gerais que conduzem à racionalidade do real. É a racionalidade da contradição, da oposição de forças, tendências e elementos, que constitui o movimento do real e, se compreendido, o conceito do real.

Existindo como a contradição viva entre essência e aparência, os objetos do pensamento possuem aquela "negatividade interior"[116] que é a qualidade específica de seu conceito. A definição dialética define o movimento das coisas a partir daquilo que elas não são em direção àquilo que elas são. O desenvolvimento de elementos contraditórios, que determina a estrutura

---

115. *Wissenschaft der Logik.* Ed. Lasson (Leipzig: Meiner, 1923), v. I, p. 32.

116. *Ibid.*, p. 38.

do seu objeto, também determina a estrutura do pensamento dialético. O objeto da lógica dialética não é nem a forma da objetividade abstrata, geral, nem a forma do pensamento abstrato, geral – nem os dados da experiência imediata. A lógica dialética desfaz as abstrações da lógica formal e da filosofia transcendental, mas ela também nega a concretude da experiência imediata. Na medida em que essa experiência repousa nas coisas como elas aparecem e são dadas, ela é uma experiência limitada e mesmo falsa. Ela alcança sua verdade se se liberta da objetividade ilusória que oculta os fatores por trás dos atos – quer dizer, se ela entende seu mundo como um universo *histórico*, no qual os fatos estabelecidos são fruto da prática histórica do homem. Essa prática (intelectual e material) é a realidade nos dados da experiência; ela é também a realidade que a lógica dialética compreende.

Quando o conteúdo histórico entra no conceito dialético e determina metodologicamente seu desenvolvimento e função, o pensamento dialético alcança a concretude que liga a estrutura do pensamento à da realidade. A verdade lógica se torna a verdade histórica. A tensão ontológica entre essência e aparência, entre "ser" e "dever", se torna uma tensão histórica e a "negatividade interna" do mundo objetivo é entendida como a obra do sujeito histórico – o homem em sua luta com a natureza e a sociedade. A Razão se torna da Razão histórica. Ela contradiz a ordem estabelecida dos homens e das coisas em nome das forças sociais existentes que revelam o caráter irracional dessa ordem – porque "racional" é um modo de pensamento e ação que é orientado para a redução da ignorância, da destruição, da brutalidade e da opressão.

A transformação da lógica ontológica em lógica dialética retém a bi-dimensionalidade do pensamento filosófico como pensamento crítico, negativo. Mas agora, essência e aparência, "ser" e "dever", se confrontam na luta entre as forças e capacidade reais na sociedade. E elas se confrontam, não como Razão e Desrazão, Certo e Errado – porque ambas são parte integrante do mesmo universo estabelecido, ambas partilham Razão e Desrazão, Certo e Errado. O escravo é capaz de abolir os senhores e de cooperar com eles; os senhores são capazes de melhoras a vida do escravo e de aperfeiçoar sua exploração. A ideia de Razão refere-se ao movimento do pensamento e da ação. É uma exigência teórica e prática.

Se a lógica dialética entende a contradição como uma "necessidade" que pertence a toda "natureza do pensamento" (*zur Natur der Denkbestimmungen*),[117] ela o faz porque a contradição pertence à própria natureza do *objeto* do

---

117. *Ibid.*

pensamento, à realidade, em que Razão ainda é Desrazão e o irracional ainda é o racional. Por outro lado, toda realidade estabelecida luta contra a lógica das contradições – ela favorece os modos de pensamento que sustentam as formas de vida estabelecidas e os modos de comportamento que as reproduzem e aprimoram. A realidade dada tem sua própria lógica e sua própria verdade; o esforço de compreendê-las enquanto tais e transcendê-las pressupõe uma lógica diferente, uma verdade contraditória. Elas pertencem a modos de pensamento que são não-operacionais em sua própria estrutura; elas são alheias ao operacionalismo científico, assim como ao senso comum; sua concretude histórica luta contra a quantificação e matematização, de um lado, e contra o positivismo e o empirismo, de outro. Assim, essas formas de pensamento parecem ser uma relíquia do passado, como toda filosofia não-científica e não-empírica. Eles retrocedem ante uma teoria mais efetiva e prática da Razão.

# Capítulo 6
# Do pensamento negativo ao positivo: a racionalidade tecnológica e a lógica da dominação

Na realidade social, a despeito de toda mudança, a dominação do homem pelo homem ainda é um *continuum* histórico que liga a Razão pré-tecnológica à tecnológica. Entretanto, a sociedade que projeta e empreende a transformação tecnológica da natureza altera a base da dominação ao gradualmente substituir a dependência pessoal (do escravo pelo seu dono, do servo pelo senhor feudal, do senhor pelo doador do feudo etc.) pela dependência da "ordem objetiva das coisas" (pelas leis econômicas, pelo mercado etc.). Com certeza, a "ordem objetiva das coisas" é ela mesma o resultado da dominação, mas, não obstante, é verdade que a dominação agora gera uma racionalidade maior – aquela de uma sociedade que sustenta sua estrutura hierárquica enquanto explora ainda mais eficientemente as fontes naturais e mentais, e distribui os benefícios dessa exploração em uma escala cada vez maior. Os limites dessa racionalidade, e de sua força sinistra, aparecem na escravização progressiva do homem por um aparato produtivo que perpetua a luta pela existência e a estende a uma luta internacional total que arruína a vida daqueles que constroem e usam esse aparato.

Neste estágio, se torna claro que algo deve estar errado com a racionalidade do próprio sistema. O que está errado é o modo como os homens têm organizado seu trabalho social. Não está mais em questão neste momento quando, por um lado, os próprios grandes empreendedores estão dispostos a sacrificar as vantagens da empresa privada e da "livre" concorrência em detrimento das vantagens das ordens e regulamentos do governo, enquan-

## 154 | O PENSAMENTO UNIDIMENSIONAL

to, por outro lado, a construção socialista continua a proceder através da dominação progressiva. Contudo, a questão não pode parar aqui. A organização errada da sociedade demanda uma explicação mais ampla em vista da situação da sociedade industrial *avançada*, na qual a integração das forças sociais antes negativas e transcendentes com o sistema estabelecido parece criar uma estrutura social nova.

Essa transformação da oposição negativa em positiva assinala o problema: a organização "errada", ao se tornar totalitária em suas bases internas, refuta as alternativas. Certamente é bastante natural, e não parece pedir por uma explicação aprofundada, que as vantagens tangíveis do sistema são consideradas merecedoras de defesa – especialmente em vista da força contrária do comunismo atual que parece ser a alternativa histórica. Mas isso é natural apenas para um modo de pensamento e comportamento que não deseja e talvez seja mesmo incapaz de compreender o que está acontecendo e por que está acontecendo, um modo de pensamento e comportamento que é imune a qualquer racionalidade que não seja a racionalidade estabelecida. Na medida em que eles correspondem à racionalidade dada, pensamento e comportamento expressam a falsa consciência, respondendo e contribuindo para a preservação de uma falsa ordem dos fatos. E essa falsa consciência tem sido corporificada nos aparatos tecnológicos dominantes que, por sua vez, a reproduzem.

Nós vivemos e morremos racionalmente e produtivamente. Nós sabemos que a destruição é o preço do progresso, assim como a morte é o preço da vida, que a renúncia e o esforço são os pré-requisitos para a gratificação e o prazer, que os negócios têm que continuar, e que as alternativas são Utópicas. Essa ideologia pertence ao aparato social estabelecido; ela é requisito para seu funcionamento contínuo e faz parte de sua racionalidade.

Contudo, o aparato frustra seu próprio propósito caso este seja criar uma existência humana com base em uma natureza humanizada. E se esse não é o seu propósito, sua racionalidade é ainda mais suspeita. Mas é também mais lógica porque, desde o início, o negativo está no positivo, o inumano está na humanização, a escravidão está na libertação. Essa dinâmica é a da realidade e não a da mente, mas de uma realidade na qual a mente científica tem um papel decisivo na união entre razão teórica e prática.

A sociedade reproduz a si mesma em um crescente ordenamento técnico de coisas e relações que incluiu a utilização técnica dos homens – em outras palavras, a luta pela existência e a exploração do homem e da natureza se tornaram ainda mais científicas e racionais. O duplo significado de "racionalização" é relevante nesse contexto. A gestão científica e a divisão científica do trabalho aumentam imensamente a produtividade da empresa econômica, política e cultural. Resultado: um padrão mais alto de vida. Ao mesmo tempo e na mesma base essa empresa racional produziu um padrão de mente e comportamento que justificou e absolveu até mesmo as características mais destrutivas e opressivas dessa empresa. A racionalidade técnico-científica e a manipulação fundiram-se em novas formas de controle social. Alguém pode se contentar com a suposição de que esse efeito não-científico é o resultado de uma forma específica de *aplicação* da ciência? Penso que a direção geral na qual ela foi aplicada era inerente à ciência pura, mesmo quando não havia nenhum propósito prático, e que a questão pode ser identificada onde a Razão teórica se torna prática social. Aqui, tentarei relembrar brevemente as origens metodológicas da nova racionalidade, contrastando-a com as características do modelo pré-tecnológico discutido no capítulo anterior.

A quantificação da natureza, que levou à sua explicação em termos de estruturas matemáticas, separou a realidade de todos os fins inerentes e, consequentemente, separou o verdadeiro do bom, a ciência da ética. Não importa o quanto a ciência é capaz de definir a objetividade da natureza e as inter-relações entre suas partes, ela não pode concebê-las cientificamente em termos de "causas finais". E não importa o quão constitutivo possa ser o papel do sujeito como ponto de observação, medida e cálculo, esse sujeito não pode realizar seu papel científico como agente ético, ou estético, ou político. A tensão entre Razão, por um lado, e as necessidades e desejos da população subjacente (que tem sido o objeto, mas raramente o sujeito da razão), por outro, existe desde o início do pensamento científico e filosófico. A "natureza das coisas", incluindo a da sociedade, foi assim definida para justificar a repressão e mesmo a supressão como perfeitamente racionais. O conhecimento verdadeiro e a razão exigem dominar os sentidos, quiçá libertar-se deles. A união entre Logos e Eros conduziu já em Platão à supremacia do Logos; em Aristóteles, a relação entre deus e o mundo movida por ele é "erótica" apenas em termos de analogia. Assim, a ligação ontológica precária entre Logos e Eros é quebrada, e a racionalidade científica emerge como essencialmente neutra. Aquilo pelo que a natureza (incluindo o homem) pode estar lutando é cientificamente racional apenas em termos de leis gerais de movimento – físico, químico, ou biológico.

Fora dessa racionalidade, vive-se num mundo de valores, e valores separados da realidade objetiva se tornam subjetivos. A única forma de resgatar alguma validade abstrata e inofensiva para eles parece ser a sanção metafísica (lei divina e natural). Mas, tal sanção não é verificável e assim não é realmente objetiva. Valores podem ter uma dignidade mais elevada (moralmente e espiritualmente), mas eles não são *reais* e portanto contam menos nos negócios reais da vida – quanto menos eles valem aqui, mais alto são elevados *acima* da realidade.

A mesma perda de realidade afeta todas as ideias que, por sua própria natureza, não podem ser verificadas pelo método científico. Não importa o quão elas possam ser reconhecidas, respeitadas e santificadas, em seu próprio direito, elas sofrem por não serem objetivas. Mas, precisamente sua falta de objetividade as torna fatores de coesão social. Humanitarismo, ideias religiosas e morais são apenas "ideais"; elas não atrapalham excessivamente o modo de vida estabelecido, e não são invalidadas pelo fato de que são contraditas por um comportamento ditado pelas necessidades diárias de negócios e políticas.

Se o Bom e o Belo, a Paz e a Justiça não podem ser derivados nem de condições ontológicas, nem de científico-racionais, elas não podem logicamente clamar por validade e realização universal. Em termos de razão científica, elas permanecem questão de preferência, e nenhuma ressurreição de algum tipo de filosofia aristotélica ou tomista pode salvar essa situação, uma vez que ela é refutada *a priori* pela razão científica. O caráter não-científico dessas ideias acaba fatalmente por enfraquecer a oposição à realidade estabelecida; as ideias se tornam meros *ideais*, e seu conteúdo concreto, crítico, evapora em uma atmosfera ética ou metafísica.

Paradoxalmente, entretanto, o mundo objetivo, equipado apenas com qualidades quantificáveis, vem a ser mais e mais dependente do sujeito para sua objetividade. Esse longo processo começa com a algebrização da geometria, que substitui figuras geométricas "visíveis" por operações puramente mentais. Ele encontra sua forma extrema em algumas concepções da filosofia científica contemporânea, de acordo com a qual toda questão relativa à ciência física tende a desaparecer em relações matemáticas ou lógicas. A própria noção de uma substância objetiva, oposta ao sujeito, parece desintegrar. A partir de condições muito diferentes, cientistas e filósofos da ciência chegam a hipóteses similares sobre a exclusão de tipos particulares de entidades.

DO PENSAMENTO NEGATIVO AO POSITIVO: A RACIONALIDADE TECNOLÓGICA E A LÓGICA DA DOMINAÇÃO | 157

Por exemplo, a física "não mede as qualidades objetivas do mundo externo e material – estas são apenas os resultados obtidos pela realização de tais operações".[118] Os objetos continuam a persistir apenas como "intermediários convenientes", como "postulados culturais"[119] obsoletos. A densidade e a opacidade das coisas evaporam: o mundo objetivo perde seu caráter "objetificável", sua oposição ao sujeito. Aquém de sua interpretação em termos da metafísica pitagórico-platônica, a Natureza matematizada, a realidade científica parece ser uma realidade ideacional.

Essas são afirmações extremas, e elas são rejeitadas por interpretações mais conservadoras, que insistem que as proposições na física contemporânea ainda se referem a "coisas físicas".[120] Mas, as coisas físicas vêm a ser "eventos físicos", e então as proposições se referem (e apenas se referem) a atributos e relações que caracterizam vários tipos de coisas e processos físicos.[121] Max Born afirma:

> (...) a teoria da relatividade (...) nunca abandonou todas as tentativas de atribuir propriedades à matéria (...). [Mas] (...) com frequência uma quantidade mensurável não é uma propriedade da coisa, mas uma propriedade de sua *relação* com outras coisas... A maioria das medições na física não estão diretamente preocupadas com as coisas que nos interessam, mas com algum tipo de projeção, tomada em seu sentido mais amplo.[122]

E W. Heisenberg diz: "Was wir mathematisch festlegen, ist nur zum kleinen Teil ein 'objectives Faktum', zum grösseren Teil eine Uebersicht über Möglichkeiten."[123]

---

118. DINGLER, Herbert. *Nature*, v. 168, p. 630, 1951.

119. QUINE, W. V. O. *From a Logical Point of View* (Cambridge: Harvard University Press, 1953), p. 44. Quine fala do "mito dos objetos físicos" e diz que "a respeito da base epistemológica dos objetos físicos e dos deuses [de Homero] diferem apenas em grau e não em tipo" (idib.). Mas o mito dos objetos físicos é epistemologicamente superior "uma vez que provou mais eficácia do que outros mitos como um dispositivo para trabalhar uma estrutura gerenciável no fluxo da experiência." A avaliação do conceito científico em termos de "eficácia", "dispositivo", e "gerenciável" revela seus elementos tecnológicos manipulativos.

120. REICHENBACH, H. In: FRANK, Philip G. (Ed.). *The Validation of Scientific Theories* (Boston: Beacon Press, 1954), p. 85 ss. (citado por Adolf Grünbaum).

121. GRÜNBAUM, Adolf. *Ibid.*, p. 87 ss.

122. *Ibid.*, p. 88 ss (grifos meus).

123. "O que nós estabelecemos matematicamente é 'fato objetivo' apenas em pequena parte, em uma parte maior é um exame de possibilidades." "Über den Begriff 'Abgeschlossene Theorie'". *Dialectica*, v. II, n.1, p. 333, 1948.

## 158 | O PENSAMENTO UNIDIMENSIONAL

Agora "eventos", "relações", "projeções" e "possibilidades" podem ser significantemente objetivos apenas para um sujeito – não apenas em termos de observação e mensuração, mas em termos da própria estrutura do fato ou da relação. Em outras palavras, o sujeito envolvido aqui é *constituinte* – ou seja, um sujeito possível para o qual algum *dado* deve existir, ou pode ser concebido como fato ou relação. Se este é o caso, a afirmação de Reichenbach ainda seria verdadeira: que as proposições na física podem ser formuladas sem referência a um observador *real*, e que "o distúrbio por meio da observação" é devido, não ao observador humano, mas ao instrumento como uma "coisa física".[124]

Certamente, podemos assumir que as equações estabelecidas pela física matemática expressam (formulam) a real constelação dos átomos, *i.e.*, a estrutura objetiva da matéria. Independentemente de qualquer sujeito observador e medidor "exterior", A pode "incluir" B, "preceder" B, "resultar em" B; B pode estar "entre" C, "maior do que" C etc. – ainda seria verdade que essas relações implicam localização, distinção e identidade na diferença de A, B, C. Elas então implicam a capacidade de *ser* idêntico na diferença, de *ser* relacionado a... de um modo específico, de *ser* resistente a outras relações etc. Apenas essa capacidade estaria na própria matéria, e então a matéria ela mesma existiria objetivamente na estrutura da mente – uma interpretação que contém um elemento idealista forte:

> (...) objetos imanentes, sem hesitação, sem erro, simplesmente por sua existência, estão integrando as equações das quais eles não sabem nada. Subjetivamente, a natureza não é mental – ela não pensa em termos matemáticos. Mas, objetivamente, a natureza é mental – ela pode ser pensada em termos matemáticos.[125]

Uma interpretação menos idealista é oferecida por Karl Popper,[126] que assegura que, em seu desenvolvimento histórico, a ciência física revela e define diferentes camadas de uma mesma realidade objetiva. Nesse processo, os conceitos historicamente ultrapassados estão sendo cancelados e sua intenção é ser integrado em conceitos sucessores – uma interpretação que parece implicar no progresso em direção ao verdadeiro núcleo

---

124. FRANK, Philipp G. *Loc. cit.*, p. 85.

125. WEIZSÄCKER, C. F. von. *The History of Nature* (Chicago: University of Chicago Press, 1949), p. 20.

126. MACE, C. A. (Ed.). *Britich Philosophy in the Mid-Century* (Nova York: Macmillan, 1957), p. 155 ss. Igualmente: BUNGE, Mario. *Metascientific Queries* (Soringfield, III: Charles C. Thomas, 1959), p. 108 ss.

da realidade, ou seja, a verdade absoluta. A não ser que a realidade seja uma cebola sem miolo, e o próprio conceito de verdade científica estaria em perigo.

Eu não estou insinuando que a filosofia da física contemporânea negue ou mesmo questione a realidade do mundo externo, mas que, de um modo ou de outro, ela suspende o juízo sobre o que a própria realidade possa ser, ou considere a própria questão insignificante e irrespondível. Tornada um princípio metodológico, essa suspensão tem uma dupla consequência: (a) ela fortalece a troca da ênfase teórica do metafísico "O que é ...?" (τὶ ἐστίν) pelo funcional "Como ...?", e (b) ela estabelece uma certeza prática (embora de modo algum absoluta), que, em suas operações com a matéria, está livre com boa consciência do comprometimento com qualquer substância fora do contexto operacional. Em outras palavras, teoricamente a transformação do homem e da natureza não tem outros limites objetivos além daqueles oferecidos pela factualidade bruta da matéria, sua resistência ainda não dominada ao conhecimento e ao controle. De acordo com o grau em que esta concepção se torna aplicável e efetiva na realidade, esta é abordada como um sistema (hipotético) de instrumentalidades; o termo metafísico "ser-como-tal" dá lugar ao "ser-instrumento". Ademais, comprovada em sua efetividade, essa concepção trabalha como um *a priori* – ela predetermina a experiência, ela organiza o todo.

Nós acabamos de ver que a filosofia da ciência contemporânea parecia estar lutando com um elemento idealista e, em suas formulações extremas, se movendo perigosamente para perto de um conceito idealista de natureza. Contudo, o novo modo de pensamento coloca o idealismo "a seus pés" mais uma vez. Hegel sintetizou a ontologia idealista: se a Razão é o denominador comum de sujeito e objeto, ela é então como a síntese de *opostos*. Com essa ideia, a ontologia compreende a *tensão* entre sujeito e objeto; ela estava saturada de concretude. A realidade da Razão era o jogo dessa tensão na natureza, na história, na filosofia. Mesmo o mais extremo sistema monista manteve a ideia de uma substância que se revela no sujeito e no objeto – a ideia de uma realidade antagônica. O espírito científico enfraqueceu cada vez mais esse antagonismo. A filosofia científica moderna começou muito bem com a noção de duas substâncias, *res cogitans* e *res extensa* – mas à medida que a matéria extensa se torna compreensível em equações matemáticas que, traduzidas em tecnologia, "refazem" essa matéria, a *res extensa* perde seu caráter de substância independente.

## 160 | O PENSAMENTO UNIDIMENSIONAL

a antiga divisão do mundo em processos objetivos em espaço e tempo e a mente na qual esses processos são refletidos – em outras palavras, a diferença catersiana entre *res cogitans* e *res extensa* – não é mais um ponto de partida adequado para nossa compreensão da ciência moderna.[127]

A divisão cartesiana do mundo também tem sido questionada em suas bases. Husserl apontou que o *Ego* cartesiano era, em última análise, não realmente uma substância independente, mas, ao contrário, o "resíduo" ou o limite da quantificação; parece que a ideia de Galileu do mundo como uma *res extensa* "universal e absolutamente pura" dominou *a priori* a concepção cartesiana.[128] Em tal caso, o dualismo cartesiano seria enganoso, e o ego-substância pensante de Descartes seria aparentado à *res extensa*, antecipando o sujeito científico da observação e da mensuração quantificável. O dualismo de Descartes já implicaria sua negação; ele esclareceria, ao invés de bloquear, a estrada rumo ao estabelecimento de um universo científico unidimensional no qual a natureza é "objetivamente a da mente", ou seja, do sujeito. E este sujeito está relacionado ao seu mundo de um modo muito especial: "(...) la nature est mise sous le signe de l'homme actif, de l'homme inscrivant la techinique dans la nature".[129]

A ciência da natureza se desenvolve sob o *a priori tecnológico* que projeta a natureza como instrumentalidade potencial, objeto de controle e organização. E a apreensão da natureza como instrumentalidade (hipotética) *precede* o desenvolvimento de toda organização técnica particular:

> O homem moderno toma a totalidade do Ser como matéria prima para a produção e sujeita a totalidade do mundo-objeto à marcha e ordem da produção (*Herstellen*). (...) o uso da maquinaria e da produção de máquinas não é técnica em si mesmo, mas meramente um instrumento adequado para a realização (*Einrichtung*) da essência da técnica em sua matéria prima objetiva.[130]

---

127. HEISENBERG, W. *The Physicist's Conception of Nature* (Londres: Hutchinson, 1958), p. 29. Em *Physics and Philosophy* (Londres: Allen and Unwin, 1959), p. 83, Heisenberg escreve: "A 'coisa em si' é para o físico atômico, se ele usa esse conceito, finalmente uma estrutura matemática; mas essa estrutura é – ao contrário de Kant – indiretamente deduzida da experiência".

128. BIEMEL, W. (Ed.). *Die Krisis der Europäischen Wissenschaften und die transzendentale Phänomenologie* (Haag: Nijhof, 1954), p. 81.

129. "A natureza é colocada sob o signo do homem ativo, do homem que inscreve a técnica na natureza." BACHELARD, Gaston. *L'Activité rationaliste de la physique contemporaine* (Paris: Presses Universitaires, 1951), p. 7, com referência a Marx e Engels, *Die Deutsche Ideologie* (trad. Molitor, p. 163 ss.).

130. HEIDEGGER, Martin. *Holzwege* (Frankfurt: Klostermann, 1950), p. 266 ss. Ver também *Vortäge und Aufsätze* (Pfüllingen: Günther Neske, 1954), p. 22 e 29.

DO PENSAMENTO NEGATIVO AO POSITIVO: A RACIONALIDADE TECNOLÓGICA E A LÓGICA DA DOMINAÇÃO | 161

O *a priori* tecnológico é um *a priori* político na medida em que a transformação da natureza envolve aquela do homem, e na medida em que as "criações do homem" são resultado e se reinserem no conjunto social. Pode-se ainda insistir que a maquinaria do universo tecnológico é "como tal" indiferente em relação aos fins políticos – ele pode revolucionar ou retardar a sociedade. Um computador eletrônico pode servir igualmente a uma administração capitalista ou socialista; um acelerador de partículas pode ser uma ferramenta igualmente eficiente para um partido da guerra ou um partido da paz. Essa neutralidade é contestada na afirmação controversa de Marx de que o "moinho manual nos dá uma sociedade com o senhor feudal; o moinho a vapor, a sociedade com o capitalista industrial."[131] E essa afirmação é modificada posteriormente na própria teoria marxiana: o modo social de produção, não a técnica, é o fator histórico básico. Contudo, quando a técnica se torna a forma universal da produção material, ela circunscreve uma cultura inteira; ela projeta uma totalidade histórica – um "mundo".

Podemos dizer que a revolução do método científico apenas "reflete" a transformação da realidade natural em técnica dentro do processo da civilização industrial? Formular a relação entre ciência e sociedade desse modo é assumir dois reinos e fatos diferentes que se encontram, nomeadamente, (1) ciência e pensamento científico, com seus conceitos internos e sua verdade interna, e (2) o uso e a aplicação da ciência na realidade social. Em outras palavras, não importa o quão próxima possa ser a conexão entre os dois desenvolvimentos, eles não implicam e definem um ao outro. Ciência pura não é ciência aplicada; ela mantém sua identidade e validade a despeito de sua utilização. Além disso, essa noção de *neutralidade* essencial da ciência é também estendida à técnica. A máquina é indiferente aos usos sociais que se fazem dela, desde que tais usos permaneçam dentro de suas capacidades técnicas.

Diante do caráter instrumental interno do método científico, essa interpretação parece inadequada. Uma relação mais próxima parece prevalecer entre o pensamento científico e sua aplicação, entre o universo do discurso científico e aquele do discurso e comportamento comuns – uma relação na qual ambos se movem sob a mesma lógica e racionalidade da dominação.

---

131. *The Poverty of Philosophy*, cap. II, "Second Observation". In: BURNS, E. (Ed.). *A Handbook of Marxism*. (Nova York, 1935), p. 355.

# 162 | O PENSAMENTO UNIDIMENSIONAL

Em um desenvolvimento paradoxal, os esforços científicos para estabelecer a rígida objetividade da natureza levaram a uma crescente desmaterialização da natureza:

A ideia de uma natureza infinita que existe como tal, essa ideia da qual nós temos que desistir, é o mito da ciência moderna. A ciência começou destruindo o mito da Idade Média. E agora a ciência é forçada por sua própria consistência a perceber que ela apenas o substituiu por outro mito.[132]

O processo que começa com a eliminação de substâncias independentes e causas finais chega à idealização da objetividade. Mas, essa é uma idealização muito específica, na qual o objeto se constitui a si mesmo em uma relação completamente *prática* com o sujeito:

E o que é a matéria? Em física atômica, matéria é definida por suas reações possíveis aos experimentos humanos, e pelas leis matemáticas – ou seja, intelectuais – que ela obedece. Nós estamos *definindo* matéria como um objeto possível da manipulação humana.[133]

E, se é esse o caso, então a ciência se tornou tecnológica em si mesma: "A ciência pragmática tem a visão da natureza que é apropriada a uma época técnica".[134]

Na medida em que esse operacionalismo se torna o centro da empresa científica, a racionalidade assume a forma de uma construção metodológica; a organização e o tratamento da matéria como simples objeto de controle, como instrumentalidade que se presta a todo propósito e finalidade – instrumentalidade *per se*, "em si mesma".

A atitude "correta" com respeito à instrumentalidade é a aproximação *técnica*, o logos correto é *tecno-logia*, que projeta e responde à *realidade técnica*.[135] Nessa realidade, a matéria, como a ciência, é "neutra"; a objetividade não tem nem um *telos* em si mesmo, nem se estrutura em direção a

---

132. WEIZSÄCKER, C. F. von. *The History of Nature. Loc. cit.*, p. 71.

133. *Ibid.*, p. 142 (grifos meus).

134. *Ibid.*, p. 71.

135. Eu espero não ser mal interpretado ao sugerir que os conceitos da física matemática sejam designados como "ferramentas", que eles têm uma intenção técnica, prática. Tecno-lógico é, ao contrário, a "intuição" *a priori* ou a apreensão do universo na qual a ciência se move, no qual ela se constitui a si mesma como ciência *pura*. A ciência pura permanece comprometida com o *a priori* do qual ela abstrai. Deve ser claro falar do *horizonte* instrumentalista da física matemática. Ver BACHELARD, Suzane. *La conscience de rationalité* (Paris: Presses Universitaires, 1958), p. 31.

um *telos*. Mas é precisamente seu caráter neutro que relaciona a objetividade a um Sujeito histórico específico – a saber, à consciência que prevalece na sociedade pela qual essa neutralidade é estabelecida. Ela opera com as mesmas abstrações que constituem a nova racionalidade – como um fator interno, ao invés de externo. O operacionalismo puro e aplicado, a razão teórica e prática, as empresas científicas e comerciais executam a redução das qualidades secundárias às primárias, a quantificação e a abstração de "tipos particulares de entidades".

Realmente, a racionalidade da ciência pura é desprovida de valor e não estipula quaisquer fins práticos, ela é "neutra" a quaisquer valores alheios que podem ser impostos a ela. Mas essa neutralidade é um caráter *positivo*. A racionalidade científica requer uma organização social específica precisamente porque ela projeta a mera forma (ou a mera matéria – aqui, convergem os termos que, de outra maneira, são opostos) que pode se voltar a praticamente todos os fins. Formalização e funcionalização são, antes de qualquer aplicação, a "forma pura" de uma prática social concreta. Enquanto a ciência libertou a natureza de seus fins inerentes e despojou a matéria de todas as qualidades que não as quantificáveis, a sociedade libertou os homens da hierarquia "natural" da dependência pessoal e os relacionou uns aos outros de acordo com qualidades quantificáveis – a saber, as unidades do poder do trabalho abstrato, calculáveis em unidades de tempo. "Em virtude da racionalização dos modos de trabalho, a eliminação de qualidades é transferida do universo da ciência ao da experiência cotidiana."[136]

Entre os dois processos da quantificação científica e social, há paralelismo e causação, ou sua conexão é simplesmente obra da imprevisibilidade sociológica? A discussão prévia propôs que a nova racionalidade científica era em si mesma, em sua abstração e pureza, operacional visto que ela se desenvolveu sob um horizonte instrumental. Observação e experimento, organização e coordenação metodológica de dados, proposições e conclusões nunca se realizam num espaço desestruturado, neutro, teórico. A projeção da cognição envolve operações sobre objetos, ou abstrações de objetos, que ocorrem em um universo dado de discurso e ação. A ciência observa, calcula e teoriza a partir de uma posição nesse universo. As estrelas que Galileu observou eram as mesmas na antiguidade clássica, mas o universo diferente de discurso e ação – em resumo, a realidade social diferente – inaugurou a nova direção e o novo alcance da observação, e as

---

136. HORKHEIMER, M.; ADORNO, T. W. *Dialetik der Aufklärung. Loc. cit.*, p. 50. (Tradução minha.)

164 | O PENSAMENTO UNIDIMENSIONAL

possibilidades de ordenar os dados observados. Eu não estou preocupado aqui com a relação histórica entre racionalidade científica e social no início do período moderno. O meu propósito é demonstrar o caráter instrumental *interno* dessa racionalidade científica em virtude da qual ela é *a priori* tecnologia, e o *a priori* de uma tecnologia específica – a saber, tecnologia como forma de dominação e controle social.

O pensamento científico moderno, na medida em que é puro, não projeta os objetivos práticos particulares nem as formas particulares de dominação. Contudo, não há dominação *per se*. Na medida em que a teoria avança, ela abstrai de, ou rejeita, um contexto teleológico factual – aquele do universo dado, concreto, do discurso e da ação. É dentro desse universo mesmo que o projeto científico ocorre ou não, que a teoria concebe ou não as alternativas possíveis, que suas hipóteses subvertem ou sustentam a realidade preestabelecida.

Os princípios da ciência moderna eram estruturados *a priori* de tal modo que eles poderiam servir como instrumentos conceituais para um universo de autopropulsão, de controle produtivo; o operacionalismo teórico veio a corresponder ao operacionalismo prático. O método científico que leva à dominação cada vez mais efetiva do homem pelo homem *por meio* da dominação da natureza. A razão teórica, permanecendo pura e neutra, se colocou a serviço da razão prática. A aliança provou ser benéfica para ambas. Hoje, a dominação perpetua e se amplia não apenas através da tecnologia, mas *como* tecnologia, e a última fornece a grande legitimação do poder político em expansão, que absorve todas as esferas da cultura.

Nesse universo, a tecnologia também provê a grande racionalização da não-liberdade do homem e demonstra a impossibilidade "técnica" de ele ser autônomo, de determinar sua própria vida. Pois essa não-liberdade não aparece nem como irracional nem como política, mas sim como submissão ao aparato técnico que amplia os confortos da vida e aumenta a produtividade do trabalho. A racionalidade tecnológica então protege, ao invés de negar, a legitimidade da dominação, e o horizonte instrumental da razão se abre em uma sociedade racionalmente totalitária:

> *On pourrait nommer philosophie autocritique des techniques celle qui prend l'ensemble technique comme un lieu où l'on utilise les machines pour obtenir de la puissance. La machine est seulement un moyen; la fin est la conquête de la nature, la domestication des forces naturelles au moyen d'un premier asservissement: la machine est un esclave qui sert à faire d'autres esclaves. Une pareille inspiration dominatrice et esclavagiste peut se recontrer avec une requête de liberté pour l'homme. Mais il est defficile*

*de se libérer en transférant l'esclavage sur d'autres êtres, hommes, animaux ou machines; régner sur un peuple de machines asservissant le monde entier, c'est encore régner, et tout règne suppose l'acceptation des schèmes d'asservissement.*[137]

A dinâmica incessante do progresso técnico se tornou permeada de conteúdo político, e o Logos da técnica tem sido transformado no Logos da servidão contínua. A força libertadora da tecnologia – a instrumentalização das coisas – se transforma em um grilhão da libertação; a instrumentalização do homem.

Essa interpretação poderia vincular o projeto científico (método e teoria), *antes* de toda aplicação e utilização, a um projeto social específico, e veria o vínculo precisamente na forma inerente da racionalidade científica, isto é, no caráter funcional de seus conceitos. Em outras palavras, o universo científico (ou seja, não as proposições específicas sobre a estrutura da matéria, da energia, seu inter-relação etc., mas a projeção da natureza como matéria quantificável, como guiando a aproximação hipotética a – e a expressão lógico-matemática da – objetividade) seria o horizonte de uma prática social concreta que seria *preservada* no desenvolvimento do projeto científico.

Mas, mesmo fazendo uma concessão à instrumentalidade interna da racionalidade científica, essa suposição ainda não estabeleceria a validade *socio*-lógica do projeto científico. Admitindo que a formação dos conceitos científicos mais abstratos ainda preserva a inter-relação entre sujeito e objeto em um dado universo de discurso e ação, a ligação entre razão prática e teórica pode ser entendida de modos completamente diferentes.

Tal interpretação diferente é oferecida por Jean Piaget em sua "epistemologia genética". Piaget interpreta a formação de conceitos em termos de diferentes abstrações de uma inter-relação geral entre sujeito e objeto. A abstração não vem nem do mero objeto, de tal modo que o sujeito funciona apenas como o ponto neutro de observação e medida, nem do sujeito

---

137. "Pode-se chamar de autocrática uma filosofia das técnicas que toma o todo técnico como um lugar onde máquinas são usadas para obter poder. A máquina é apenas um meio; o fim é a conquista da natureza, a domesticação das forças naturais através da escravização primária: A máquina é um escravo que serve para fazer outros escravos. Tal impulso dominador e escravagista pode caminhar junto com a busca da liberdade humana. Mas, é difícil liberta-se a si mesmo pela transferência da escravidão para outros seres, homens, animais, ou máquinas; governar uma população de máquinas sujeitando o mundo todo significa ainda governar, e todo governo implica a aceitação de um esquema de sujeição." SIMONDON, Gilbert. *Du Mode d'existence des objects techniques* (Paris: Aubier, 1958), p. 127.

## 166 | O PENSAMENTO UNIDIMENSIONAL

como o veículo da Razão pura cognitiva. Piaget diferencia os processos de cognição da matemática e da física. A primeira é abstração "à l'intérieur de l'action comme telle":

> Contrairement à ce que l'on dit souvent, les êtres mathématiques ne résultent donc pas d'une abstraction à partir des objets, mais bien d'une abstraction effectuée ao sein des actions comme telles. Réunir, ordonner, déplacer etc. Sont des actions plus générales que penser, pousser etc. parce qu'elles tiennent à la coordination même de toutes les actions particulières et entrent en chacune d'elles à titre de facteur coordinateur. (...)[138]

As proposições matemáticas então expressam "une accomodation générale à l'objet" – em contraste às adaptações particulares que são características das proposições verdadeiras na física. Lógica e lógica matemática são "une action sur l'objet quelconque, c'est-à-dire une action accomodée de façon générale";[139] e esta "ação" é de validade geral contanto que "cette abstraction ou différenciation porte jusqu'au sein des coordinations héréditaires, puisque les mécanismes coordinateurs de l'action tiennent toujours, en leur source, à des coordinations réflexes et instinctives".[140]

Na física, a abstração procede do objeto mas se deve a ações específicas por parte do sujeito, então a abstração assume necessariamente uma forma lógico-matemática porque "des actions particulières ne donnent lieu à une connaissence que coordonnées entre elles et que cette coordination est, par sa nature même, logico-mathématique".[141]

A abstração na física leva necessariamente de volta à abstração lógico-matemática e a última é, como coordenação pura, a forma geral da ação – "ação como tal" ("l'action comme telle"). E essa coordenação constitui objetividade porque ela conserva estruturas hereditárias, "reflexivas e instintivas".

---

138. "Diferente do que é frequentemente dito, entidades matemáticas não são, portanto, o resultado de uma abstração baseada em objetos mas, ao contrário, de uma abstração feita no meio das ações como tais. Reunir, ordenar, mover etc., são ações mais gerais do que pensar, empurrar etc., porque elas insistem na própria coordenação de todas as ações particulares e porque elas entram em cada uma delas como fator coordenador." *Introduction à l'épistémologie génétique.* (Paris: Presses Universitaires, 1950), t. III, p. 287.

139. *Ibid.*, p. 288.

140. "Esta abstração ou diferenciação se estende ao centro das coordenações hereditárias porque os mecanismos de coordenação da ação estão sempre anexados, em sua fonte, às coordenações por reflexo e instinto." *Ibid.*, p. 289.

141. "Ações particulares só resultam em conhecimento se são coordenadas entre elas e se essa coordenação é lógico-matemática em sua natureza." *Ibid.*, p. 291.

A interpretação de Piaget reconhece o caráter prático interno da razão teórica, mas o deriva de uma estrutura geral da ação que, em última análise, é uma estrutura hereditária, biológica. O método científico acabaria por repousar em uma fundação biológica, que é supra (ou melhor infra-) histórica. Além disso, admitido que todo conhecimento científico pressupões coordenação com ações particulares, eu não vejo porque tal coordenação é "por sua própria natureza" lógico-matemática – a menos que as "ações particulares" sejam as operações científicas da física moderna, nesse caso, a interpretação seria circular.

Em contraste com a análise mais psicológica e biológica de Piaget, Husserl ofereceu uma epistemologia genética que é focada na estrutura sócio-histórica da razão científica. Eu vou me referir aqui ao trabalho[142] de Husserl apenas na medida em que ele enfatiza o quanto a ciência moderna é a "metodologia" de uma realidade histórica predeterminada dentro em cujo universo se move.

Husserl começa com o fato de que a matematização da natureza resultou em um conhecimento prático válido: na construção de uma realidade "ideal" que poderia ser efetivamente "correlacionada" com a realidade *empírica* (p. 19; 42). Mas o empreendimento científico se remeteu a uma prática *pré*-científica (o *Sinnesfundament*) da ciência galileana. Essa base *pré*-científica da ciência no mundo da prática (*Lebenswelt*), que determinou a estrutura teórica, não foi questionada por Galileu; além disso, ela foi ocultada (*verdeckt*) pelo desenvolvimento posterior da ciência. O resultado foi a ilusão de que a matematização da natureza criou "uma verdade autônoma (*eigenständige*) absoluta" (p. 49 ss.), enquanto na realidade, ela permaneceu um método e uma técnica específicos para a *Lebenswelt*. A máscara ideal (*Ideenkleid*) da ciência matemática é então uma máscara de *símbolos* que representam e que ao mesmo tempo mascaram (*vertritt* e *verkleidet*) o mundo da prática (p. 52).

Quais são os objetivos e os conteúdos originais, pré-científicos, que são preservados na estrutura conceitual da ciência? A m*ensuração* na prática descobre a possibilidade de usar certas formas, configurações e relações básicas, que estão universalmente "disponíveis como identicamente as mesmas, exatamente por determinar e calcular objetos empíricos e relações" (p. 25). Por meio de toda abstração e generalização, o método científico

---

142. *Die Krisis der Europäischen Wissenschaften und dia transcendentale Phänomenologie, loc. cit.*

retém (e mascara) sua estrutura pré-científica-técnica; o desenvolvimento do método representa (e mascara) o desenvolvimento da estrutura. Assim, a geometria clássica "idealiza" a prática de levantamento e medição da terra (*Feldmesskunst*). A geometria é a teoria da objetificação prática. Sem dúvida, a álgebra e a lógica matemática constroem uma realidade ideal absoluta, livre das incalculáveis incertezas e particularidades da *Lebenswelt* e dos sujeitos que nela vivem. Contudo, essa construção ideal *é* a teoria e a técnica de "idealizar" a nova *Lebenswelt*:

> Na prática matemática, nós alcançamos o que nos é negado na prática empírica, a saber, *exatidão*. Isso porque é possível determinar as formas ideais em termos e uma *identidade absoluta* (...) Como tais, elas se tornam universalmente disponíveis e descartáveis (...) (p. 24).

A coordenação (*Zuordnung*) do ideal com o mundo empírico nos permite "projetar as regularidades antecipadas da *Lebenswelt* prática": "Uma vez se possua a fórmula, possui-se a *visão antecipada* que é desejada na prática" – a visão antecipada daquilo que deve ser esperado na experiência da vida concreta (p. 43).

Husserl enfatiza as conotações técnicas, pré-científicas da exatidão e fungibilidade matemática. Essas noções centrais da ciência moderna emergem não como meros subprodutos de uma ciência pura, mas como pertencentes a sua estrutura conceitual inerente. A abstração científica do concreto, a quantificação de qualidades que fornecem exatidão assim como validade universal, envolve uma experiência concreta específica da *Lebenswelt* – um modo específico de "ver" o mundo. E esse "ver", a despeito de seu caráter "puro", desinteressado, é ver dentro de um contexto intencional, prático. É antecipação (*Voraussehen*) e projeção (*Vorhaben*). A ciência galileana é a ciência da projeção e antecipação metódicas, sistemáticas. Mas – e isto é decisivo – de uma antecipação e projeção específicas: nomeadamente, aquelas que experienciam, compreendem e formam o mundo em termos de relações calculáveis, predicáveis entre unidades exatamente identificáveis. Nesse projeto, o universal quantificável é um pré-requisito para a *dominação* da natureza. Qualidades individuais, não quantificáveis, se interpõem no caminho de uma organização dos homens e das coisas de acordo com o poder mensurado a ser extraído deles. Mas esse é um projeto específico, sócio-histórico, e a consciência que empreende esse projeto é o sujeito escondido da ciência galileana; a última é a técnica, a arte de antecipação estendida infinitamente (*ins Unendliche erweiterte Voraussicht*, p. 51).

DO PENSAMENTO NEGATIVO AO POSITIVO: A RACIONALIDADE TECNOLÓGICA E A LÓGICA DA DOMINAÇÃO | 169

Agora, precisamente porque a ciência galileana é, na formulação de seus conceitos, a técnica de uma *Lebenswelt* específica, ela não-*transcende* e não pode transcender essa *Lebenswelt*. Ela permanece essencialmente dentro da estrutura experiencial básica e dentro do universo dos fins definido por essa realidade. Na formulação de Husserl: na ciência galileana, o "universo concreto da causalidade se torna matemática aplicada" (p. 112) – mas o mundo da percepção e da experiência, "no qual nós vivemos a totalidade da nossa vida prática, permanece como aquilo que ele é, em sua estrutura essencial, em sua própria causalidade concreta *inalterada* (...)" (p. 51; grifos meus).

Uma afirmação provocativa, que é facilmente subestimada, e eu corro o risco de dar uma interpretação exagerada. A afirmação não se refere simplesmente ao fato de que, a despeito da geometria euclidiana, nós ainda percebemos e agimos em um espaço tridimensional; ou que, a despeito do conceito "estatístico" de causalidade, nós ainda agimos, em sentido comum, de acordo com as "antigas" leis da causalidade. Nem tampouco a afirmação contradiz as mudanças perpétuas no mundo da prática diária como o resultado de "matemáticas aplicadas". Muito mais pode estar em jogo: a saber, o limite inerente da ciência e do método científico estabelecido, em virtude do qual eles prolongam, racionalizam e asseguram a *Lebenswelt* predominante sem alterar sua estrutura essencial – ou seja, *sem prever um novo modo qualitativo de "ver"* e novas relações qualitativas entre os homens e entre o homem e a natureza.

Com respeito às formas institucionalizadas de vida, a ciência (tanto pura quanto aplicada) teria então uma função estabilizadora, estática, conservadora. Mesmo suas conquistas mais revolucionárias seriam apenas construção e destruição aliadas com uma experiência e organização específicas da realidade. A autocorreção contínua da própria ciência – a revolução de suas hipóteses que é construída em seu método – impulsiona e prolonga o mesmo universo histórico, a mesma experiência básica. Ela mantém o mesmo *a priori* formal, que origina um conteúdo muito material e prático. Longe de subestimar a mudança fundamental que ocorreu com o estabelecimento da ciência galileana, a interpretação de Husserl aponta a ruptura radical com a tradição pré-galileana; o horizonte instrumentalista do pensamento foi, de fato, um novo horizonte. Ele criou um novo mundo de Razão prática e teórica, mas permaneceu comprometido com um mundo histórico específico que tem seus limites evidentes – na teoria, assim como na prática, em seus métodos puros, assim como em seus métodos aplicados.

170 | O PENSAMENTO UNIDIMENSIONAL

A discussão precedente parece sugerir não apenas as limitações internas e os preconceitos do método científico, mas também sua subjetividade histórica. Além disso, parece implicar a necessidade de algum tipo de "física qualitativa", de renascimento de filosofias teleológicas etc. Eu admito que essa suspeita é justificada, mas neste ponto, eu só posso dizer que nenhuma dessas ideias obscurantistas é intencional.[143]

Não importa como se define verdade e objetividade, elas permanecem relacionadas aos agentes humanos de teoria e prática, e a sua habilidade de compreender e mudar seu mundo. Essa habilidade, por sua vez, depende da medida em que a matéria (o que quer que ela seja) é reconhecida e entendida como aquilo que ela é em si mesma em todas as formas particulares. Nesses termos, a ciência contemporânea é de uma validade objetiva imensamente maior do que suas predecessoras. Pode-se até mesmo acrescentar que, no presente, o método científico é o único método que pode reclamar tal validade; o efeito recíproco das hipóteses e dos fatos observáveis valida as hipóteses e estabelece os fatos. A tese que estou tentando defender é que a ciência, *em virtude de seu próprio método* e conceitos, projetou e promoveu um universo no qual a dominação da natureza permaneceu ligada à dominação do homem – uma ligação que tende a ser fatal para esse universo como um todo. A natureza, cientificamente compreendida e dominada, reaparece no aparato técnico de produção e destruição que sustenta e melhora a vida dos indivíduos enquanto os subordina à dominação do aparato. Assim, a hierarquia racional se funde com a social. Se é esse o caso, então a mudança em direção ao progresso, que deveria romper com essa ligação fatal, afetaria também a própria estrutura da ciência – o projeto científico. Suas hipóteses, sem perder seu caráter racional, se desenvolveriam em um contexto experimental essencialmente diferente; consequentemente, a ciência iria chegar a concepções essencialmente diferentes de natureza e estabeleceria fatos essencialmente diferentes. A sociedade racional subverte a ideia de Razão.

Assinalei que os elementos dessa subversão, as noções de uma outra racionalidade, estavam presentes na história do pensamento desde o início. A antiga ideia de um estado onde o Ser alcança realização, onde a tensão entre "ser" e "dever" é resolvida no ciclo de um eterno retorno, participa da metafísica da dominação. Mas ela também se relaciona à metafísica da liberação – à reconciliação entre Logos e Eros. Essa ideia prevê a desaceleração da produtividade repressiva da Razão, o fim da dominação na gratificação.

---

143. Ver capítulos 9 e 10.

As duas racionalidades contrastantes não podem simplesmente ser correlacionadas com os pensamentos clássico e moderno respectivamente, como na formulação de John Dewey "da satisfação contemplativa à manipulação e ao controle ativos"; e "do saber como uma satisfação estética das propriedades da natureza (...) ao saber como um meio de controle secular".[144] O pensamento clássico estava suficientemente comprometido com a lógica do controle secular, e existe um componente suficiente de acusação e recusa no pensamento moderno para invalidar a formulação de John Dewey. A Razão, como pensamento conceitual e comportamento, é necessariamente controle, dominação. Logos é lei, regra, ordem em virtude do conhecimento. Ao submeter casos particulares a um universal, ao submetê-la ao seu universal, o pensamento alcança o controle de casos particulares. Ele se torna capaz não apenas de compreender, mas também de agir sobre eles, controlando-os. Contudo, enquanto todo pensamento fica sob a regra da lógica, o desdobramento dessa lógica é diferente nos vários modos de pensamento. Lógica clássica formal e lógica simbólica moderna, lógica transcendental e lógica dialética – cada uma governa um universo diferente de discurso e experiência. Todas elas se desenvolvem dentro de um contínuo histórico de dominação ao qual elas são tributárias. E esse contínuo confere aos modos de pensamento positivo seu caráter conformista e ideológico; àqueles do pensamento negativo, seu caráter especulativo e utópico.

Resumindo, nós podemos agora identificar mais claramente o sujeito oculto da racionalidade científica e os fins ocultos em sua forma pura. O conceito científico de uma natureza universalmente controlável projetou a natureza como uma matéria-em-função interminável, a mera substância da teoria e prática. Nessa forma, o mundo-objeto introduziu a construção de um universo tecnológico – um universo de instrumentalidades mental e física, meios em si mesmas. Assim, ele é um sistema verdadeiramente "hipotético", dependendo de um sujeito que o valida e o verifica.

Os processos de validação e verificação podem ser puramente teóricos, mas eles nunca ocorrem em um vácuo e eles nunca terminam em uma mente privada, individual. O sistema hipotético das formas e funções se torna dependente de outro sistema – um universo preestabelecido de fins, no qual e *para* o qual ele se desenvolve. O que parecia estranho, estrangeiro ao projeto teórico, se manifesta como parte de sua própria estrutura (seus métodos e conceitos); a pura objetividade revela a si mesma como *objeto para uma*

---

144. DEWEY, John. *The Quest for Certainty* (Nova York: Minton, Blach and Co., 1929), p. 95 e 100.

172 | O PENSAMENTO UNIDIMENSIONAL

*subjetividade* que provê o Telos, os fins. Na construção da realidade tecnológica, não há tal coisa como uma ordem científica puramente racional; o processo da racionalidade tecnológica é um processo político. Apenas no meio da tecnologia, homem e natureza se tornam objetos de organização fungíveis. A efetividade e produtividade universal do aparato sob o qual eles estão subsumidos mascaram os interesses que organizam o aparato. Em outras palavras, a tecnologia se torna o grande veículo de *reificação* – reificação em sua forma mais madura e efetiva. A posição social do indivíduo e sua relação com os outros parece não apenas ser determinada pelas qualidades e leis objetivas, mas essas qualidades e leis parecem perder seu caráter misterioso e incontrolável; elas aparecem como manifestações calculáveis da racionalidade (científica). O mundo tende a se tornar substância de total administração, que absorve até mesmo os administradores. A rede de dominação tem se tornado a rede da própria Razão, e essa sociedade está fatalmente emaranhada nela. E os modos transcendentes de pensamento parecem transcender a própria Razão.

Sob tais condições, o pensamento científico (científico em sentido amplo, como oposto ao pensamento confuso, metafísico, emocional, ilógico) fora das ciências físicas assume a forma de um formalismo puro e autônomo (simbolismo) por um lado, e um empirismo total de outro. (O contraste não é um conflito. Vejam-se as muitas aplicações empíricas da matemática e da lógica simbólica nas indústrias eletrônicas.) Em relação ao universo estabelecido de discurso e comportamento, a não-contradição e a não--transcendência são o denominador comum. O empirismo total revela sua função ideológica na filosofia contemporânea. Com respeito a essa função, alguns aspectos da análise linguística serão discutidos nos próximos capítulos. Essa discussão é para preparar o terreno para a tentativa de mostrar as barreiras que impedem esse empirismo de chegar a aderir à realidade, e estabelecer (ou ao contrário re-estabelecer) os conceitos que podem romper essas barreiras.

# Capítulo 7
# O triunfo do pensamento positivo:
# a filosofia unidimensional

A redefinição do pensamento que ajuda a ajustar as operações mentais àquelas da realidade social visa a uma terapia. O pensamento está no nível da realidade quando está curado da transgressão para além de um pano de fundo conceitual que é ou puramente axiomático (lógica, matemática) ou coextensivo com o universo estabelecido de discurso e comportamento. Assim, a análise linguística aspira a curar o pensamento e a fala das noções metafísicas confusas – dos "fantasmas" de um passado menos maduro e menos científico que, embora nem designem nem expliquem, ainda perseguem a mente. A ênfase está na função *terapêutica* da análise filosófica – correção do comportamento anormal no pensamento e na fala, remoção de obscuridades, ilusões e excentricidades, ou ao menos a sua exposição.

No capítulo 4, eu discuti o empirismo terapêutico da sociologia ao expor e corrigir o comportamento anormal em plantas industriais, um procedimento que implicou a exclusão de conceitos críticos capazes de relacionar tal comportamento à sociedade como um todo. Em virtude dessa restrição, o procedimento teórico se torna imediatamente prático. Ele designa métodos para uma melhor administração, um planejamento mais seguro, maior eficiência, cálculo mais exato. A análise, via correção e melhoramento, termina em afirmação; o empirismo comprova a si mesmo como pensamento positivo.

A análise filosófica não se presta a tal aplicação imediata. Comparada com as realizações da sociologia e da psicologia, o tratamento terapêutico do pensamento permanece acadêmico. De fato, o pensamento exato, a libertação de espectros metafísicos e noções sem sentido podem bem ser considerados fins em si mesmos. Além disso, o tratamento do pensamento na análise linguística é um assunto particular com direitos próprios. Seu caráter ideológico não deve ser pré-julgado pela correlação entre a luta contra a transcendência intelectual para além do universo estabelecido do discurso e a luta contra a transcendência política para além da sociedade estabelecida.

Como qualquer filosofia que mereça esse nome, a análise linguística fala por si mesma e define sua própria atitude em relação à realidade. Ela identifica como sua preocupação principal o desmascaramento dos conceitos transcendentes; ela proclama como seu quadro de referência o uso comum das palavras, a variedade do comportamento dominante. Com essas características, ela circunscreve sua posição na tradição filosófica – a saber, no polo oposto daqueles modos de pensamento que elaboraram seus conceitos em tensão, e mesmo em contradição, com o universo dominante de discurso e comportamento.

Em termos do universo estabelecido, tais modos contraditórios de pensamento são pensamento negativo. "O poder do negativo" é o princípio que governa o desenvolvimento dos conceitos, e a contradição se torna a qualidade distintiva da Razão (Hegel). Essa qualidade do pensamento não estava confinada a certo tipo de racionalismo; ela era também um elemento decisivo na tradição empirista. O empirismo não é necessariamente positivo; sua atitude para com a realidade estabelecida depende da *dimensão* particular da experiência que funciona como a fonte do conhecimento e como o quadro básico de referência. Por exemplo, parece que o sensualismo e o materialismo são negativos *per se* em relação a uma sociedade na qual o instinto vital e as necessidades materiais não são insatisfeitos. Em contraste, o empirismo da análise linguística se move dentro de um quadro que não permite tal contradição – a restrição autoimposta ao universo do comportamento predominante torna possível uma atitude intrinsecamente positiva. A despeito da aproximação rigidamente neutra do filósofo, a análise prelimitada sucumbe ao poder do pensamento positivo.

Antes de tentar mostrar esse caráter intrinsecamente ideológico da análise linguística, eu devo tentar justificar meu plano aparentemente arbitrário e depreciativo em termos de "positivo" e "positivismo" por meio de um breve comentário sobre sua origem. Desde sua primeiro uso, provavelmente na escola de Saint-Simon, o termo "positivismo" englobou (1) a validação do pensamento cognitivo pela experiência dos fatos; (2) a orientação do pensamento cognitivo em direção às ciências físicas como modelo de certeza e exatidão; (3) a crença que o progresso no conhecimento depende

O TRIUNFO DO PENSAMENTO POSITIVO: A FILOSOFIA UNIDIMENSIONAL | 175

dessa orientação. Consequentemente, o positivismo é uma luta contra toda metafísica, transcendentalismos e idealismos como modos obscurantistas e regressivos de pensamento. Na medida em que a realidade dada é compreendida e transformada cientificamente, na medida em que a sociedade se torna industrial e tecnológica, o positivismo encontra na sociedade o meio para a realização (e validação) de seus conceitos – harmonia entre teoria e prática, verdade e fatos. O pensamento filosófico se torna pensamento afirmativo; a crítica filosófica critica *dentro* do quadro de referência social e estigmatiza as noções não positivistas como meras especulações, sonhos e fantasias.[145]

O universo do discurso e da ação que começa a falar no positivismo de Saint-Simon é aquele da realidade tecnológica. Nele, o mundo-objeto está sendo transformado em uma instrumentalidade. Muito disto que ainda está fora do mundo instrumental – natureza inconquistada, cega – agora aparece dentro dos alcances do progresso científico e técnico. A dimensão metafísica, formalmente um campo genuíno do pensamento racional, se torna irracional e não-científica. Na base de suas próprias realizações, a Razão repele a transcendência. No último estágio do positivismo contemporâneo, não é mais o progresso científico e técnico que motiva a repulsão; contudo, a contradição do pensamento não é menos severa por ser autoimposta: é o próprio método da filosofia. O esforço contemporâneo em reduzir o escopo e a verdade da filosofia é tremendo, e os próprios filósofos proclamam a modéstia e a ineficácia da filosofia. Esta deixa intacta a sociedade estabelecida; ela abomina transgressão.

O tratamento desdenhoso de Austin para com as alternativas ao uso comum das palavras e sua difamação do que nós "pensamos à tarde em nossa poltrona"; a afirmação de Wittgenstein de que a filosofia "deixa tudo como está" – tais declarações[146] exibem, para mim, sadomasoquismo acadêmico, auto-humilhação e autodenúncia do intelectual cujo trabalho não repercute

---

145. A atitude conformista do positivismo vis-à-vis os modos não-conformistas de pensamento aparece talvez pela primeira vez na denúncia positivista de Fourier. O próprio Fourier (em *La Fausse Industriel*, v. I, p. 409, 1835) viu o comércio total da sociedade burguesa como fruto de "nosso progresso no racionalismo e no positivismo". Citado em LALANDE, André. *Vocabulaire Technique et Critique de la Psilosophie* (Paris: Presses Universitaires de France, 1956), p. 792. Para as várias conotações do termo "positivo" nas ciências sociais, e em oposição ao "negativo", ver *Doutrina de Saint-Simon*, Ed. Bouglé e Halévy (Paris: Rivière, 1924), p. 181 ss.

146. Para declarações similares, ver GELLNER, Ernest. *Words and Things* (Boston: Beacon press, 1959), p. 100 e 256 ss. A proposição de que a filosofia deixa tudo como está pode ser verdade no contexto das Teses sobre Feuerbach de Marx (onde isso é negado ao mesmo tempo), ou como autocaracterização do neopositivismo, mas como uma proposição geral sobre o pensamento filosófico, ela é incorreta.

## 176 | O PENSAMENTO UNIDIMENSIONAL

em realizações científicas, tecnológicas ou coisa que o valha. Essas afirmações de modéstia e dependência parecem recapturar o estado de espírito de legítima satisfação de Hume com as limitações da razão que, uma vez reconhecidas e aceitas, protegem o homem de aventuras mentais inúteis, mas o deixam perfeitamente capaz de orientar a si mesmo no ambiente dado. Contudo, quando Hume desmascarou as substâncias, ele combateu uma ideologia poderosa – a saber, a difamação de modos alternativos de pensamento que contradizem o universo estabelecido do discurso. O estilo no qual esse behaviorismo filosófico se apresenta seria merecedor de análise. Ele parece se mover entre o polo da autoridade moralizante, de um lado, e o da camaradagem despreocupada do outro. Ambas as tendências estão perfeitamente fundidas no uso recorrente que Wittgentein faz do imperativo com o íntimo ou condescendente *"du"* ("tu");[147] ou no capítulo de abertura do *The concept of mind*, de Gilbert Ryle, no qual a apresentação do "Mito de Descartes" como a "doutrina oficial" sobre a relação entre corpo e mente é seguida pela demonstração preliminar de seu "absurdo", que evoca Fulano, Beltrano,* e o que eles pensam sobre o "contribuinte médio".

Ao longo do trabalho de analistas linguísticos, há esta familiaridade com o amigo da rua cuja conversa tem um protagonismo na filosofia linguística. A camaradagem da fala é essencial enquanto ela exclui desde o início o vocabulário elitista da "metafísica"; ela milita contra a não-conformidade inteligente; ela ridiculariza o instruído. A linguagem de Fulano e Beltrano é a linguagem que o homem na rua realmente fala; é a linguagem que expressa seu comportamento; ela é, assim, o símbolo da concretude. A linguagem que provê a maior parte do material para a análise é uma linguagem purificada, não apenas de seu vocabulário "não ortodoxo", mas também dos meios para expressar quaisquer outros conteúdos que não aqueles proporcionados aos indivíduos por sua sociedade. O analista linguístico acha que essa linguagem purificada é um fato real, e ele toma a linguagem empobrecida como ele a encontra, isolando-a daquilo que não se expressa nela embora entre no universo estabelecido do discurso como elemento e fator de significado.

---

147. *Philosofical Investigations* (Nova York: Macmillan, 1960): "Und deine Skrupel sind Missverständnisse. Deine Fragen beziehen sich auf Wörter (...)."(p. 49). "Denk doch einmal garnicht an das Verstehen als, seelischen Vorgang'!-Denn das ist die Redeweise, didich verwirrt. Son dern frage dichI (...)." (p. 60). "Überlege dir folgenden Fall (...)." (p. 62 ss.).

*.  John Doe e Richard Doe, no original. (N.R.T.)

O TRIUNFO DO PENSAMENTO POSITIVO: A FILOSOFIA UNIDIMENSIONAL | 177

Honrando a variedade dominante de significados e usos, o poder e o senso comum da fala vulgar, enquanto bloqueia (como material estranho) a análise do que essa fala diz sobre a sociedade que a profere, a filosofia linguística suprime mais uma vez o que é suprimido continuamente nesse universo de discurso e ação. A autoridade da filosofia abençoa as forças que *constroem* esse universo. A análise linguística extrai o que a linguagem comum revela ao falar como fala – a mutilação do homem e da natureza.

Além disso, muitas vezes não é nem mesmo a linguagem comum que guia a análise, mas, ao invés disso, fragmentos de linguagem, pedaços tolos de fala que soam como balbucios de bebês, tais como "Isto me lembra agora um homem comendo papoulas", "Ele viu um passarinho", "Eu tinha um chapéu". Wittgentein devota muita argúcia e espaço à análise de "Minha vassoura está no canto". Eu cito, como um exemplo representativo, uma análise de "Other Minds" de J. L. Austin:[148]

Duas formas bastante diferentes de ser hesitante podem ser assinaladas:
(a) Tomemos o caso em que estamos experimentando um determinado sabor. Podemos dizer "Eu simplesmente não sei o que é isso: eu nunca experimentei qualquer coisa remotamente parecida com isso antes. (...) Não, é inútil: quanto mais eu penso mais confuso eu fico: é perfeitamente distinto e perfeitamente distinguível, completamente único na minha experiência!". Isso ilustra o caso no qual eu não posso encontrar nada na minha experiência passada com a qual comparar o caso atual: Eu estou certo de que isso não é apreciável como qualquer coisa que eu tenha experimentado anteriormente, não suficientemente parecido com qualquer coisa que eu conheça para merecer a mesma descrição. Este caso, embora distinguível o suficiente, se obscurece dentro do tipo de caso mais comum no qual eu não estou completamente certo, ou apenas relativamente certo, ou praticamente certo, que é o sabor de, digamos, louro. Em todos os casos assim, estou procurando reconhecer o item atual buscando em minha experiência passada por algo parecido, alguma similitude em virtude da qual ele merece, mais ou menos positivamente, ser descrito pela mesma palavra descritiva, e eu estou encontrando vários graus de sucesso.
(b) O outro caso é diferente, embora ele combine com o primeiro de forma muito natural. Aqui o que eu tento fazer é *saborear* a experiência atual, *indagá-la*, *senti-la* vividamente. Não estou certo de que este é o sabor do abacaxi: não está lá, talvez, apenas *algo* dele, um gosto, um amargor, uma sensação ácida, que não é *totalmente* a de abacaxi? Não

---

148. Em: *Logic and Language*, Second Series, Ed. A. Flew (Oxford: Blackwell, 1959), p. 137 ss. (As notas de rodapé de Austin foram omitidas). Aqui também, a filosofia demonstra sua leal conformidade ao uso comum ao usar as abreviações coloquiais da fala comum: "Don't..." "isn't...".

178 | O PENSAMENTO UNIDIMENSIONAL

está lá talvez apenas uma peculiar insinuação de verde, que excluiria o lilás e dificilmente pode aplicar-se a um heliotrópio? Ou talvez seja ligeiramente estranho: devo olhar mais atentamente, esquadrinhá-lo mais e mais: talvez apenas possivelmente haja uma sugestão de um reflexo difuso não-natural, de forma que não parece água comum. Existe uma falta de agudeza no que de fato sentimos, que não vai ser eliminada pelo pensamento, ou não somente por ele, mas sim pelo discernimento mais acurado, pela discriminação sensorial (embora seja certamente verdade que pensar em casos diferentes e mais pronunciados em nossa experiência passada pode e de fato ajuda nossas capacidades de discriminação).

O que pode ser objetável nessa análise? Em sua exatidão e clareza, ela é provavelmente insuperável – ela está correta. Mas ela não passa disso, e eu argumento que não apenas não é suficiente, mas é destruidora do pensamento filosófico e do pensamento crítico enquanto tais. Do ponto de vista filosófico, duas questões emergem: (1) pode a explicação de conceitos (ou palavras) alguma vez orientar-se em direção ao universo atual do discurso comum e nele se esgotar?; (2) exatidão e clareza são fins em si mesmas, ou elas estão comprometidas com outros fins?

Eu respondo afirmativamente à primeira questão no que diz respeito à sua primeira parte. Os exemplos mais banais de fala podem, precisamente por conta de seu caráter banal, elucidar o mundo empírico em sua realidade e servem para explicar nosso pensamento e fala sobre ele – como faz a análise de Sartre sobre um grupo de pessoas esperando por um ônibus, ou a análise de Karl Kraus sobre jornais diários. Tais análises são esclarecedoras pois transcendem a concretude imediata da situação e sua expressão. Transcendem em direção aos fatores que *fazem* a situação e o comportamento das pessoas que falam (ou silenciam) naquela situação. (Nos exemplos citados, esses fatos transcendentes remontam à divisão social do trabalho). Assim, a análise não está delimitada pelo universo do discurso comum, ela vai além dele e abre um universo qualitativamente diferente, de modo que pode até mesmo contradizer aquele universo.

Para tomar outro exemplo: sentenças tais como "minha vassoura está no canto" podem também ocorrer na Lógica de Hegel, mas lá elas seriam reveladas como exemplos inapropriados ou até mesmo falsos. Elas seriam rejeitadas, superadas por um discurso que, em seus conceitos, estilo e sintaxe, é de uma ordem diferente – um discurso para o qual não está de modo algum "claro que cada sentença em nossa língua 'está do jeito que está'"[149] O que acontece na verdade é o contrário – a saber, cada sentença está tão pouco em ordem quanto o mundo no qual essa linguagem se comunica.

A redução quase masoquista da fala ao simples e comum se torna um programa: "se as palavras 'língua', 'experiência', 'mundo', têm um uso, ele deve ser tão simples quanto aquele das palavras 'mesa', 'lâmpada', 'porta'".[150] Nós devemos nos "ater aos objetos do nosso pensamento cotidiano, e não nos perder e imaginar que temos que descrever sutilezas extremas..."[151] – como se esta fosse a única alternativa, e como se as "sutilezas extremas" não fossem o termo apropriado para os jogos de linguagem de Wittgenstein ao invés de para a *Crítica da Razão Pura* de Kant. O pensamento (ou ao menos sua expressão) não está apenas preso na camisa de força do uso comum, mas também não gosta de perguntar ou buscar soluções para além daquelas que já estão aí. "Os problemas são resolvidos, não por meio de novas informações, mas rearranjando o que nós já sabemos".[152]

A pretensa pobreza da filosofia, comprometida, com todos os seus conceitos, ao estado de coisas dado, desconfia das possibilidades de uma nova experiência. A sujeição à regra dos fatos estabelecidos é total – apenas dos fatos linguísticos, com certeza, mas a sociedade fala em sua linguagem, e nos exige obediência. As proibições são severas e autoritárias: "a filosofia não pode de modo algum intervir no uso vigente da linguagem".[153] "E nós não avançaremos em nenhum tipo de teoria. Não deve haver nada hipotético em nossas considerações. Devemos abolir toda *explicação*, e apenas a descrição deve ter lugar."[154]

Poder-se-ia perguntar: o que permanece da filosofia? O que permanece do pensamento, da inteligência, sem qualquer coisa hipotética, sem qualquer explanação? Contudo, o que está em pauta não é a definição ou a dignidade da filosofia. É, ao contrário, a chance de preservar e proteger o direito, a *necessidade* de pensar e falar em outros termos que não apenas os de uso comum – termos que são significativos, racionais e válidos

---

149. WITTGENSTEIN. *Philosophical Investigations, loc. cit.*, p. 45.

150. *Ibid.*, p. 44.

151. *Ibid.*, p. 46.

152. *Ibid.*, p. 47. A tradução não está exata; o texto alemão traz *Beibringen neuer Erfahrung* para "dar novas informações".

153. *Ibid.*, p. 49.

154. *Ibid.*, p. 47.

180 | O PENSAMENTO UNIDIMENSIONAL

precisamente porque eles são termos diferentes. O que está envolvido é a propagação de uma nova ideologia que se encarrega de descrever o que está acontecendo (e é significado) eliminando os conceitos capazes de entender o que está acontecendo (e é significado).

Para começar, existe uma diferença irredutível entre o universo do pensamento e da linguagem cotidianos de um lado, e aquele do pensamento e da linguagem filosófica, de outro. Em circunstâncias normais, a linguagem comum é, de fato, comportamental – um instrumento prático. Quando alguém realmente diz "Minha vassoura está no canto", ele provavelmente tem em mente que outra pessoa que realmente tenha perguntado a respeito da vassoura irá pegá-la ou deixá-la lá, ficará satisfeito ou irritado. Em todo caso, a sentença cumpriu sua função por causar uma reação comportamental: "o efeito destrói a causa; o fim absorve os meios".[155]

Em contraste, se, em um texto ou discurso filosófico, as palavras "substância", "ideia", "homem" e "alienação" se tornam o sujeito de uma proposição, nenhuma transformação de significado em reação comportamental ocorre ou é intencionada. A palavra permanece, por assim dizer, não realizada – exceto em pensamento, onde ela pode dar origem a outros pensamentos. E, através de uma longa série de mediações dentro de uma continuidade histórica, a proposição pode ajudar a formar e orientar uma prática. Mas a proposição permanece não realizada mesmo assim – apenas a arrogância do idealismo absoluto defende a tese de uma identidade final entre o pensamento e seu objeto. As palavras com as quais a filosofia está preocupada podem, então, nunca ter um uso "tão humilde (...) quanto das palavras 'mesa', 'lâmpada', 'porta'".

Assim, exatidão e clareza na filosofia não podem ser alcançadas dentro do universo do discurso comum. Os conceitos filosóficos aspiram a uma dimensão do fato e do significado que elucida as frases e palavras atomizadas do discurso comum "de fora" mostrando esse "fora" como essencial para a compreensão do discurso comum. Ou, se o universo do discurso comum ele mesmo se torna o objeto da análise filosófica, a linguagem da filosofia se torna uma "metalinguagem".[156] Mesmo quando ela se move nos termos humildes do discurso comum, ela permanece antagônica. Ela dissolve o contexto experiencial do significado estabelecido naquele de sua realidade; abstrai da concretude imediata a fim de obter concretude verdadeira.

---

155. VALÉRY, Paul. "Poésie et pensée abstraite", *Oeuvres*, loc. cit., p. 1.331. Também: "Les Droits du poète sur la langue", *Pièces sur l'art* (Paris: Gallimard, 1934), p. 47 ss.

156. Ver p. 192.

Vistos dessa posição, os exemplos da análise linguística citados acima se tornam questionáveis como objetos válidos de análise filosófica. Pode a descrição mais esclarecedora e exata do sabor de algo que pode ou não ser como o de abacaxi alguma vez contribuir para a cognição filosófica? Pode isso alguma vez servir como uma crítica na qual condições humanas controversas estão em jogo – outras que não as condições médicas ou psicológicas de testagem de sabor, o que certamente não era o objetivo da análise de Austin. O objeto de análise, retirado do contexto maior e mais denso no qual o orador fala e vive, é removido do meio universal no qual os conceitos são formados e se tornam palavras. Qual é esse contexto universal, maior, no qual as pessoas falam e agem e que dá significado à sua fala – esse contexto que não aparece na análise positivista, que é *a priori* excluído pelos exemplos assim como pela própria análise?

Esse contexto mais amplo da experiência, esse mundo empírico real, hoje ainda é aquele das câmaras de gás e dos campos de concentração, de Hiroshima e Nagasaki, dos Cadilacs americanos e das Mercedes alemãs, do Pentágono e do Kremlin, das cidades nucleares e das comunas chinesas, de Cuba, da lavagem cerebral e dos massacres. Mas o mundo empírico real é também aquele no qual todas essas coisas são tidas como garantidas ou esquecidas ou reprimidas ou desconhecidas, no qual as pessoas são livres. Ele é um mundo no qual a vassoura no canto ou o gosto de algo como abacaxi é muito importante, no qual a labuta diária e os confortos diários são talvez os únicos itens que compõem toda experiência. E esse segundo universo empírico restrito é parte do primeiro; os poderes que regem o primeiro também formam a experiência restrita do segundo.

Com certeza, estabelecer essa relação não é tarefa do pensamento comum na fala comum. Se é uma questão de encontrar a vassoura ou o gosto de abacaxi, a abstração é justificada e o significado pode ser determinado e descrito sem qualquer transgressão do universo político. Mas na filosofia, a questão não é encontrar a vassoura ou o gosto de abacaxi – e hoje menos ainda uma filosofia empírica deveria se basear na experiência abstrata. Nem se corrige essa abstração aplicando-se a análise linguística a frases e termos políticos. Todo um ramo da filosofia analítica está engajado com esse empreendimento, mas o método já exclui os conceitos de uma análise política, isto é, de uma análise crítica. A tradução operacional ou comportamental assimila termos como "liberdade", "governo" e "Inglaterra" com "vassoura" e "abacaxi", e a realidade dos primeiros com a dos últimos.

182 | O PENSAMENTO UNIDIMENSIONAL

A linguagem comum em seu "uso humilde" pode, de fato, ser de interesse vital para o pensamento filosófico crítico, mas no *medium* desse pensamento as palavras perdem sua evidente humildade e revelam aquele algo "escondido" que não é do interesse de Wittgenstein. Considera-se a análise do "aqui" e "agora" na Fenomenologia de Hegel, ou (*sit venia verbo!*) a sugestão de Lênin sobre como analisar adequadamente "este copo d'água" sobre a mesa. Tal análise revela a *história*[157] na fala cotidiana como uma dimensão escondida do significado – a regra da sociedade sobre sua linguagem. E essa descoberta destrói a forma natural e reificada na qual o universo dado do discurso aparece primeiro. As palavras revelam a si mesmas como termos genuínos não apenas em uma lógica gramatical e formal mas também no sentido material; a saber, como os limites que definem o significado de seu desenvolvimento – os termos que a sociedade impõe ao discurso e ao comportamento. Essa dimensão histórica do significado não pode mais ser elucidada por exemplos tais como "minha vassoura está no canto" ou "há queijo na mesa". Com certeza, tais afirmações podem revelar diversas ambiguidades, quebra-cabeças, singularidades, mas elas estão todas no mesmo reino dos jogos de linguagem e do tédio acadêmico.

Orientando-se no universo reificado do discurso cotidiano, e expondo e esclarecendo esse discurso em termos desse universo reificado, a análise extrai o negativo, aquilo que é estranho e antagônico e que não pode ser compreendido por meio dos termos usados normalmente. Ao classificar e distinguir significados, e ao mantê-los à distância, ela purifica o pensamento e a fala de contradições, ilusões e transgressões. Mas as transgressões não são aquelas da "razão pura". Elas não são transgressões metafísicas para além dos limites do conhecimento possível, ao contrário, elas abrem um reino do conhecimento para além do senso comum e da lógica formal.

Ao barrar o acesso a esse reino, a filosofia positivista estabelece para si mesma um mundo autossuficiente fechado e bem protegido contra o ingresso de fatores externos perturbadores. Quanto a isso, faz pouca diferença se o contexto de validação é aquele da matemática, das proposições lógicas, ou dos usos e costumes. De um modo ou de outro, todos os possíveis predicados significativos são condicionados. O julgamento condicionado pode ser tão amplo quanto o inglês falado, ou o dicionário, ou algum outro código ou convenção. Uma vez aceito, ele constitui um *a priori* empírico que não pode ser transcendido.

---

157. Ver p. 103.

Mas essa aceitação radical do empírico viola o empírico, pois nela fala o indivíduo mutilado, "abstrato", que experiencia (e expressa) apenas aquilo que é *dado* a ele (dado no sentido literal), que tem apenas os acontecimentos e não as causas, cujo comportamento é unidimensional e manipulado. Em virtude da repressão fatual, o mundo experienciado é o resultado de uma experiência restrita, e a limpeza positivista da mente conforma a mente à experiência restrita.

Na forma depurada, o mundo empírico se torna objeto do pensamento positivo. Com toda sua exploração, exposição e esclarecimento de ambiguidades e obscuridades, o neopositivismo não está preocupado com as grandes e generalizadas ambiguidade e obscuridade que são o universo estabelecido da experiência. E ele deve permanecer despreocupado porque o método adotado por essa filosofia desconsidera ou "traduz" os conceitos que poderiam guiar o entendimento da realidade estabelecida em sua estrutura repressiva e irracional – os conceitos do pensamento negativo. A transformação do pensamento crítico em pensamento positivo acontece principalmente no tratamento terapêutico dos conceitos universais; sua tradução em termos operacionais e comportamentais se assemelha muito à tradução sociológica discutida anteriormente.

O caráter terapêutico da análise filosófica é fortemente enfatizado – cura de ilusões, decepções, obscurantismos, enigmas insolúveis, questões sem respostas, de fantasmas e espectros. Quem é o paciente? Aparentemente certo tipo de intelectual, cuja mente e linguagem não se conformam com os termos do discurso comum. Há, de fato, uma boa porção de psicanálise nessa filosofia – análise sem a compreensão fundamental de Freud de que o problema do paciente está enraizado em uma doença *geral* que não pode ser curada pela terapia analítica. Ou, de certo modo, de acordo com Freud, a doença do paciente é uma reação de protesto contra o mundo doente no qual ele vive. Mas o médico tem que desconsiderar o problema "moral". Ele tem que recuperar a saúde do paciente, torná-lo capaz de funcionar normalmente neste mundo.

O filósofo não é um médico; seu trabalho não é o de curar indivíduos, mas o de compreender o mundo no qual ele vive – compreender em termos do que ele tem feito ao homem, o que ele pode fazer ao homem. Porque a filosofia é (historicamente, e sua história ainda é válida) o contrário do que Wittgenstein fez dela quando a proclamou como renúncia de toda teoria, como o empreendimento que "deixa tudo como está". E a filosofia não co-

184 | O PENSAMENTO UNIDIMENSIONAL

nhece uma "descoberta" mais inútil do que aquela que "dá paz à filosofia, de modo que ela não é mais atormentada por questões que colocam *ela própria* em dúvida".[158] E não há mote mais antifilosófico do que o pronunciamento de Bishop Butler que adorna o *Principia Ethica* de G. E. Moore: "Tudo é o que é, e não outra coisa" – a menos que o "é" seja entendido como se referindo à diferença qualitativa entre aquilo que as coisas realmente são e aquilo que elas são feitas para ser.

A crítica neopositivista ainda direciona seus principais esforços contra noções metafísicas, e é motivada por uma noção de exatidão proveniente da lógica formal ou da descrição empírica. Se exatidão é buscada na pureza analítica da lógica e da matemática, ou em conformidade com a linguagem comum – em ambos os polos da filosofia contemporânea está a mesma rejeição ou desvalorização daqueles elementos do pensamento e da fala que transcendem o sistema aceito de validação. Essa hostilidade é mais abrangente onde ela toma a forma da tolerância – ou seja, onde certo valor de verdade é garantido aos conceitos transcendentes em uma dimensão separada de sentido e significado (verdade poética, verdade metafísica). Pois justamente manter uma reserva especial na qual o pensamento e a linguagem podem ser inexatos, vagos e mesmo contraditórios é o modo mais efetivo de proteger o universo normal do discurso de ser seriamente perturbado por ideias inconvenientes. Qualquer que seja a verdade que possa estar contida na literatura, é uma verdade "poética", qualquer que seja a verdade que possa estar contida no idealismo crítico, é uma verdade "metafísica" – sua validade, se existe, não compromete nem o discurso e o comportamento comuns, nem a filosofia ajustada a eles. Essa nova forma de doutrina da "dupla verdade" sanciona uma falsa consciência ao negar a relevância da linguagem transcendente para o universo na linguagem comum, ao proclamar uma total não-interferência. Visto que o valor de verdade da primeira consiste precisamente em sua relevância e interferência para com a última.

Sob as condições repressoras nas quais os homens pensam e vivem, o pensamento – qualquer modo de pensamento que não esteja confinado à orientação pragmática dentro no *status quo* – pode reconhecer os fatos e responder aos fatos apenas "indo além" deles. A experiência se realiza ante uma cortina que esconde e, se o mundo é a aparência de algo atrás da cortina da experiência imediata, então, em termos hegelianos, somos nós

---

158. *Philosophical Investigations, loc. cit.*, p. 51.

O TRIUNFO DO PENSAMENTO POSITIVO: A FILOSOFIA UNIDIMENSIONAL | 185

mesmos que estamos atrás da cortina. Nós mesmos não como os sujeitos do senso comum, como na análise linguística, nem como os sujeitos "purificados" do cálculo científico, mas como sujeitos e objetos da luta histórica do homem contra a natureza e contra a sociedade. Os fatos são o que são como ocorrências nessa luta. Sua factualidade é histórica, mesmo onde ela ainda é aquela da natureza bruta, inconquistada.

Essa dissolução e mesmo subversão intelectual dos fatos dados é a tarefa histórica da filosofia e da dimensão filosófica. O método científico também vai além dos fatos e mesmo contra os fatos da experiência imediata. O método científico se desenvolve na tensão entre aparência e realidade. A mediação entre o sujeito e o objeto do pensamento, contudo, é essencialmente diferente. Na ciência, o medium é o sujeito que observa, mede, calcula e experimenta, despojado de todas as suas outras qualidades; o sujeito abstrato projeta e define o objeto abstrato.

Em contraste, os objetos do pensamento filosófico estão relacionados a uma consciência para a qual as qualidades concretas entram nos conceitos e em sua inter-relação. Os conceitos filosóficos conservam e explicam as mediações pré-científicas (o trabalho da prática cotidiana, da organização econômica, da ação política) que tornaram o mundo-objeto aquilo que ele realmente é – um mundo no qual todos os fatos são eventos, ocorrências em uma continuidade histórica.

A separação entre ciência e filosofia é ela mesma um evento histórico. A física aristotélica era parte da filosofia e, como tal, preparatória para a "primeira ciência" – a ontologia. O conceito aristotélico de matéria é diferente do galileano ou pós-galileano não apenas em termos de diferentes estágios no desenvolvimento do método científico (e na descoberta de diferentes "camadas" de realidade), mas também, e talvez primariamente, em termos de projetos históricos diferentes, de um empreendimento histórico diferente que estabeleceu uma natureza diferente, assim como uma sociedade diferente. A física aristotélica se torna *objetivamente* errada com a nova experiência e apreensão da natureza, com o estabelecimento histórico de um novo mundo de sujeito e objeto, e a falsificação da física aristotélica então se estende de volta à experiência e apreensão passada e superada.[159]

Mas, sejam eles integrados na ciência ou não, os conceitos filosóficos permanecem antagônicos ao reino do discurso comum, uma vez que eles continuam a incluir conteúdos que não estão realizados na palavra falada, na conduta manifesta, nas condições ou disposições perceptíveis, ou nas

---

159. Ver capítulo 6, especialmente p. 169.

186 | O PENSAMENTO UNIDIMENSIONAL

propensões dominantes. O universo filosófico, então, continua a conter "fantasmas", "ficções", e "ilusões" que podem ser mais racionais do que sua negação de tal forma que eles são conceitos que reconhecem os limites e as decepções da racionalidade dominante. Eles expressam a experiência que Wittgenstein rejeita – a saber, que "ao contrário de nossas ideias preconcebidas, é possível pensar 'assim ou assado' – 'seja lá o que isso quer dizer".[160]

A negligência ou o esclarecimento dessa dimensão filosófica específica tem levado o positivismo contemporâneo a se mover em um mundo sinteticamente empobrecido de concretude acadêmica, e a criar mais problemas ilusórios do que foi capaz de destruir. Raramente a filosofia exibiu um *esprit de sérieux* (p.187) mais tortuoso do que aquele exibido em análises tais como a interpretação dos Três Ratos Cegos em um estudo da "Linguagem Metafísica e Ideográfica", com sua discussão de "um triplo-princípio--murino-de-cegueira artificialmente construído em sequência assimétrica estabelecida de acordo com os princípios puros da ideografia".[161]

Talvez esse exemplo seja injusto. Contudo, é justo dizer que a metafísica mais obscura não exibiu preocupações artificiais e jargônicas tais como aquelas que surgiram em conexão com os problemas de redução, tradução, descrição, denotação, nomes próprios etc. Exemplos são habilmente mantidos em equilíbrio entre seriedade e brincadeira: as diferenças entre Scott e o autor de *Waverly*; a calvície de atual rei da França; Fulano encontrando ou não encontrando o "contribuinte médio" Beltrano na rua; eu vendo aqui e agora uma mancha vermelha e dizendo "isto é vermelho"; ou a revelação do fato de que pessoas frequentemente descrevem sentimentos como tremores, pontadas, dores, palpitações, entorses, comichões, fisgadas, calafrios, ardências, pesos, tonturas, ânsias, sufocamentos, afogamentos, tensões, aflições e espasmos.[162]

Esse tipo de empirismo substitui o odiado mundo de fantasmas, mitos, lendas e ilusões metafísicas por um mundo de fragmentos conceituais ou sensuais, de palavras e enunciados que são então organizados em filosofia. E tudo isso não é apenas legitimado, é até mesmo correto, pois revela a medida em que as ideias, aspirações, memórias e imagens não-operacionais se tornaram prescindíveis, irracionais, confusas ou sem significado.

---

160. WITTGENSTEIN. *Loc. cit.*, p. 47.

161. MASTERMAN, Margaret. *British Philosophy in the Mid-Century*. C. A. Mace (Ed.). (Londres: Allen e Unwin, 1957), p. 323.

162. RYLE, Gilbert. *The Concept of Mind. Loc. cit.*, p. 87 ss.

Ao arrumar esse bagunça, a filosofia analítica conceitualiza o comportamento na presente organização tecnológica da sociedade, mas também aceita os vereditos dessa organização; o desmascaramento de uma antiga ideologia se torna parte de uma nova ideologia. Não apenas as ilusões são desmascaradas, mas também a verdade nessas ilusões. A nova ideologia encontra sua expressão em afirmações tais como "a filosofia apenas afirma o que todos admitem", ou que nosso estoque comum de palavras incorpora "todas as distinções que os homens acharam que valia a pena fazer".

O que é o "estoque comum"? Ele inclui a "ideia" de Platão, a "essência" de Aristóteles, o *Geist* de Hegel, a *Verdinglichung* de Marx em qualquer que seja a tradução adequada? Ele inclui as palavras-chave da linguagem poética? Da prosa surrealista? E se o faz, ele as contém em sua conotação negativa – quer dizer, invalidando o universo do uso comum? Se não, então todo um corpo de distinções que os homens acharam que valia a pena fazer é rejeitado, removido para o reino da ficção ou da mitologia; uma consciência falsa ou mutilada é construída como a consciência verdadeira que decide sobre o significado e a expressão daquilo que é. O resto é denunciado – e endossado – como ficção ou mitologia.

Não está claro, contudo, qual lado está engajado em mitologias. Com certeza, mitologia é pensamento primitivo e imaturo. O processo de civilização invalida o mito (isso é quase que uma definição de progresso), mas ele também pode fazer como que o pensamento racional retorne ao status mitológico. No último caso, as teorias que identificam e projetam as possibilidades históricas podem se tornar irracionais, ou ainda parecer irracionais porque elas contradizem o universo estabelecido do discurso e comportamento.

Assim, no processo de civilização, os mitos da Idade de Ouro e do Fim dos Tempos* estão sujeitos ao processo de racionalização. Os elementos (historicamente) impossíveis são separados dos possíveis – sonho e ficção são separados da ciência, da tecnologia e dos negócios. No século XIX, as teorias do socialismo traduziram o mito primário em termos sociológicos – ou ainda descobriram nas possibilidades históricas dadas o núcleo racional do mito. Em seguida, contudo, ocorreu o movimento contrário. Hoje, as noções racionais e realistas de ontem parecem ser novamente mitológicas quando confrontadas com as condições reais. A realidade das classes trabalhadores na sociedade industrial avançada torna o "proletariado" marxiano um conceito mitológico; a realidade do socialismo atual torna a ideia marxiana

---

*.  *Millenium*. (N.R.T.)

188 | O PENSAMENTO UNIDIMENSIONAL

um sonho. O contrário é causado pela contradição entre teoria e fatos – uma contradição que, por si mesma, ainda não falsifica a teoria. O caráter não-científico, especulativo, da teoria crítica deriva do caráter específico de seus conceitos, que designam e definem o irracional no racional, a mistificação na realidade. Sua qualidade mitológica reflete a qualidade mistificadora dos fatos dados – a harmonização ilusória das contradições sociais.

As realizações técnicas da sociedade industrial avançada e a manipulação eficiente da produtividade mental e material gerou um *deslocamento no locus da mistificação*. Se é significativo dizer que a ideologia vem a ser incorporada no próprio processo de produção, também pode ser significativo sugerir que, nesta sociedade, o racional, ao invés do irracional, se torna o veículo mais eficaz da mistificação. A visão de que o aumento da repressão na sociedade contemporânea manifestou a si mesmo, na esfera ideológica, primeiro na ascensão de pseudofilosofias irracionais (*Lebensphilosophie*; a noção de Comunidade como oposta a de Sociedade; de Sangue e Terra etc.) foi refutada pelo Fascismo e pelo Nacional-Socialismo. Esses regimes negaram estas e suas próprias "filosofias" irracionais por meio da total racionalização técnica do aparato. Foi a mobilização total da maquinaria material e mental que fez o serviço e instalou seu poder mistificador sobre a sociedade. Ela serviu para tornar os indivíduos incapazes de ver, "atrás" da maquinaria, aqueles que a usavam, aqueles que lucravam com ela e aqueles que pagavam por ela.

Hoje, os elementos mistificadores estão dominados e são empregados na publicidade produtiva, na propaganda e na política. A magia, a bruxaria e a entrega ao êxtase místico são praticados na rotina diária da casa, da loja e do escritório, e as realizações racionais ocultam a irracionalidade do todo. Por exemplo, a abordagem científica do problema vexatório da aniquilação mútua – a matemática e o cálculo dos assassinatos e sobreassassinatos, a medição da extensão variável das partículas radioativas, os experimentos sobre resistência em situações anormais – é mistificadora na medida em que promove (e mesmo demanda) o comportamento que aceita a insanidade. Ela então contraria um comportamento verdadeiramente racional – a saber, a recusa em colaborar, o esforço em acabar com as condições que produzem a insanidade.

Contra essa nova mistificação, que transforma a racionalidade em seu oposto, a distinção precisa ser mantida. O racional *não* é irracional, e a diferença entre um reconhecimento exato e a análise dos fatos e uma especulação

O TRIUNFO DO PENSAMENTO POSITIVO: A FILOSOFIA UNIDIMENSIONAL | 189

vaga e emocional é tão essencial quanto antes. O problema é que as estatísticas, as medições e os campos de estudo da sociologia empírica e da ciência política não são racionais o suficiente. Eles se tornam mistificadores na medida em que produzem os fatos e determinam sua função. Esse contexto é mais amplo e distinto do que o das plantas e lojas investigadas, o das vilas e cidades estudadas e de áreas e grupos cuja opinião pública é apurada ou cuja chance de sobrevivência é calculada. E ele é também mais real na medida em que ele cria e determina os fatos investigados, apurados e calculados. Esse contexto real no qual os sujeitos particulares obtêm seu significado real é definível apenas dentro de uma *teoria* da sociedade. Pois os fatores nos fatos não são dados de observação, medição e interrogação imediata. Eles se tornam dados apenas em uma análise que é capaz de identificar a estrutura que une as partes e processos da sociedade que determina sua inter-relação.

Dizer que esse metacontexto é a Sociedade (com "S" maiúsculo) é hipostasiar o todo acima das partes. Mas esse hipostasiar tem seu lugar na realidade, é a realidade, e a análise pode superá-lo apenas reconhecendo-o e compreendendo seu alcance e suas causas. A sociedade é de fato o todo que exercita seu poder independente sobre os indivíduos, e essa Sociedade não é um fantasma inidentificável. Ela tem seu núcleo duro empírico no sistema das instituições, que são as relações estabelecidas e cristalizadas entre os homens. Abstrair-se dela falsifica as medições, interrogações e cálculos – mas o faz em uma dimensão que não aparece nas medições, interrogações e cálculos, e que portanto não entra em conflito com eles e não os perturba. Eles conservam sua exatidão e são mistificadores em função da sua própria exatidão.

Em sua exposição do caráter mistificador dos termos transcendentais, das noções vagas, dos universos metafísicos e similares, a análise linguística mistifica os termos da linguagem comum ao mantê-los no contexto repressivo do universo estabelecido do discurso. É dentro desse universo repressivo que a explicação comportamental do significado se encontra – a explicação que deve exorcizar os antigos "fantasmas" linguísticos do mito cartesiano e de outros mitos obsoletos. A análise linguística sustenta que, se Fulano e Beltrano falam o que pensam, eles simplesmente se referem a percepções, noções ou disposições específicas que calhou de eles terem; a mente é um fantasma verbalizado. Da mesma forma, a vontade não é uma faculdade real da alma, mas simplesmente um modo específico de disposições, propensões e aspirações específicas. Igualmente, a "consciência", o "self" e a "liberdade" – elas são todas explicáveis em termos de designa-

190 | O PENSAMENTO UNIDIMENSIONAL

ção de modos particulares de conduta e comportamento. Posteriormente, iremos retornar a esse tratamento dos conceitos universais.

A filosofia analítica com frequência espalha a atmosfera de denúncia e investigação por comissões investigadoras. O intelectual é chamado a juízo. O que você quer dizer quando você diz...? Você não esconde algo? Você fala em uma linguagem suspeita. Você não fala como o resto de nós, como o homem na rua, mas, ao contrário, como um estrangeiro que não pertence a este lugar. Nós temos que colocá-lo na linha, expor seus truques, purificar você. Nós vamos ensiná-lo a dizer o que você tem em mente, a "esclarecer-se", a "por suas cartas na mesa". Claro, nós não estamos impondo nada a você e sua liberdade de pensamento e discurso; você pode pensar como preferir. Mas uma vez que você fala, você tem que nos comunicar seus pensamentos – na nossa linguagem e na sua. Certamente, você pode falar sua própria linguagem, mas ele deve ser traduzível, e ela será traduzida. Você pode falar poesia – está bem. Amamos poesia. Mas nós queremos entender sua poesia, e nós só podemos fazer isso se pudermos interpretar seus símbolos, suas metáforas e suas imagens em termos da linguagem comum.

O poeta pode responder que de fato ele quer que sua poesia possa ser compreendida e de fato o seja (que é para isso que ele a escreve), mas se o que ele diz pudesse ser dito em termos da linguagem comum, ele provavelmente o teria feito assim em primeiro lugar. Ele pode dizer: a compreensão da minha poesia pressupõe o colapso e a invalidação precisamente daquele universo do discurso e comportamento para o qual você quer traduzi-la. Minha linguagem pode ser aprendida como qualquer outra linguagem (na verdade, ela é também a sua própria linguagem), então irá parecer que meus símbolos, minhas metáforas etc. *não* são símbolos, metáforas etc. mas significam exatamente o que querem dizer. Sua tolerância é ilusória. Ao reservar para mim um nicho especial de significado e significância, você me isenta de ser são e racional, mas no meu ponto de vista, o hospício está em outro lugar.

O poeta pode também sentir que a sobriedade sólida da filosofia linguística fala uma linguagem um pouco preconceituosa e emocional – aquela do idoso bravo ou dos homens jovens. Seu vocabulário está repleto do "impróprio", do "excêntrico", do "absurdo", do "enigmático", do "esquisito", da "tagarelice" e do "balbucio". Esquisitices impróprias e enigmáticas têm que ser removidas para o entendimento sensível prevalecer. A comunicação não deveria ser incompreensível para as pessoas; os conteúdos que vão além do senso comum e científico não deveriam incomodar o universo acadêmico e comum do discurso.

O TRIUNFO DO PENSAMENTO POSITIVO: A FILOSOFIA UNIDIMENSIONAL | 191

Mas a análise crítica deve se dissociar daquilo que ela se esforça em compreender; os termos filosóficos devem ser diferentes dos termos comuns para elucidar o significado completo destes.[163] Isso porque o universo estabelecido do discurso carrega por toda a parte as marcas dos modos específicos de dominação, organização e manipulação aos quais os membros de uma sociedade estão submetidos. As pessoas dependem, para sua sobrevivência, de chefes e políticos e empregos e vizinhos que as façam falar e se expressar como eles; elas são compelidas, por necessidade social, a identificar a "coisa" (incluindo sua própria pessoa, mente, sentimento) com sua função. Como sabemos? Porque assistimos televisão, ouvimos rádio, lemos jornais e revistas, conversamos com as pessoas.

Sob estas circunstâncias, a frase falada é uma expressão do indivíduo que a fala *e* daqueles que o fazem falar como ele o faz, *e* de qualquer tensão ou contradição que os possa inter-relacionar. Ao falar sua própria linguagem, as pessoas também falam a linguagem de seus senhores, benfeitores, anunciantes. Assim, elas não apenas expressam a *si mesmas*, seu próprio conhecimento, seus sentimentos e aspirações, mas também algo diferente delas mesmas. Ao descrever "por si mesmas" a situação política, não importa se em sua cidade natal ou na cena internacional, elas (e "elas" inclui *nós*, os intelectuais que sabem e criticam isso) descrevem o que "seu" meio de comunicação de massa os diz – e isso emerge com o que elas realmente pensam e veem e sentem.

Ao descrever uns para os outros nossos amores e ódios, sentimentos e ressentimentos, nós devemos usar termos dos nossos anúncios, filmes, governantes e *best sellers*. Nós devemos usar os mesmos termos para descrever nossos automóveis, comidas e móveis, colegas e adversários – e nos compreendemos uns aos outros perfeitamente. Isso deve ser necessariamente assim, uma vez que a linguagem não é algo privado e pessoal, ou ainda, o privado e o pessoal são mediados pelo material linguístico disponível, que é material social. Mas essa situação desqualifica a linguagem comum para preencher a função validadora que ela exerce na filosofia analítica. "O que as pessoas querem dizer..." está relacionado com o que elas *não* dizem. Ou, o que elas querem dizer não pode ser tomado por seu valor nominal – não porque elas mentem, mas porque o universo do pensamento e da prática no qual elas vivem é um universo de contradições manipuladas.

---

163. A filosofia analítica contemporânea tem reconhecido a seu modo essa necessidade como o problema da *metalinguagem*; ver p. 181 e 193.

192 | O PENSAMENTO UNIDIMENSIONAL

Circunstâncias como essas podem ser irrelevantes para a análise de afirmações como "eu coço", ou "ele come papoulas", ou "isto agora me parece vermelho", mas elas podem se tornar essencialmente relevantes quando as pessoas realmente dizem alguma coisa ("ela apenas o amou", "ele não tem coração", "isso não é justo", "o que eu posso fazer sobre isso?"), e elas são essenciais para a análise linguística da ética, da política etc. Em suma, a análise linguística não pode alcançar outra exatidão empírica que não aquela exigida das pessoas pelo estado de coisas em voga, e não outra clareza do que aquela que lhes é permitida nesse estado de coisas – ou seja, ela permanece dentro dos limites do discurso mistificado e enganoso.

Onde ela parece ir além desse discurso, como nas purificações lógicas, apenas o esqueleto permanece do mesmo universo – um fantasma muito mais fantasmagórico do que os fantasmas que a análise combate. Se a filosofia é mais do que uma ocupação, deve mostrar as bases que tornam o discurso um universo manipulado e enganoso. Deixar essa tarefa a um colega no Departamento de Sociologia ou Psicologia é fazer da atual divisão do trabalho acadêmico um princípio metodológico. Nem tampouco a tarefa pode ser posta de lado com a insistência modesta de que a análise linguística tem apenas o simples propósito de clarificar o pensar e o falar "confusos". Se tal clarificação for além de meras enumeração e classificação dos significados possíveis em contexto possíveis, deixando a escolha aberta a qualquer um de acordo com as circunstâncias, então ela é tudo, menos uma tarefa simples. Tal clarificação envolveria a análise da linguagem comum em áreas realmente controversas, reconhecendo o pensamento confuso onde ele *parece* ser o menos confuso, descobrindo a falsidade por trás do uso normal e claro da linguagem. Nesse caso, a análise linguística iria alcançar o nível no qual os processos sociais específicos que dão forma e limitam o universo do discurso se tornam visíveis e compreensíveis.

Aqui surge o problema da "metalinguagem"; os termos que analisam o significado de certos termos devem ser diferentes, ou diferenciáveis, dos termos analisados. Eles devem ir além, ser outra coisa que não meros sinônimos que ainda pertencem ao mesmo universo (imediato) do discurso. Mas se essa metalinguagem realmente rompe o escopo totalitário do universo estabelecido do discurso, no qual as dimensões diferentes da linguagem estão integradas e assimiladas, ela deve ser capaz de indicar os processos sociais que determinaram e "fecharam" o universo estabelecido do discurso. Consequentemente, ela não pode ser uma metalinguagem técnica, construída principalmente com uma visão de clareza semântica ou lógi-

O TRIUNFO DO PENSAMENTO POSITIVO: A FILOSOFIA UNIDIMENSIONAL | 193

ca. A aspiração é, ao contrário, fazer a própria linguagem estabelecida falar o que ela inclui ou exclui, uma vez que o que deve ser revelado e denunciado opera *dentro* do universo do discurso e da ação comum, e a linguagem predominante *contém* a metalinguagem.

Essa aspiração foi realizada no trabalho de Karl Kraus. Ele demonstrou como um exame "interno" da fala e da escrita, da pontuação, mesmo dos erros tipográficos, pode revelar um sistema moral ou político completo. Esse exame ainda se move dentro do universo comum do discurso; ele não precisa de nenhuma linguagem artificial, de "alto-nível" para extrapolar e clarificar a linguagem examinada. A palavra, a forma sintática, é lida no contexto no qual ela aparece – por exemplo, em um jornal que, em uma cidade ou país específico, expõe opiniões específicas através da caneta de pessoas específicas. O contexto lexicográfico e sintático, assim, abre outra dimensão – que não é estranha ao significado e à função da palavra, mas o constituem – aquela da imprensa de Viena durante e depois da Primeira Guerra Mundial; a atitude de seus editores em relação à carnificina, à monarquia, à república etc. À luz dimensão, o uso da palavra e da estrutura da sentença assume um significado e uma função que não aparecem na leitura "imediata". Os crimes contra a linguagem, que aparecem no estilo do jornal, dizem respeito ao seu estilo político. Sintaxe, gramática e vocabulário se tornam atos morais e políticos. Ou, o contexto pode ser estético e político: crítica literária, uma palestra para uma sociedade cultural, ou coisa semelhante. Aqui, a análise linguística de um poema ou um ensaio confronta o material (a linguagem do respectivo poema ou ensaio) dado (imediato) com aquele que o escritor encontrou na tradição literária, e que ele transformou.

Para tal análise, o significado de um termo ou de uma forma demanda seu desenvolvimento em um universo multidimensional, no qual qualquer significado expresso compartilha de diversos "sistemas" inter-relacionados, sobrepostos e antagônicos. Por exemplo, ela pertence:

(a) a um projeto individual, isto é, a comunicação específica (um artigo de jornal, um discurso) feito em uma ocasião específica para um propósito específico;

(b) a um dado sistema supraindividual de ideias, valores e objetivos do qual o projeto individual compartilha;

(c) a uma sociedade particular que integra em si mesma projetos individuais e supraindividuais diferentes e conflitantes.

194 | O PENSAMENTO UNIDIMENSIONAL

Para ilustrar: certo discurso, artigo de jornal ou mesmo um comunicado particular é feito por certo indivíduo que é o representante (autorizado ou não) de um grupo particular (ocupacional, residencial, político, intelectual) em uma sociedade específica. Esse grupo tem seus próprios valores, objetivos, códigos de pensamento e comportamento que entram – afirmando ou contrariando – com vários graus de consciência e explicitação, na comunicação individual. Esta, então, "individualiza" um sistema de significado supraindividual, que constitui uma dimensão do discurso diferente daquela da comunicação individual, ainda que esteja misturada a ela. E esse sistema supraindividual é, por seu lado, parte de um reino de significado compreensível e onipresente que tem sido desenvolvido, e geralmente "fechado", pelo sistema social no qual a comunicação acontece.

O alcance e a medida do sistema social de significado variam consideravelmente em períodos históricos diferentes e de acordo com o nível de cultura atingido, mas suas fronteiras são claramente definidas se a comunicação se refere a algo mais do que os implementos e as relações não-controversas da vida cotidiana. Hoje, o sistema social de significado une diferentes estados da nação e diferentes áreas linguísticas, e esses grandes sistemas de significado tendem a coincidir com escopo das sociedades capitalistas mais ou menos avançadas, por um lado, e com aquela das sociedades comunistas em desenvolvimento, de outro. Enquanto a função determinante do sistema social de significado afirma a si mesma mais rigidamente no universo político e controverso do discurso, ela também opera, de um modo muito mais encoberto, inconsciente, emocional, no universo comum do discurso. Uma análise genuinamente filosófica do significado tem que levar em conta todas essas dimensões do significado porque as expressões linguísticas participam de todas elas. Consequentemente, a análise linguística na filosofia tem um comprometimento extralinguístico. Se ela decide por uma distinção entre uso legítimo e ilegítimo, entre significado autêntico e ilusório, sentido e absurdo, ela evoca um julgamento político, estético ou moral.

Pode-se objetar que uma análise "externa" (entre aspas porque ela *não* é realmente externa mas, ao contrário, é o desenvolvimento interno do significado) está particularmente fora de lugar quando a intenção é capturar o significado dos termos ao analisar sua função e seu uso no discurso comum. Mas, minha argumentação é que isso é precisamente o que a análise linguística na filosofia contemporânea *não* faz. E não o faz porquanto transfere o discurso comum para um universo acadêmico que é purificado e sintético mesmo onde (e justamente onde) ele é preenchido com a linguagem comum. Nesse tratamento analítico da linguagem comum, esta é realmente esterilizada e anestesiada. A linguagem multidimensional é transformada em linguagem unidimensional, na qual significados diferentes e conflitantes não mais se interpenetram, mas são mantidos a distância; a dimensão histórica explosiva do significado é silenciada. O jogo de linguagem sem fim de Wittgenstein com pedras de construção ou a conversa de Fulano e Beltrano podem novamente servir como exemplos. Apesar da simples clareza do exemplo, os que falam e sua situação permanecem não-identificados. Eles são $x$ e $y$, não importa o quão amistosa seja sua fala. Mas, no universo real do discurso, $x$ e $y$ são "fantasmas". Eles não existem; eles são o produto do filósofo analítico. Com certeza, a fala de $x$ e $y$ é perfeitamente compreensível, e a análise linguística apela justamente para a compreensão normal da pessoa comum. Mas, na realidade, nós entendemos uns aos outros somente em meio a zonas inteiras de mal-entendidos e contradições. O universo real da linguagem comum é aquele da luta pela existência. Ele é, de fato, um universo ambíguo, vago e obscuro e está certamente precisando de esclarecimento. Além disso, tal esclarecimento pode muito bem cumprir uma função terapêutica, e se a filosofia se tornasse terapêutica, ela estaria realizada.

A filosofia se aproxima desse objetivo na medida em que liberta o pensamento de sua escravidão por parte do universo estabelecido do discurso e do comportamento, elucida a negatividade do *Establishment* (seus aspectos positivos são, de qualquer modo, amplamente divulgados) e projeta suas alternativas. Com certeza, a filosofia contradiz e projeta apenas em pensamento. É ideologia, e esse caráter ideológico é o verdadeiro destino da filosofia que nenhum cientificismo e positivismo podem superar. Todavia, seu esforço ideológico pode ser verdadeiramente terapêutico – mostrar a realidade como ela realmente é e mostrar aquilo que essa realidade impede de se realizar.

Na era totalitária, a tarefa terapêutica da filosofia seria uma tarefa política, uma vez que o universo estabelecido da linguagem comum tende a cristalizar-se em um universo manipulado e doutrinado. Nesse caso, a política apareceria na filosofia não como uma disciplina específica ou um objeto de análise, nem como uma filosofia política especial, mas como a intenção de seus conceitos em compreender a realidade mutilada. A análise linguística não contribui para tal compreensão; se, em vez disso, ela contribui para encerrar o pensamento no círculo do universo mutilado do discurso comum, isso é, no melhor dos casos, completamente sem importância. E, no pior dos casos, é uma fuga para o não-controverso, o irreal, dentro daquilo que é controverso somente do ponto de vista acadêmico.

# A Possibilidade das Alternativas

# Capítulo 8
# O compromiso histórico da Filosofia

O compromisso da filosofia analítica com a realidade mutilada de pensamento e fala mostra-se mais impressionante em seu tratamento dos universais. O problema fora mencionado antes, como parte do caráter geral inerentemente histórico e ao mesmo tempo transcendental dos conceitos filosóficos. Agora requer uma discussão mais detalhada. Longe de ser apenas uma questão abstrata de epistemologia, ou uma questão pseudo-concreta de linguagem e seu uso, a questão do status dos universais está no centro mesmo do pensamento filosófico. Pois o tratamento dos universais revela a posição de uma filosofia na cultura intelectual – sua função histórica.

A filosofia analítica contemporânea pretende exorcizar tais "mitos" ou "fantasmas" metafísicos como Mente\*, Consciência, Vontade, Alma e Self ao dissolver a intenção desses conceitos em enunciados sobre operações, desempenhos, poderes, disposições, propensões, habilidades etc. particularmente identificáveis. O resultado mostra, de um jeito estranho, a impotência da destruição – o fantasma continua a assombrar. Enquanto cada interpretação ou tradução pode descrever adequadamente um processo mental particular, um ato de imaginar o que quero dizer quando digo "eu", ou o que o padre quer dizer quando diz que Maria é uma "boa menina", nenhuma destas reformulações, nem sua soma total, parece captar ou mesmo circunscrever o significado inteiro de termos tais como Mente, Vontade, Self e Bem. Esses universais continuam a persistir tanto no uso cotidiano quanto no "poético", e cada uso os distingue dos vários modos de comportamento ou disposição que, segundo o filósofo analítico, preenchem seu significado.

---

\*.   No original, *Mind*. (N.T.)

## 200 | A POSSIBILIDADE DAS ALTERNATIVAS

De fato, tais universais não podem ser validados pela asserção segundo a qual denotam um todo que extrapola e é diferente de suas partes. Aparentemente, denotam, mas todo "todo" requer uma análise do contexto experiencial não-mutilado. Se essa análise supralinguística é rejeitada, se a linguagem ordinária é tomada pelo valor nominal – isto é, se um universo enganoso do entendimento geral entre as pessoas é substituído pelo universo predominante de desentendimento e comunicação administrada – então os universais em questão são, de fato, traduzíveis, e sua substância "mitológica" pode ser dissolvida em modos de comportamento e disposições.

Entretanto, a própria dissolução deve ser questionada – não apenas em nome do filósofo, e sim em nome das pessoas comuns em cuja vida e em cujo discurso tal dissolução acontece. Não se trata de seu próprio fazer e de seu próprio dizer; é algo que lhes ocorre e lhes viola enquanto são compelidos, pelas "circunstâncias", a identificar sua mente com o processo mental, seu self com os papéis e funções que devem desempenhar em sua sociedade. Se a filosofia não compreende esses processos de tradução e identificação como processos sociais – *i.e.*, como uma mutilação da mente (e do corpo) infligida aos indivíduos por sua sociedade – a filosofia luta somente com o fantasma da substância que deseja desmistificar. O caráter mistificante não adere aos conceitos de "mente", "self", "consciência" etc., mas à sua tradução comportamental. A tradução é enganosa precisamente porque traduz o conceito fielmente em modos de propensões, disposições e comportamentos verdadeiros e, ao fazer isso, toma as aparências mutiladas e organizadas (em si mesmas bastante reais!) pela realidade.

Entretanto, mesmo nessa batalha de fantasmas são convocadas forças que poderiam levar a falsa guerra a um fim. Um dos problemas perturbadores na filosofia analítica é aquele de proposições sobre universais tais como "nação", "Estado", "a Constituição Britânica", "a Universidade de Oxford", "Inglaterra".[164] Nenhuma entidade particular corresponde a esses universais e, no entanto, faz todo sentido, e é mesmo inevitável, dizer que "a nação" é mobilizada, que a "Inglaterra" declarou guerra, que eu estudei na "Universidade de Oxford". Toda tradução redutiva de tais enunciados parece

---

164. Ver RYLE, Gilbert. *The Concept of Mind*. Loc. cit., p. 17 ss. e *passim*; WISDOM, J. "Metaphysics and Verification". *Philosophy and Psycho-Analysis* (Oxford, 1953); FLEW, A. G. N. *Introduction to Logic and Language*, First Series, (Oxford, 1955); PEARS, D. F. "Universals". *Ibid.*, Second Series (Oxford, 1959); URMSON, J. O. *Philosophical Analysis* (Oxford, 1956); RUSSELL, B. *My Philosophical Development* (Nova York, 1959), p. 223 ss.; LASLETT, Peter (Ed.). *Philosophy, Politics and Society* (Oxford, 1956), p. 22 ss.

mudar seu significado. Podemos dizer que a Universidade não é uma entidade particular além de suas várias faculdades, bibliotecas etc., senão que é justamente a forma como estão organizadas, e podemos aplicar a mesma explicação, modificada, para outras proposições. Contudo, o modo pelo qual tais coisas e pessoas são organizadas, integradas e administradas opera *como* uma entidade diferente de suas partes componentes – a tal ponto que pode dispor da vida e da morte, como no caso da nação e da constituição. As pessoas que executam o veredito, se é que são identificáveis, o fazem não como indivíduos, senão como "representantes" da Nação, da Corporação, da Universidade. O Congresso dos EUA, reunido em sessão, o Comitê Central, o Partido, o Conselho de Diretores e Gerentes, o Presidente, os Curadores e o Corpo Docente, reunindo-se e decidindo sobre política, são entidades tangíveis e efetivas para além dos indivíduos componentes. São tangíveis nos registros, nos resultados de suas leis, nas armas nucleares que encomendam e produzem, nas nomeações, salários e exigências que estabelecem. Reunidos em assembleia, os indivíduos são os porta-vozes (frequentemente sem saber) de instituições, influências, interesses incorporados nas organizações. Em sua decisão (voto, pressão, propaganda) – ela própria o resultado de interesses e instituições em competição – a Nação, o Partido, a Corporação, a Universidade são postos em movimento, preservados e reproduzidos – como uma realidade (relativamente) final e universal, ultrapassando as instituições particulares ou pessoas submetidas a elas.

Essa realidade assumiu uma existência superimposta e independente; portanto proposições relativas a ela significam um universal real e não podem ser adequadamente traduzidas em proposições relativas a entidades particulares. No entanto, o anseio de tentar tal tradução, o protesto contra sua impossibilidade, indica que há algo errado aqui. Para fazer sentido, "a nação", ou "o Partido", *devem* ser traduzíveis em seus constituintes e componentes. O fato de *não* serem, é um fato *histórico* que obstrui o caminho da análise linguística e lógica.

A desarmonia entre o indivíduo e as necessidades sociais e a falta de instituições representativas nas quais os indivíduos trabalhem para si mesmos e falem por si mesmos levam à realidade de tais universais como a Nação, o Partido, a Constituição, a Corporação, a Igreja – uma realidade que não é idêntica a nenhuma entidade particular identificável (indivíduo, grupo ou instituição). Tais universais expressam vários graus e modos de reificação. Sua independência, apesar de real, é espúria na medida em que é a independência de poderes particulares que organizaram o *todo* da sociedade.

## 202 | A POSSIBILIDADE DAS ALTERNATIVAS

Uma retradução que dissolveria a substância espúria do universal é ainda um desiderato – mas é um desiderato político.

> *On croit mourir pour la Classe, on meurt pour les gens du Parti. On croit mourir pour la Patrie, on meurt pour les Industriels. On croit mourir pour la Liberté des Personnes, on meurt pour la Liberté des dividendes. On croit mourir pour le Prolétariat, on meurt pour sa Bureaucratie. On croit mourir sur l'ordre d'un État, on meurt pour l'Argent qui le tient. On croit mourir pour une nation, on meurt pour les bandits qui la baillonnent. On croit – mais pourquoi croirait-on dans une ombre si épaisse? Croire, mourir? (...) quand il s'agit d'apprendre à vivre?*[165]

Esta é uma "tradução" genuína de universais hipostasiados em concretude e, no entanto, reconhece a realidade do universal enquanto o chama por seu verdadeiro nome. O todo hipostasiado resiste à dissolução analítica, não por ser uma entidade mítica por detrás de entidades e desempenhos particulares, mas porque é o solo concreto e objetivo de seu funcionamento no contexto histórico e social dado. Como tal, é uma força real, sentida e exercida pelos indivíduos em suas ações, circunstâncias e relações. Eles compartilham dela (de um modo muito desigual); ela decide sobre sua existência e suas possibilidades. O fantasma real é de uma realidade muito convincente – a do poder separado e independente da totalidade sobre os indivíduos. E a totalidade não é meramente uma *Gestalt* (como na psicologia), nem um metafísico absoluto (como em Hegel), nem um Estado totalitário (como na pobre ciência política) – é o estado de coisas estabelecido que determina a vida dos indivíduos.

Entretanto, mesmo se concedermos a esses universais políticos tal realidade, os outros universais não têm um *status* muito diferente? Sim, porém sua análise é facilmente mantida dentro dos limites da filosofia acadêmica. A seguinte discussão não aspira a entrar no "problema dos universais", apenas tenta elucidar o escopo (artificialmente) limitado da análise filosófica e indicar a necessidade de ir além desses limites. A discussão será de novo focada nos universais substantivos como distintos dos universais lógico--matemáticos (conjunto, número, classe etc.), e entre os primeiros, sobre

---

165. "Creem morrer pela classe, morrem pelo partido. Creem morrer pela pátria, morrem pelos industriais. Creem morrer pela liberdade das pessoas, morrem pela liberdade dos dividendos. Creem morrer pelo proletariado, morrem pela burocracia. Creem morrer pelas ordens do Estado, morrem pelo dinheiro que sustenta o Estado. Creem morrer por uma nação, morrem pelos bandidos que a amordaçam. Creem – mas por que se crê em tal escuridão? Creem morrer (...) quando é uma questão de aprender a viver?" PERROUX, François. *La co-existence pacifique*. Loc. cit. v. III, p. 631.

os conceitos mais abstratos e controversos que apresentam um desafio real para o pensamento filosófico.

O universal substantivo não só se abstrai da entidade concreta, como também denota uma entidade diferente. A mente* não se resume a atos e comportamentos conscientes. Sua realidade pode, provisoriamente, ser descrita como a maneira ou a forma como esses atos particulares são sintetizados, integrados por um indivíduo. Alguém pode ser tentado a dizer sintetizados *a priori* por uma "percepção transcendental", no sentido segundo o qual a síntese integradora que torna os processos e atos particulares possíveis os *precede*, os molda, os distingue de "outras mentes". No entanto, essa formulação violentaria o conceito de Kant, pois a prioridade de tal consciência é empírica, que inclui a experiência supraindividual, ideias e aspirações de grupos sociais particulares.

Em vista dessas características, a consciência pode muito bem ser chamada uma disposição, propensão ou faculdade. Não é uma disposição ou faculdade individual entre outras, contudo, mas, num sentido estrito, é uma disposição geral que é comum, em vários graus, aos membros individuais de um grupo, classe, sociedade. Nessas bases, a distinção entre consciência verdadeira e falsa torna-se significativa. A primeira sintetizaria os dados da experiência em conceitos que refletem, tão plena e adequadamente quanto possível, a sociedade dada nos fatos dados. A definição sociológica é sugerida, não por causa de qualquer preconceito em favor da sociologia, senão por causa da inserção factual da sociedade nos dados da experiência. Consequentemente, a repressão da sociedade na formação de conceitos é equivalente a um confinamento acadêmico da experiência, uma restrição do significado.

Mais ainda, a restrição normal da experiência produz uma tensão penetrante, e mesmo um conflito, entre "a mente" e o processo mental, entre "consciência" e atos conscientes. Se eu falo da mente de uma pessoa, não me refiro meramente a seu processo mental, como são revelados em sua expressão, fala, comportamento etc., nem meramente de suas disposições ou faculdades como experienciadas ou inferidas da experiência. Também me refiro àquilo que ela *não* expressa, pelo qual não mostra disposição, mas que está, todavia, presente e que determina, a uma medida considerável, seu comportamento, seu entendimento, a formação e alcance de seus conceitos. Assim, "negativamente presentes" estão as forças "ambientais" específicas que pré-condicionam sua mente para a repulsão espontânea de certos

---

*. *Mind.* (N.T.)

204 | A POSSIBILIDADE DAS ALTERNATIVAS

dados, condições e relações. Elas estão presentes como material repelido. Sua *ausência* é uma realidade – um fator positivo que explica seu processo mental atual, o significado de suas palavras e comportamento. Significado para quem? Não só para o filósofo profissional, cuja tarefa é retificar os erros que impregnam o universo do discurso comum, mas também para aqueles que sofrem esses erros embora possam não estar cientes disso – para Fulano e Beltrano. A análise linguística contemporânea furta-se dessa tarefa ao interpretar conceitos em termos de uma mente empobrecida e pré-condicionada. O que está em jogo é a intenção não reduzida e não purificada de certos conceitos chaves, sua função na compreensão não reprimida da realidade – no pensamento não-conformista, crítico.

Os comentários que se acabam de apresentar sobre o conteúdo real de universais tais como "mente" e "consciência" são aplicáveis a outros conceitos, como os universais abstratos, mas contudo substantivos, Beleza, Justiça e Felicidade, com seus respectivos contrários? Parece que a persistência desses universais intraduzíveis como pontos nodais de pensamento reflete a consciência infeliz de um mundo dividido no qual "aquilo que *é*" fica aquém, e mesmo nega, "aquilo que pode ser". A diferença irredutível entre o universal e seus particulares parece estar enraizada na experiência primária da diferença inconquistável entre potencialidade e atualidade – entre duas dimensões do único mundo experimentado.

O universal compreende numa ideia as possibilidades que são realizadas e ao mesmo tempo detidas na realidade. Ao falar de uma bela mulher, uma bela paisagem, uma bela pintura, tenho certamente coisas muito diferentes em mente. O que é comum a todas elas – a "beleza" não é uma entidade misteriosa, nem uma palavra misteriosa. Ao contrário, talvez não haja nada que seja experienciado mais direta e claramente do que a aparência de "beleza" em vários objetos belos. O amigo e o filósofo, o artista e o agente funerário podem "defini-la" de modos muito diferentes, porém todos definem o mesmo estado específico ou condição – alguma qualidade ou qualidades que fazem o belo contrastar com outros objetos. Nessa precisão e objetividade, a beleza é experienciada no belo – isto é, é vista, cheirada, sentida e compreendida. É experienciado quase como um choque, talvez devido ao caráter de contraste da beleza, que rompe o círculo da experiência do quotidiano e abre (por um curto momento) uma outra realidade (da qual o susto pode ser um elemento integrante).[166]

---

166. RILKE, *Duineser Elegien*, primeira Elegia.

Isso descreve o caráter precisamente metafísico que a análise positivista deseja eliminar mediante a tradução, porém a tradução elimina o que era para ser definido. Há muitas definições "técnicas" mais ou menos satisfatórias de beleza na estética, mas parece haver somente uma que preserva o conteúdo experiencial de beleza e que é, portanto, a última definição exata – beleza como uma "*promesse de bonheur*".[167]

Ela capta a referência à condição de homens e coisas, e a uma relação entre homens e coisas que ocorre momentaneamente enquanto se desvanece, que aparece em tantas formas diferentes quantos são os indivíduos e que, ao *desvanecer*, manifesta o que pode ser.

O protesto contra o caráter vago, obscuro e metafísico de tais universais, a insistência sobre a concretude familiar e a segurança protetora de sentido comum e científico ainda revelam algo daquela ansiedade primordial, que guiou as origens registradas do pensamento filosófico em sua evolução da religião para a mitologia e da mitologia para a lógica; defesa e segurança ainda são itens importantes tanto no orçamento intelectual quanto no nacional. A experiência não purificada parece estar mais familiarizada com o abstrato e o universal do que a filosofia analítica; parece ser mais incrustada no mundo metafísico.

Os universais são elementos primários da experiência – universais não como conceitos filosóficos mas como as qualidades próprias do mundo com o qual se é diariamente defrontado. O que é experienciado é, por exemplo, neve ou chuva ou calor; uma rua; um escritório ou um chefe; amor ou ódio. Coisas (entidades) e eventos particulares só aparecem em (e até *como*) um aglomerado e um contínuo de relações, como incidentes e partes numa configuração geral da qual são inseparáveis; eles não podem aparecer de qualquer outro modo sem perder sua identidade. Elas são coisas e eventos particulares somente contra um fundo geral que é mais do que um fundo – é o chão concreto sobre o qual surgem, existem e passam. Esse chão é estruturado em universais tais como cor, forma, densidade, dureza ou maciez, luz ou escuridão, movimento ou descanso. Nesse sentido, os universais parecem designar a "matéria" do mundo:

> Podemos definir a "matéria" do mundo como o que é designado pelas palavras que, quando usadas corretamente, ocorrem como sujeitos de predicados ou termos de relações. Nesse sentido, eu deveria dizer que a matéria do mundo consiste de coisas como brancura, mais do que objetos

---

167. STENDHAL.

## 206 | A POSSIBILIDADE DAS ALTERNATIVAS

terem a propriedade de serem brancos. Tradicionalmente, qualidades tais como branco ou duro ou doce contavam como universais, mas se a teoria acima é válida, elas são sintaticamente mais semelhantes a substâncias.[168]

O caráter substantivo de "qualidades" aponta para a origem experiencial dos universais substantivos, para a maneira pela qual os conceitos se originam na experiência imediata. A filosofia da linguagem de Humboldt enfatiza o caráter experiencial do conceito em sua relação com a palavra; isso o leva a assumir um parentesco original não só entre conceitos e palavras, mas também entre conceitos e sons (*Laute*). Entretanto, se a palavra como o veículo dos conceitos é o "elemento" real da linguagem, ela não comunica o conceito pré-fabricado, nem contém o conceito já fixado e "fechado". A palavra somente sugere um conceito, relaciona-se com um universal.[169]

Mas precisamente a relação do mundo com um (conceito) universal substantivo torna impossível, segundo Humboldt, imaginar a origem da linguagem como partindo da significação dos objetos pelas palavras e depois procedendo a sua combinação (*Zusammenfügung*): "Em realidade, a fala não é o reunir de palavras antecedentes, senão o reverso: as palavras emergem do todo da fala (*aus dem Ganzen der Rede*)".[170]

O "todo" que aparece à vista deve ser clarificado de todos os mal-entendidos em termos de uma entidade independente, de uma "Gestalt", e coisas semelhantes. O conceito de algum modo expressa a diferença e a tensão entre potencialidade e atualidade – identidade nessa diferença. Aparece na relação entre as qualidades (branco, duro; mas também belo, livre, justo) e os conceitos correspondentes (brancura, dureza, beleza, liberdade, justiça). O caráter abstrato desses conceitos parece designar as qualidades mais concretas como realizações parciais, aspectos, manifestações de uma qualidade mais universal *e* mais "excelente", que é experimentada *no* concreto.[171]

E por virtude dessa relação, a qualidade concreta parece representar a negação tanto quanto a realização do universal. A neve é branca, mas não é "brancura"; uma moça pode ser bela, mesmo *uma* beleza, mas não a "beleza"; um país pode ser livre (em comparação com outros) porque seu povo possui certas liberdades, mas não é a personificação da liberdade. Mais

---

168. RUSSELL, Bertrand. *My Philosophical Development* (Nova York: Simon and Schuster, 1959), p. 170-1.

169. HUMBOLDT, Wilhelm v. *Ueber die Verschiedenheit des menschlichen Sprachbaues... loc. cit.*, p. 197.

170. *Ibid.*, p. 74-5.

171. Veja a seguir, p. 207.

ainda: os conceitos são significativos somente no contraste experimentado com seus opostos: branco com o não-branco, belo com o não-belo. Enunciados negativos podem às vezes ser traduzidos em enunciados positivos: "preto" ou "cinza" para "não-branco", "feio" para "não-belo". Essas formulações não alteram a relação entre o conceito abstrato e suas realizações concretas: o conceito universal denota aquilo que a entidade particular é e *não* é. A tradução pode eliminar a negação escondida ao reformular o significado numa proposição não-contraditória, mas o enunciado não traduzido sugere uma carência real. Há *mais* no nome abstrato (beleza, liberdade) do que nas qualidades ("belo", "livre") atribuídas à pessoa, coisa ou condição particular. Os universais substantivos representam qualidades que superam toda experiência particular, mas sobrevivem na mente, não como uma ficção da imaginação nem como possibilidades mais lógicas, mas como a "matéria" de que nosso mundo é feito. Nenhuma neve é puramente branca, nem nenhuma fera ou homem cruel é toda a crueldade que o homem conhece – conhece como uma força quase inesgotável na história e na imaginação.

Agora há uma grande classe de conceitos – ousamos dizer, os conceitos filosoficamente relevantes – na qual a relação quantitativa entre o universal e o particular assume um aspecto qualitativo, na qual o universal abstrato parece designar potencialidades num sentido concreto e histórico. Entretanto, "homem", "natureza", "justiça", "beleza" ou "liberdade" podem ser definidos, eles sintetizam os conteúdos experienciais em ideias que transcendem suas realizações particulares como algo que está para ser ultrapassado, superado. Portanto, o conceito de beleza compreende todo o belo *ainda* não realizado; o conceito de liberdade toda a liberdade *ainda* não atingida.

Ou, para tomar outro exemplo, o conceito filosófico de "homem" almeja ao completo desenvolvimento das faculdades humanas que são suas faculdades distintivas e que aparecem como possibilidades das condições nas quais os homens vivem realmente. O conceito articula as qualidades que são consideradas "tipicamente humanas". A frase vaga pode servir para elucidar a ambiguidade em tais definições filosóficas – nomeadamente, elas agregam as qualidades que pertencem a *todos* os homens em contraste com outros seres vivos e, ao mesmo tempo, são consideradas as mais altas ou mais adequadas realizações do homem.[172]

---

172. Essa interpretação, que acentua o caráter normativo dos universais, pode ser relacionada à concepção do universal na filosofia grega – nomeadamente, a noção do mais geral como o mais alto, o primeiro em "excelência" e, portanto, a realidade real: "(...) generalidade não é um sujeito, mas um

## 208 | A POSSIBILIDADE DAS ALTERNATIVAS

Tais universais, portanto, aparecem como instrumentos conceituais para entender as condições particulares das coisas à luz de suas potencialidades. Eles são históricos e supra-históricos; conceituam a matéria de que o mundo experienciado é feito, e conceituam-no tendo em vista suas possibilidades, à luz de suas verdadeiras limitação, supressão e negação. Nem a experiência nem o juízo são privados. Os conceitos filosóficos são formados e desenvolvidos na consciência de uma condição geral num continuum histórico; eles são elaborados de uma posição individual dentro de uma sociedade específica. O caráter universal-abstrato e ao mesmo tempo histórico desses "objetos eternos" de pensamento é reconhecido e claramente enunciado em *Science and the Modern World* [*Ciência e o mundo moderno*] de Whitehead:[173]

> Objetos eternos são (...) em sua natureza, abstratos. Por "abstrato" quero dizer aquilo que um objeto eterno é em si – por assim dizer, sua essência – é compreensível sem referência a nenhuma experiência particular. Ser abstrato é transcender a ocasião particular do verdadeiro acontecimento. Porém, transcender uma verdadeira ocasião não significa ser desconectado dela. Ao contrário, mantenho que cada objeto externo tem sua própria conexão com cada ocasião, que denomino seu modo de ingresso dentro daquela ocasião. (...) Assim, o status metafísico de um objeto eterno é o de uma possibilidade por uma atualidade. Cada ocasião atual é definida quanto a seu caráter pelo modo como essas possibilidades são atualizadas para aquela ocasião.

Os elementos da experiência, projeção e antecipação de possibilidades reais entram nas sínteses conceituais – de forma respeitável como hipóteses, de forma infame como "metafísica". Em vários graus, são irrealistas porque transgridem o universo estabelecido do comportamento e podem mesmo

---

predicado, um predicado precisamente da primazia implícita na excelência superlativa do desempenho. Generalidade, por assim dizer, é geral precisamente porque e apenas na medida em que é 'como' a primazia. É geral, então, não no sentido de uma lógica universal ou de conceito-classe, mas no sentido de uma forma que, somente porque universalmente vinculativa, gerencia para unificar uma multiplicidade de partes num todo único. É muito importante perceber que a relação desse todo com suas partes *não* é mecânica (todo = a soma de suas partes), mas essencialmente teleológica (todo = distinto da soma de suas partes). Mais ainda: essa visão essencialmente teleológica da totalidade como funcional sem ser propositiva, por toda sua relevância ao fenômeno-vida, não é exclusivamente ou mesmo primariamente uma categoria 'orgânica'. Está enraizada, ao contrário, na funcionalidade imanente e intrínseca da excelência como tal, que *unifica* um múltiplo precisamente no processo de 'aristocratizá-lo', sendo excelência e unidade as condições próprias de toda realidade, mesmo múltipla." REICHE, Harold A. T. *"General Because First": A Presocratic Motive in Aristotle's Theology* (Cambridge: Massachusetts Institute of Technology, 1961, Publications in Humanities, n. 52), p. 105 ss.

173. (Nova York: Macmillan, 1926), p. 228 ss.

O COMPROMISSO HISTÓRICO DA FILOSOFIA | 209

ser indesejáveis em nome da nitidez e da exatidão. Certamente, na análise filosófica, "pouco avanço real (...) deve ser esperado da expansão de nosso universo para incluir as assim chamadas entidades possíveis",[174] mas tudo depende de como a Navalha de Ockham é aplicada, quer dizer, quais possibilidades devem ser cortadas. A possibilidade da organização de uma vida social inteiramente diferente não tem nada em comum com a "possibilidade" de um homem com um chapéu verde aparecendo em todas as portas amanhã, porém tratá-las com a mesma lógica pode servir à difamação de possibilidades indesejáveis. Criticando a introdução de entidades possíveis, Quine escreve que tal "universo populoso é de muitos modos desagradável. Ofende o sentido estético de nós que temos gosto por paisagens desérticas, mas isso não é a pior parte. [Tal] favela de possibilidades é um terreno fértil para elementos desordenados".[175]

A filosofia contemporânea raramente atingiu uma formulação mais autêntica do conflito entre seu objetivo e sua função. A síndrome linguística de "amabilidade", "sentido estético" e "paisagem desértica" evoca o ar libertador do pensamento de Nietzsche, ferindo a Lei e a Ordem, enquanto o "terreno fértil para elementos desordenados" pertence à linguagem falada pelas autoridades de Investigação e Informação. O que aparece desagradável e desordenado do ponto de vista da lógica, pode muito bem incluir os elementos agradáveis de uma ordem diferente, e pode assim ser uma parte essencial do material do qual os conceitos filosóficos são feitos. Nem o mais refinado senso estético nem o mais exato conceito filosófico são imunes à história. Os elementos desordenados entram nos mais puros objetos do pensamento. Eles também estão separados de uma base social, e os conteúdos dos quais eles se abstraem guiam a abstração.

Assim, o espectro do *"historicismo"* é levantado. Se o pensamento procede de condições históricas que continuam a operar na abstração, há alguma base objetiva sobre a qual pode ser feita uma distinção entre as várias possibilidades projetadas pelo pensamento – distinção entre modos diferentes e conflitantes de transcendência conceitual? Mais ainda: a questão não pode ser discutida com referência somente a projetos *filosóficos* diferentes.[176] Na medida em que o projeto filosófico é *ideológico*, é parte de um projeto *histórico* – isto é, pertence a um estágio e nível específicos de desenvolvimento

---

174. QUINE, W. V. O. *From a Logical Point of View, loc. cit.*, p. 4.

175. *Ibid.*

176. Para esse uso do termo "projeto", ver Introdução, p. 13.

social, e os conceitos filosóficos críticos se referem (não importa quão indiretamente!) a possibilidades alternativas desse desenvolvimento.

A busca de critérios para julgar entre projetos filosóficos diferentes, portanto, leva à busca de critérios para julgar entre diferentes alternativas e projetos históricos, entre diferentes modos existentes e possíveis de entender e mudar homem e natureza. Apresentarei somente umas poucas proposições que sugerem que o caráter histórico imanente dos conceitos filosóficos, longe de impedir a validade objetiva, define a base para sua validade objetiva.

Ao falar e pensar para si mesmo, o filósofo fala e pensa de uma posição particular em sua sociedade, e o faz assim com o material transmitido e utilizado por sua sociedade. Mas ao fazer isto, ele fala e pensa dentro de um universo comum de fatos e possibilidades. Através de vários agentes e camadas individuais de experiência, através de "projetos" diferentes que guiam os modos de pensamento do negócio da vida quotidiana para a ciência e a filosofia, a interação entre um sujeito coletivo e um mundo comum persiste e constitui a validade objetiva dos universais. É objetivo:

(1) em virtude da matéria (substância) oposta ao sujeito que apreende e compreende. A formação de conceitos permanece determinada pela estrutura da matéria não dissolúvel na subjetividade (mesmo se a estrutura é inteiramente lógico-matemática). Não pode ser válido nenhum conceito que defina seu objeto por propriedades e funções que não pertençam ao objeto (por exemplo, o indivíduo não pode ser definido como capaz de se tornar idêntico a outro indivíduo; o homem como capaz de permanecer eternamente jovem). Entretanto, a matéria confronta o sujeito num universo histórico e a objetividade aparece sob um horizonte histórico aberto; é mutável.

(2) em virtude da estrutura da sociedade específica na qual o desenvolvimento dos conceitos toma lugar. Essa estrutura é comum a todos os sujeitos no respectivo universo. Eles existem sob as mesmas condições naturais, o mesmo regime de produção, o mesmo modo de explorar a riqueza social, a mesma herança do passado, a mesma gama de possibilidades. Todas as diferenças e conflitos entre classes, grupos e indivíduos se desdobram dentro dessa estrutura comum.

Os objetos de pensamento e percepção, tal como aparecem aos indivíduos antes de toda interpretação "subjetiva", têm em comum certas qualidades primárias, pertencentes a estas duas camadas da realidade: (1) à estrutura física (natural) da matéria, e (2) à forma que a matéria adquiriu na prática histórica coletiva que a transformou (matéria) em objetos para um sujeito. As duas camadas ou aspectos da objetividade (física e histórica) estão inter-relacionadas de tal modo que não podem ser isoladas uma da outra; o aspecto histórico nunca pode ser eliminado tão radicalmente de modo que somente permaneça a camada física "absoluta".

Por exemplo, tentei mostrar que, na realidade tecnológica, o mundo--objeto (incluindo os sujeitos) é experimentado como um mundo de *instrumentalidades*. O contexto tecnológico predefine a forma na qual os objetos aparecem. Aparecem *a priori* ao cientista como elementos livres de valores ou complexos de relações, suscetíveis à organização num sistema lógico-matemático efetivo; e aparecem ao senso comum como o material do trabalho ou lazer, produção ou consumo. O mundo-objeto é, assim, o mundo de um projeto histórico específico, e nunca é acessível fora do projeto histórico que organiza a matéria, e a organização da matéria é um empreendimento teórico e ao mesmo tempo prático.

Usei repetidamente o termo "projeto" porque me parece acentuar mais claramente o caráter específico da prática histórica. Ele resulta de uma determinada escolha, apreensão de um entre outros modos de compreender, organizar e transformar a realidade. A escolha inicial define a gama de possibilidades abertas nesse modo e impede possibilidades alternativas incompatíveis com ela.

Proporei agora alguns critérios para o valor de verdade de diferentes projetos históricos. Esses critérios devem se referir à maneira pela qual um projeto histórico realiza possibilidades dadas – não possibilidades formais, mas aquelas que envolvem os modos da existência humana. Tal realização está verdadeiramente a caminho em qualquer situação histórica. Toda sociedade estabelecida é tal realização; mais ainda: ela tende a prejulgar a racionalidade de projetos *possíveis*, para mantê-los dentro de sua estrutura. Ao mesmo tempo, toda sociedade estabelecida é confrontada com a atualidade ou a possibilidade de uma prática histórica qualitativamente diferente que pode destruir a estrutura institucional existente. A sociedade estabelecida demonstrou seu valor de verdade como um projeto histórico. Teve sucesso ao organizar a luta do homem com o homem e com a natureza; reproduz e protege (mais ou menos adequadamente) a existência humana (sempre com a exceção da existência daqueles que são os proscritos declarados, estrangeiros inimigos e outras vítimas do sistema). Mas contra esse projeto em plena realização emergem outros projetos, e entre eles aqueles que mudariam o projeto estabelecido em sua totalidade. É com referência a tal projeto transcendente que o critério pela verdade objetiva histórica pode melhor ser formulado como o critério de sua racionalidade:

212 | A POSSIBILIDADE DAS ALTERNATIVAS

(1) O projeto transcendente deve estar de acordo com as possibilidades reais abertas no nível atingido pela cultura material e intelectual.

(2) O projeto transcendente, para falsificar a totalidade estabelecida, deve demonstrar sua própria racionalidade superior no triplo sentido de que:
(a) oferece a perspectiva de preservar e melhorar as conquistas da civilização;
(b) define a totalidade estabelecida em sua própria estrutura, tendências básicas e relações;
(c) sua realização oferece uma oportunidade maior pela pacificação da existência, dentro do quadro de instituições que oferecem uma oportunidade maior para o livre desenvolvimento das necessidades e faculdades humanas.

Obviamente, essa noção de racionalidade contém, especialmente na última afirmação, um juízo de valor, e reitero o que afirmei antes: acredito que o próprio conceito de Razão se origina nesse juízo de valor e que o conceito de verdade não pode estar divorciado do valor da Razão.

"Pacificação", "livre desenvolvimento das necessidades e faculdades humanas" – estes conceitos podem ser empiricamente definidos em termos dos recursos e capacidades intelectuais e materiais disponíveis e seu uso sistemático para amenizar a luta pela existência. Essa é a base objetiva da racionalidade histórica.

Se o *continuum* histórico em si fornece a base objetiva para determinar a verdade de diferentes projetos históricos, também determina seus desdobramentos e seus limites? A verdade histórica é comparativa; a racionalidade das possibilidades depende da racionalidade do existente, a verdade do projeto transcendente depende da verdade do projeto em realização. A ciência aristotélica foi falsificada com base em suas conquistas; se o capitalismo for falsificado pelo comunismo, será em virtude de suas próprias conquistas. A continuidade é preservada pela ruptura: o desenvolvimento quantitativo torna-se mudança qualitativa se atinge a própria estrutura de um sistema estabelecido; a racionalidade estabelecida se torna irracional quando, no curso de seu desenvolvimento *interno*, as potencialidades do sistema superam suas instituições. Tal refutação interna pertence ao caráter histórico da realidade, e o mesmo caráter confere sua intenção crítica aos conceitos que compreendem essa realidade. Eles reconhecem e antecipam o irracional na realidade estabelecida – projetam a negação histórica.

Essa é uma negação "determinada" – ou seja, a sucessão interna de um projeto histórico, uma vez que se tornou uma totalidade, é necessariamente predeterminada pela estrutura daquela totalidade? Se for, então o termo "projeto" seria enganoso. Aquilo que é uma possibilidade histórica real seria mais cedo ou mais tarde; e a definição de liberdade como necessidade compreendida teria uma conotação repressiva que não possui. Isso tudo pode não ter importância alguma. O que importa é que tal determinação histórica absolveria (apesar de toda ética e psicologia tortuosas) os crimes contra a humanidade que a civilização continua a cometer e, assim, facilitaria sua continuação.

Sugiro a frase "escolha determinada" para enfatizar a inserção da liberdade na necessidade histórica; a frase não faz mais do que condensar a proposição segundo a qual os homens fazem sua própria história, mas a fazem sob condições dadas. São determinadas (1) as contradições específicas que se desenvolvem dentro de um sistema histórico como manifestações do conflito entre o potencial e o atual; (2) os recursos matérias e intelectuais disponíveis no respectivo sistema; (3) a extensão da liberdade teórica e prática compatível com o sistema. Essas condições deixam abertas possibilidades de desenvolver e utilizar os recursos disponíveis, possibilidades alternativas de "ganhar a vida", de organizar a luta do homem com a natureza.

Assim, dentro do quadro de uma situação dada, a industrialização pode proceder de diferentes modos, sob controle coletivo ou privado e, mesmo sob controle privado, em diferentes direções de progresso e com diferentes objetivos. A escolha é primariamente (mas somente primariamente!) o privilégio daqueles grupos que obtiveram o controle sobre o processo produtivo. Seu controle projeta o modo de vida para o todo, e a necessidade subsequente e escravizadora é o resultado de sua liberdade. E a possível abolição dessa necessidade depende de uma nova inserção da liberdade – não qualquer liberdade, mas aquela dos homens que compreenderam a necessidade dada como dor inaceitável e desnecessária.

Enquanto processo histórico, o processo dialético envolve a consciência: reconhecimento e apreensão de potencialidades libertadoras. Portanto, envolve liberdade. Na medida em que a consciência é determinada pelas exigências e interesses da sociedade estabelecida, ela é "não-livre"; na medida em que a sociedade estabelecida é irracional, a consciência torna-se livre para a mais alta racionalidade histórica somente na luta *contra* a sociedade estabelecida. A verdade e a liberdade do pensar negativo possuem seu fundamento e sua razão nessa luta. Assim, segundo Marx, o proletariado é a força histórica libertadora somente como força revolucionária; a negação determinada do capitalismo ocorre *quando e se* o proletariado se tornou consciente de si e das condições e processos que produzem essa sociedade. Essa consciência é pré-requisito tanto quanto elemento da prática negativa. Esse "se" é essencial ao progresso histórico – é o elemento de liberdade (e oportunidade!) que abre as possibilidades de conquistar a necessidade dos fatos dados. Sem ele, a história recai na escuridão da natureza inconquistada. Encontramos o "círculo vicioso" de liberdade e libertação antes;[177] aqui ele reaparece como a dialética da negação determinada. A transcendência para além das condições estabelecidas (de pensamento e ação) pressupõe a transcendência *dentro* dessas condições. Essa liberdade negativa – isto é, liberdade do poder opressivo e ideológico dos fatos dados – é o *a priori* da dialética histórica; é o elemento de escolha e decisão dentro e contra a determinação histórica. Nenhuma das alternativas dadas é *por si mesma* negação determinada a menos que seja compreendida conscientemente para poder destruir romper o poder das condições intoleráveis e atingir as condições mais racionais e mais lógicas tornadas possíveis pelas condições predominantes. Em todo caso, a racionalidade e a lógica invocadas no movimento de pensamento e ação são as das condições dadas a serem transcendidas. A negação se desenrola em bases empíricas; é um projeto histórico dentro de um projeto já em andamento e para além dele, e sua verdade é uma possibilidade a ser determinada nessas bases.

Entretanto, a verdade de um projeto histórico não é validada *ex post* pelo sucesso, por assim dizer, pelo fato de ser aceito ou realizado pela sociedade. A ciência galileana era verdadeira enquanto ainda era condenada; a teoria marxiana já era verdadeira na época do Manifesto Comunista; o fascismo permanece falso mesmo se ascender em escala internacional ("verdadeiro" e "falso" sempre no sentido da racionalidade histórica como definida acima). No período contemporâneo, todos os projetos históricos tendem a ser polarizados sobre duas totalidades conflitantes – capitalismo e comunismo, e o resultado parece depender de duas séries antagônicas de fatores: (1) a maior força de destruição; (2) a maior produtividade sem destruição. Em outras palavras, a mais alta verdade histórica pertenceria ao sistema que oferece a maior possibilidade de pacificação.

---

177. Veja p. 72.

# Capítulo 9
# A catástrofe da libertação

O pensamento positivo e sua filosofia neo-positivista contrariam o conteúdo histórico da racionalidade. Esse conteúdo nunca é um elemento ou um significado estranho que pode ou não ser incluído na análise; ele entra no pensamento conceitual como elemento constitutivo e determina a validade de seus conceitos. Na medida em que a sociedade estabelecida é irracional, a análise em termos de racionalidade histórica introduz o elemento negativo no conceito – crítica, contradição e transcendência. Esse elemento não pode ser assimilado ao positivo. Ele muda o conceito em seu conjunto, em sua intenção e validade. Assim, na análise de uma economia, capitalista ou não, que opera como um poder "independente" acima dos indivíduos, os aspectos negativos (sobreprodução, desemprego, insegurança, desperdício, repressão) não são compreendidos desde que apareçam somente como subprodutos mais ou menos inevitáveis, como "o outro lado" da história de crescimento e progresso.

Realmente, uma administração totalitária pode promover a exploração eficiente dos recursos; o *establishment* militar-nuclear pode prover milhões de empregos de um enorme poder aquisitivo; labuta e úlcera podem ser o subproduto da aquisição de riqueza e responsabilidade; tropeços e crimes mortais por parte dos líderes podem ser simplesmente a vida como ela é. Deseja-se admitir a loucura econômica e política – e ela é aceita. Mas esse tipo de conhecimento do "outro lado" é parte integrante da concretização do estado de coisas, da grande unificação de opostos que contraria a mudança qualitativa, porque pertence a uma existência completamente desesperançada ou completamente pré-condicionada que encontrou abrigo num mundo onde mesmo o irracional é Razão.

A tolerância do pensamento positivo é tolerância forçada – forçada não por qualquer agência terrorista, mas pelo poder e eficiência opressivos e anônimos da sociedade tecnológica. Como tal, permeia a consciência geral – e a consciência do crítico. A absorção do negativo pelo positivo é validada na experiência diária, que ofusca a distinção entre aparência racional e realidade irracional. Aqui alguns exemplos banais dessa harmonização:

(1) Viajo em um automóvel novo. Experimento sua beleza, seu brilho, sua potência, sua conveniência – mas então me torno consciente de que num tempo relativamente curto ele se deteriorará e necessitará de reparos; que sua beleza e superfície são baratas, sua potência é desnecessária, seu tamanho absurdo; e que eu não encontrarei uma vaga para estacioná-lo. Chego a pensar no *meu* carro como um produto de uma das Três Grandes corporações de automóveis. Isso determina a aparência de meu carro e produz sua beleza tanto quanto seu preço baixo, sua potência tanto quanto sua fragilidade, seu funcionamento tanto quanto sua obsolescência. De certo modo, sinto-me enganado. Acredito que o carro não é o que poderia ser, que melhores carros poderiam ser feitos por menos dinheiro. Mas as outras pessoas também precisam viver. Salários e impostos são muito altos; recontratações são necessárias; estamos muito melhor do que antes. A tensão entre aparência e realidade se dissipa e ambas convergem num sentimento mais agradável.

(2) Passeio pelo campo. Tudo como devia ser: o que há de melhor na natureza. Pássaros, sol, grama macia, a vista das montanhas por entre as árvores, ninguém por perto, nenhum rádio, nem cheiro de gasolina. Então, depois de uma curva, o caminho termina numa autoestrada. Estou de volta entre letreiros, postos de gasolina, motéis e pousadas. Estava no Parque Nacional e agora sei que isso não era a realidade. Era uma "reserva", algo que está sendo preservado como uma espécie em extinção. Se não fosse pelo governo, as placas, os carrinhos de cachorro-quente e motéis teriam há muito tempo invadido aquele pedaço de Natureza. Sou grato ao governo; estamos muito melhor que antes...

(3) O metrô à tarde, durante a hora de pico. O que vejo das pessoas são caras e membros cansados, ódio e raiva. Sinto que alguém pode a qualquer momento sacar uma faca – sem mais. Eles leem, ou melhor, estão imersos em seus jornais ou revistas ou livros. E mesmo assim, um par de horas depois, as mesmas pessoas, desodorizadas, lavadas,

A CATÁSTROFE DA LIBERTAÇÃO | 217

vestidas ou não, podem ser felizes e ternas, sorrir de verdade e esquecer (ou se lembrar). Mas a maioria delas provavelmente estará terrivelmente acompanhada ou sozinha em casa.

Esses exemplos podem ilustrar o casamento feliz do positivo com o negativo – a ambiguidade *objetiva* que adere aos dados da experiência. A ambiguidade é objetiva porque a mudança em minhas sensações e reflexões responde à maneira pela qual os fatos experimentados são verdadeiramente inter-relacionados. Porém, essa inter-relação, se compreendida, despedaça a consciência harmoniosa e seu falso realismo. O pensamento crítico se esforça para definir o caráter irracional da racionalidade estabelecida (que se torna crescentemente óbvio) e para definir as tendências que motivam essa racionalidade a gerar sua própria transformação. "Sua própria" porque, como totalidade histórica, desenvolveu forças e capacidades que se tornam projetos para além da totalidade estabelecida. São possibilidades da racionalidade tecnológica avançada. A transformação tecnológica é ao mesmo tempo transformação política, mas a mudança política se converteria em mudança social qualitativa somente na medida em que alterasse a direção do progresso técnico – isto é, desenvolvesse uma nova tecnologia. Pois a tecnologia estabelecida se tornou um instrumento da política destrutiva.

Tal mudança qualitativa seria a transição para um estágio mais elevado de civilização se a técnica fosse projetada e utilizada para a pacificação da luta pela existência. De modo a indicar as implicações perturbadoras dessa afirmação, sugiro que tal nova direção do progresso técnico seria a catástrofe da direção estabelecida, não somente a evolução quantitativa da racionalidade predominante (científica ou tecnológica), mas sua transformação catastrófica, a emergência de uma nova ideia de Razão, teórica e prática.

A nova ideia de Razão é expressa na proposição de Whitehead: "A função da Razão é promover a arte da vida".[178] Em vista desse fim, a Razão é a "direção do ataque sobre o meio" que deriva do "triplo desejo de: (1) viver, (2) viver bem, (3) viver melhor".[179] As proposições de Whitehead parecem descrever tanto o verdadeiro desenvolvimento da Razão quanto seu fracasso. Ou melhor, parecem sugerir que a Razão ainda está para ser descoberta, reconhecida e realizada, pois até agora a função histórica da Razão também tem sido reprimir e mesmo destruir o desejo de viver, viver bem, e viver

---

178. WHITEHEAD, A. N. *The Function of Reason* (Boston: Beacon Press, 1959), p. 5.

179. *Ibid.*, p. 8.

## 218 | A POSSIBILIDADE DAS ALTERNATIVAS

melhor – ou adiar e colocar um preço exorbitantemente alto para a realização desse desejo.

Na definição de Whitehead da função da Razão, o termo "arte" conota o elemento de negação determinada. Razão, em sua aplicação à sociedade, fora assim muito oposta à arte, enquanto à arte foi concedido o privilégio de poder ser irracional – de não estar não sujeitada à Razão científica, tecnológica e operacional. A racionalidade da dominação separou a Razão da ciência e a Razão da arte, ou falsificou a Razão da arte por integrar a arte no universo da dominação. Foi uma separação porque, do início, a ciência continha uma Razão estética, o livre jogo e mesmo a loucura da imaginação, a fantasia da transformação; a ciência cedeu à racionalização das possibilidades. Entretanto, esse livre jogo reteve o compromisso da não-liberdade predominante na qual nasceu e da qual se separou; as possibilidades com a qual a ciência jogou foram também aquelas da libertação – de uma verdade superior.

Aqui está o vínculo original (dentro do universo de dominação e escassez) entre ciência, arte e filosofia. É a consciência da discrepância entre o real e o possível, entre a verdade aparente e a verdade autêntica, e o esforço de compreender e dominar essa discrepância. Uma das formas primárias nas quais essa discrepância encontrou expressão foi a distinção entre deuses e homens, finitude e infinito, mudança e permanência.[180] Algo desta inter-relação mitológica entre o real e o possível sobreviveu no pensamento científico e continuou a ser direcionado para uma realidade mais racional e verdadeira. A matemática foi considerada real e "boa" no mesmo sentido que as Ideias metafísicas de Platão. Como então o desenvolvimento da primeira se tornou ciência, enquanto as últimas permaneceram metafísica?

A resposta mais óbvia é que, em larga medida, as abstrações *científicas* entraram e provaram sua verdade na conquista e na transformação efetivas da natureza, enquanto as abstrações *filosóficas* não – e nem poderiam. Pois a conquista e a transformação ocorreram dento de uma lei e de uma ordem de vida que a filosofia transcendeu, subordinando-as à "boa vida" de uma lei e uma ordem diferentes. E essa outra ordem, que pressupôs um alto grau de libertação da labuta, da ignorância e da pobreza, era *irreal* nas origens do pensamento filosófico e por todo seu desenvolvimento, enquanto o pensamento científico continuou a ser aplicável a uma *realidade* crescentemente poderosa e universal. Os conceitos filosóficos finais permaneceram, de fato, metafísicos; não foram e não poderiam ser verificados nos termos do universo estabelecido do discurso e da ação.

---

180. Ver o capítulo 5.

A CATÁSTROFE DA LIBERTAÇÃO | 219

Porém, se essa é a situação, então o caso da metafísica, e especialmente do significado e da verdade das proposições, é um caso histórico. Isto é, as condições históricas mais do que as puramente epistemológicas determinam a verdade, o valor cognitivo de tais proposições. Como todas as proposições que invocam a verdade, devem ser verificáveis; devem ficar dentro do universo da experiência possível. Esse universo nunca é coextensivo com o universo estabelecido, mas estende-se aos limites do mundo que pode ser criado pela transformação do estabelecido, com os meios que este forneceu ou negou. O âmbito da verificabilidade, neste sentido, cresce no curso da história. Assim, as especulações sobre a Boa Vida, a Boa Sociedade e a Paz Perpétua obtêm um conteúdo cada vez mais realista; sobre o fundamento tecnológico, o metafísico tende a se tornar físico. Mais ainda, se a verdade das proposições metafísicas é determinada pelo seu conteúdo histórico (*i.e.*, pelo grau em que definem possibilidades históricas), então a relação entre metafísica e ciência é estritamente histórica. Em nossa cultura, enfim, aquela parte da lei de Saint Simon dos Três Estágios ainda é tomada como certa, a qual estipula que o estágio metafísico *precede* o estágio científico da civilização. Mas é esta uma sequência final? Ou a transformação científica do mundo contém sua própria transcendência metafísica?

No estágio avançado da civilização industrial, a racionalidade científica, traduzida em poder político, afigura-se o fator decisivo no desenvolvimento das alternativas históricas. A questão então se levanta: esse poder tende para sua própria negação – isto é, para a promoção da "arte da vida"? Dentro das sociedades estabelecidas, a aplicação continuada da racionalidade científica teria atingido um ponto terminal com a mecanização de todo trabalho socialmente necessário, mas individualmente repressivo ("socialmente necessário" aqui inclui todos os desempenhos que podem ser exercidos mais efetivamente pelas máquinas, mesmo se tais desempenhos produzem luxos e desperdícios mais do que suprem necessidades). Mas esse estágio também seria o fim e o limite da racionalidade científica em sua estrutura e direção estabelecidas. Mais progresso significaria a *ruptura*, a virada de quantidade em qualidade. Abriria a possibilidade de uma nova realidade essencialmente humana – nomeadamente, existência em tempo livre sobre a base de necessidades vitais satisfeitas. Sob tais condições, o próprio projeto científico seria liberado para fins transutilitários e liberado para a "arte de viver" além das necessidades e luxos de dominação. Em outras palavras, a consumação da realidade tecnológica não seria apenas o pré-requisito, mas também a razão para se transcender a realidade tecnológica.

220 | A POSSIBILIDADE DAS ALTERNATIVAS

Isso significaria o reverso da relação tradicional entre ciência e metafísica. As ideias definindo a realidade em termos diferentes daqueles das ciências exatas ou comportamentais perderiam seu caráter metafísico ou emotivo como resultado da transformação científica do mundo; os conceitos científicos poderiam projetar e definir as realidades possíveis de uma existência livre e pacificada. A elaboração de tais conceitos significaria mais do que a evolução das ciências predominantes. Envolveria a racionalidade científica como um todo, que até agora tem estado comprometida com uma existência sem liberdade, e significaria uma nova ideia de ciência, de Razão.

Se a consumação do projeto tecnológico envolve romper com a racionalidade tecnológica predominante, por sua vez a ruptura depende da existência continuada da própria base técnica. Pois é essa base que torna possível a satisfação das necessidades e a redução da labuta – ela permanece a base real de todas as formas de liberdade humana. A mudança qualitativa reside mais na reconstrução dessa base – isto é, em seu desenvolvimento tendo em vista diferentes fins.

Salientei que isso não significaria o renascimento de "valores," espirituais ou outros, que deverão complementar a transformação científica e tecnológica do homem e da natureza.[181] Ao contrário, o alcance histórico da ciência e da tecnologia tornou possível a *tradução de valores em tarefas técnicas* – a materialização dos valores. Consequentemente, o que está em jogo é a redefinição de valores em *termos técnicos*, como elementos no processo tecnológico. Os novos fins, como fins técnicos, operariam então no projeto e na construção do maquinário e não só em sua utilização. Mais ainda, os novos fins podem afirmar-se mesmo na construção de hipóteses científicas – na pura teoria científica. Da quantificação de qualidades secundárias, a ciência procederia para a quantificação de valores.

Por exemplo, o que é calculável é o mínimo de trabalho com o qual, e em que medida, as necessidades vitais de todos os membros de uma sociedade poderiam ser satisfeitas – desde que os recursos disponíveis que sejam usados para esse fim, sem estarem restritos por outro interesse e sem impedirem a acumulação do capital necessário para o desenvolvimento da respectiva sociedade. Em outras palavras, quantificável é o grau disponível de liberdade da necessidade. Ou, calculável é o grau para o qual, sob as mesmas condições, poderia ser fornecido cuidado para o doente, o enfermo e o idoso – isto é, quantificável é a redução possível da ansiedade, a possível libertação do medo.

---

181. Ver capítulo 1, especialmente p. 54.

A CATÁSTROFE DA LIBERTAÇÃO | 221

Os obstáculos que ficam no caminho da materialização são obstáculos políticos que podem ser determinados. A civilização industrial atingiu o ponto em que, com respeito às aspirações do homem por uma existência humana, a abstração científica das causas finais torna-se obsoleta dentro dos próprios termos da ciência. A própria ciência tornou possível fazer das causas finais o domínio próprio da ciência. A sociedade,

> *par une élévation et un élargissement du domaine technique, doit remette à leur place, comme techniques, les problèmes de finalité, considérés à tort comme éthiques et parfois comme religieux. L'inachèvement des techniques sacralise les problèmes de finalité et asservit l'homme au respect de fins qu'il se représente comme des absolus.*[182]

Sob esse aspecto, o método científico e a tecnologia "neutros" tornam-se a ciência e a tecnologia de uma fase histórica que está sendo ultrapassada por suas próprias façanhas – a qual atingiu sua negação determinada. Em vez de estarem separadas da ciência e do método científico, e deixadas à preferência subjetiva e à sanção transcendental, irracional, as ideias anteriormente metafísicas de libertação podem se tornar o objeto próprio da ciência. Mas esse desenvolvimento confronta a ciência com a tarefa desagradável de se tornar *política* – de reconhecer a consciência científica como consciência política, e o empreendimento científico como empreendimento político. Pois a transformação de valores em necessidade e de causas finais em possibilidades técnicas é um estágio novo na conquista de forças opressivas, não domadas na sociedade tanto quanto na natureza. É um ato de *libertação*:

> *L'homme se libère de sa situation d'être asservi par la finalité du tout en apprenant à faire de la finalité, à organiser un tout finalisé qu'il juge et apprécie, pour n'avoir pas à subir passivement une intégration de fait. (...) L'homme dépasse l'asservissement en organisant consciemment la finalité (...).*[183]

Entretanto, ao se constituírem *metodicamente* como um empreendimento político, ciência e tecnologia *ultrapassariam* o estágio no qual se encon-

---

182. "por meio de uma elevação e um alargamento do domínio técnico, deve tratar *como técnicos* os problemas de finalidade considerados erroneamente como éticos e às vezes como religiosos. A incompletude da técnica sacraliza os problemas de finalidade e escraviza o homem em respeito aos fins que ele se representa como absoluto." SIMONDON, Gilbert. *Loc. cit.*, p. 151 (grifos meus).

183. "O homem se liberta de sua situação de estar submetido à finalidade de tudo ao aprender a criar a finalidade, de organizar um todo 'finalizado', que ele julga e avalia, *para não ter de sofrer passivamente uma integração de fato.* (...) O homem supera a escravidão ao organizar conscientemente a finalidade. (...)" *Ibid.*, p. 103. [O trecho em *itálico* não consta na presente nota no original. (N.T.)]

## 222 | A POSSIBILIDADE DAS ALTERNATIVAS

travam, por causa de sua neutralidade, submetidas à política e contra seu propósito, funcionando como instrumentos políticos. Pois a redefinição tecnológica e o domínio técnico das causas finais são a construção, desenvolvimento e utilização de recursos (materiais e intelectuais) *libertos* de todos os interesses *particulares* que impedem a satisfação das necessidades humanas e a evolução das faculdades humanas. Em outras palavras, é o empreendimento racional do homem como homem, da humanidade. A tecnologia, portanto, pode fornecer a correção histórica da identificação prematura entre Razão e Liberdade, segundo a qual o homem pode se tornar e permanecer livre no progresso da produtividade autoperpetuadora baseada na opressão. Na medida em que a tecnologia se desenvolveu sobre essa base, a correção nunca pode ser o resultado do progresso técnico *per se*. Ela envolve uma reversão política.

A sociedade industrial possui os instrumentos para transformar o metafísico em físico, o interior em exterior, as aventuras do espírito em aventuras da tecnologia. As terríveis expressões (e realidades de) "engenheiros da alma", "psiquiatras",* gerenciamento científico", "ciência do consumo", resumem (numa forma miserável) a racionalização progressiva do irracional, do "espiritual" – a negação da cultura idealista. Contudo, a consumação da racionalidade tecnológica, ao traduzir ideologia em realidade, transcenderia a antítese materialista dessa cultura. Pois a tradução dos valores em necessidades é o duplo processo de (1) satisfação material (materialização da liberdade) e (2) o livre desenvolvimento de necessidades sobre a base da satisfação (sublimação não-repressiva). Neste processo, a relação entre as faculdades e necessidades materiais e intelectuais submete-se a uma mudança fundamental. O livre jogo de pensamento e imaginação assume uma função racional e diretiva na realização de uma existência pacificada do homem e da natureza. E as ideias de justiça, liberdade e humanidade obtêm, então, sua verdade e boa consciência no único fundamento em que elas poderiam ter verdade e boa consciência – a satisfação das necessidades materiais dos homens, a organização racional do reino da necessidade.

"Existência pacificada." A frase resume de forma muito precária, numa ideia diretriz, o fim proibido e ridicularizado da tecnologia, a causa final reprimida por trás do empreendimento. Se a causa final chegasse a se mate-

---

\*.   No original, "head-shrinker", termo que se refere também aos povos que realizam o encolhimento de cabeças de inimigos capturados. (N.R.T.)

rializar e se tornar efetiva, o *Logos* da técnica abriria um universo de relações qualitativamente diferentes entre homem e homem, homem e natureza.

Porém, neste ponto, uma forte advertência deve ser enunciada – um aviso contra todo fetichismo tecnológico. Tal fetichismo foi recentemente exibido principalmente entre os críticos marxistas da sociedade industrial contemporânea – ideias da futura onipotência do homem tecnológico, de um "Eros tecnológico" etc. O núcleo duro da verdade dessas ideias exige uma denúncia enfática da mistificação que elas expressam. A técnica, como um universo de instrumentos, pode aumentar tanto a fraqueza quanto o poder do homem. No presente estágio, ele está mais indefeso diante de seu próprio aparato do que nunca fora antes.

A mistificação não é removida quando se transfere a onipotência tecnológica de grupos particulares para o novo Estado e o plano central. A tecnologia conserva por completo sua dependência em tudo que não sejam os fins tecnológicos. Quanto mais a racionalidade tecnológica, liberta de seus aspectos exploradores, determina a produção social, mais será dependente da direção política – do esforço coletivo para atingir uma existência pacificada, com os objetivos que os indivíduos livres podem colocar para si mesmos.

"Pacificação da existência" não sugere uma acumulação de poder mas sim o oposto. Paz e poder, liberdade e poder, Eros e poder podem bem ser contrários! Tentarei agora mostrar que a reconstrução da base material da sociedade com vistas à pacificação pode envolver uma *redução* qualitativa tanto quanto quantitativa do poder, de modo a criar o espaço e o tempo para o desenvolvimento da produtividade sob incentivos autodeterminados. A noção de tal reversão do poder é um tema recorrente na teoria dialética.

Na medida em que o objetivo da pacificação determina o *Logos* da técnica, ele altera a relação entre tecnologia e seu objeto primário, a Natureza. Pacificação pressupõe domínio da Natureza, que permanece sendo o objeto oposto ao sujeito em desenvolvimento. Mas há dois tipos de domínio: um repressivo e um libertador. O último envolve a redução da miséria, violência e crueldade. Tanto na Natureza quanto na História, a luta pela existência é o símbolo da escassez, sofrimento e carência. São as qualidades da matéria cega, do reino da imediatez no qual a vida sofre passivamente sua existência. Esse reino é gradualmente mediado no curso da transformação histórica da Natureza; torna-se parte do mundo humano, e nesta medida, as qualidades da Natureza são qualidades históricas. No processo da civilização, a Natu-

## 224 | A POSSIBILIDADE DAS ALTERNATIVAS

reza deixa de ser mera Natureza até o ponto em que a luta de forças cegas é compreendida e dominada à luz da liberdade.[184]
A história é negação da Natureza. O que só é natural é superado e recriado pelo poder da Razão. A noção metafísica de que a Natureza resulta de si mesma na história aponta os limites inconquistados da Razão. Ela os reivindica como limites históricos – como uma tarefa ainda a ser realizada, ou melhor, ainda a ser empreendida. Se a Natureza é em si mesma racional, objeto legítimo da ciência, então ela é o objeto legítimo não só da Razão como poder mas também da Razão como liberdade; não só de dominação, mas também de libertação. Com o surgimento do homem como *animal rationale* – capaz de transformar a Natureza de acordo com as faculdades do espírito e das capacidades da matéria – o meramente natural, como o sub-racional, assume status negativo. Torna-se um reino a ser compreendido e organizado pela Razão.

E até o ponto em que a Razão tem sucesso em sujeitar a matéria a padrões e objetivos irracionais, toda existência sub-racional parece ser carência e privação, e sua redução se torna tarefa histórica. Sofrimento, violência e destruição são categorias da realidade natural tanto quanto da humana, de um universo desamparado e sem coração. A noção terrível de que a vida sub--racional da natureza é destinada a permanecer sempre assim não é filosófica nem científica; ela foi pronunciada por uma autoridade diferente:

> Quando a Sociedade para Prevenção de Crueldade a Animais pediu ao papa seu apoio, ele recusou, alegando que os seres humanos não têm deveres para com os animais inferiores e que os maus tratos aos animais não são pecado. Isso porque os animais não têm alma.[185]

O materialismo, que não é manchado por tal abuso ideológico da alma, tem um conceito mais universal e realista de salvação. Ele admite a realidade do Inferno somente num lugar definido aqui na terra e afirma que esse Inferno foi criado pelo Homem (e pela Natureza). Parte desse Inferno são os maus-tratos aos animais – obra de uma sociedade humana cuja racionalidade ainda é irracional.

---

184. O conceito de liberdade de Hegel pressupõe a consciência total (na terminologia de Hegel, autoconsciência). Consequentemente, a "realização" da Natureza não é, e nunca pode ser, o trabalho próprio da Natureza. Mas na medida em que a Natureza é em si mesma negativa (isto é, carente em sua própria existência), a transformação histórica da Natureza pelo Homem é a superação dessa negatividade, a libertação da Natureza. Ou, nas palavras de Hegel, a Natureza é em sua essência, não-natural – "*Geist*".

185. Citado em RUSSELL, Bertrand. *Unpopular Essays* (Nova York: Simon and Schuster, 1950), p. 76.

A CATÁSTROFE DA LIBERTAÇÃO | 225

Toda alegria e felicidade derivam da habilidade de transcender a Natureza – uma transcendência na qual o domínio da Natureza é em si subordinado à libertação e à pacificação da existência. Toda tranquilidade e todo encanto são o resultado da *mediação* consciente, de autonomia e contradição. A glorificação do natural é parte da ideologia que protege uma sociedade não-natural em sua luta contra a libertação. A difamação do controle de natalidade é um exemplo gritante. Em algumas regiões atrasadas do mundo, é também "natural" que raças negras sejam inferiores às brancas, que as pessoas cuidem somente de si mesmas, e que a vida seja assim mesmo. É também natural que o peixe grande coma o pequeno – apesar disso não parecer natural para o peixe pequeno. A civilização produz os meios de libertar a Natureza de sua própria brutalidade, sua própria insuficiência, sua própria cegueira, por virtude do poder cognitivo e transformador da Razão. E a Razão pode cumprir sua função somente como racionalidade pós-tecnológica, na qual a técnica é em si mesma o instrumento da pacificação, *organon* da "arte da vida". A função da Razão, assim, converge com a função da *Arte*.

A noção grega da afinidade entre arte e técnica pode servir como uma ilustração preliminar. O artista possui as ideias que, como causas finais, guiam a construção de certas coisas – tal como o engenheiro possui ideias que guiam, como causas finais, a construção de uma máquina. Por exemplo, a ideia de uma abóbada para os seres humanos determina a construção pelo arquiteto de uma casa; a ideia de explosão nuclear em larga escala determina a construção do aparato que deve servir a esse propósito. A ênfase sobre a relação essencial entre arte e técnica aponta para a *racionalidade* específica da arte.

Como a tecnologia, a arte cria um outro universo de pensamento e prática em oposição e dentro do existente. Mas, em contraste com o universo técnico, o universo artístico é aquele da ilusão, da aparência, *Schein*. Entretanto, essa aparência é semelhança a uma realidade que existe como promessa e ameaça à realidade estabelecida.[186] Nas várias formas de máscara e silêncio, o universo artístico é organizado pelas imagens de uma vida sem medo – como máscara e silêncio porque a arte não tem poder para produzir essa vida, nem mesmo para representá-la adequadamente. Todavia, a verdade impotente e ilusória da arte (que nunca foi tão impotente nem tão ilusória quanto é hoje, quando se tornou um ingrediente onipresente da sociedade administrada) testemunha a validade de suas imagens. Quanto

---

186. Ver capítulo 3.

## 226 | A POSSIBILIDADE DAS ALTERNATIVAS

mais estrondosamente irracional a sociedade se torna, maior a racionalidade do universo artístico.

A civilização tecnológica estabelece uma relação específica entre arte e técnica. Mencionei acima a noção de uma reversão da Lei dos Três Estágios e de uma "revalidação" da metafísica *com base* na transformação científica e tecnológica do mundo. A mesma noção pode ser agora estendida à relação entre ciência-tecnologia e arte. A racionalidade arte, sua habilidade de "projetar" a existência, de definir possibilidades ainda não realizadas poderia, então, ser visualizada como *validando-se e funcionando na transformação científico-tecnológica do mundo*. Em vez de ser serva do aparato estabelecido, embelezando seu negócio e sua miséria, a arte se tornaria uma técnica para destruir esse negócio e essa miséria.

A racionalidade tecnológica da arte parece ser caracterizada por uma "redução" estética: "A arte é capaz de reduzir o aparato que a aparência externa exige de modo a preservar-se – redução aos limites em que o externo pode tornar-se a manifestação do espírito e liberdade".[187]

Segundo Hegel, a arte reduz a contingência imediata na qual um objeto (ou uma totalidade de objetos) existe a um estado no qual o objeto adota a forma e a qualidade da liberdade. Tal transformação é redução porque a situação contingente sofre exigências que são externas e que impedem a sua livre realização. Essas exigências constituem um "aparato" na medida em que não são meramente naturais, mas sim sujeitas à mudança e ao desenvolvimento livres e racionais. Assim, a transformação artística viola o objeto natural, mas o objeto violado é em si mesmo opressivo; desse modo, a transformação estética é libertação.

A redução estética aparece na transformação tecnológica da Natureza que obtém êxito em vincular domínio e libertação, dirigindo o domínio em direção à libertação. Neste caso, a conquista da Natureza reduz a cegueira, a ferocidade e a fertilidade da Natureza – o que implica em reduzir a ferocidade do homem contra a Natureza. O cultivo do solo é qualitativamente diferente da destruição do solo, a extração de recursos naturais, da exploração do desperdício, a limpeza das florestas, do desmatamento indiscriminado. Pobreza, doença e crescimento desenfreado são males tão

---

187. HEGEL. *Vorlesungen über die Aesthetik*. In: GLOCKNER, H. (Ed.). *Sämtliche Werke* (Stuttgart: Frommann, 1929), v. XII, p. 217 ss. Ver também a tradução de Osmaston em HEGEL, *The Philosophy of Fine Art* (Londres: Bell and Sons, 1920), v. I, p. 214. [HEGEL. *Cursos de Estética*. EdUSP. (N.T.)]

naturais quanto humanos – sua redução e remoção representam a libertação da vida. A civilização atingiu seu "outro", libertando a transformação em seus jardins, parques e reservas. Mas fora dessas áreas pequenas e protegidas, a Natureza é tratada como se trata o homem – como um instrumento de produtividade destrutiva.

Na tecnologia da pacificação, as categorias estéticas entrariam até o ponto em que a maquinaria produtiva é construída com vistas ao livre jogo das faculdades. Mas contra todo "Eros tecnológico" e falsos conceitos, do tipo, "o trabalho não pode se tornar jogo..." O enunciado de Marx exclui rigidamente toda interpretação romântica da "abolição do trabalho". A ideia de tal doutrina filosófica é tão ideológica na civilização industrial avançada quanto foi na Idade Média, e talvez mais ainda. Pois a luta do homem contra a Natureza é cada vez mais uma luta contra a sua sociedade, cujos poderes sobre os indivíduos se torna mais "racional" e, portanto, mais necessária do que nunca. Contudo, enquanto o reino de necessidade continua, sua organização com vistas a fins qualitativamente diferentes não mudaria apenas o modo, mas também a extensão da produção socialmente necessária. E essa mudança, por sua vez, afetaria os agentes humanos de produção e suas necessidades: "o tempo livre transforma seu possuidor num Sujeito diferente, e como Sujeito diferente, ele entra no processo de produção imediata".[188]

Enfatizei repetidas vezes o caráter histórico das necessidades humanas. Acima do nível animal até mesmo as necessidades da vida numa sociedade livre e racional serão diferentes daquelas produzidas em uma sociedade irracional e não-livre. Novamente, é o conceito de "redução" que pode ilustrar a diferença.

Na era contemporânea, a conquista da escassez ainda está confinada a pequenas áreas da sociedade industrial avançada. Sua prosperidade encobre o Inferno dentro e fora de suas fronteiras; também espalha uma produtividade repressiva e "falsas necessidades". Ela é repressiva na medida em que promove a satisfação de necessidades que exigem a manutenção da rotina exaustiva de alcançar os pares e a obsolescência planejada, usufruindo a liberdade de não usar o cérebro, trabalhando com os meios de destruição. O conforto óbvio gerado por esse tipo de produtividade e, além disso, o apoio que dá a um sistema de dominação rentável, facilitam sua importação em áreas menos avançadas do mundo onde a introdução de tal sistema ainda significa um tremendo progresso em termos técnicos e humanos.

---

188. MARX, Karl. *Grundrisse der Kritik der politischen Oekonomie. Loc. cit.*, p. 559. (Tradução minha.)

228 | A POSSIBILIDADE DAS ALTERNATIVAS

Entretanto, a estreita inter-relação entre *know-how* técnico e político--manipulativo, entre produtividade rentável e dominação, empresta à conquista da escassez as armas para conter a libertação. Em larga medida, é a absoluta *quantidade* de bens, serviços, trabalho e recreação nos países superdesenvolvidos que efetua tal contenção. Consequentemente, a mudança qualitativa parece pressupor uma mudança *quantitativa* no padrão avançado de viver, nomeadamente: a *redução do superdesenvolvimento*.

O padrão de vida atingido na maioria das áreas industriais avançadas não é um modelo apropriado de desenvolvimento se o objetivo é a pacificação. Em vista do que esse padrão fez do Homem e da Natureza, deve-se perguntar novamente se valem a pena o sacrifício e as vítimas feitas em sua defesa. A questão voltou a ter importância a partir do momento em que a "sociedade afluente" se tornou a sociedade da mobilização permanente contra o risco de aniquilação e desde que a venda de seus bens foi acompanhada pela idiotização, a perpetuação da labuta e a promoção da frustração.

Sob estas circunstâncias, a libertação da sociedade afluente não significa a volta à pobreza saudável e robusta, à limpeza moral e à simplicidade. Ao contrário, a eliminação do desperdício rentável aumentaria a riqueza social disponível para distribuição, e o fim da mobilização permanente reduziria a necessidade social de negação das satisfações que são próprias dos indivíduos – negações que agora encontram sua compensação no culto da boa forma, da força e da simetria.

Hoje, no próspero Estado beligerante de bem-estar social, as qualidades humanas de uma existência pacificada parecem antissociais e antipatrióticas – qualidades tais como a recusa de toda resiliência, coletivismo e agressividade; desobediência à tirania da maioria; assumir o medo e a fraqueza (a reação mais racional a essa sociedade!); a inteligência sensível que está adoecendo diante daqui que está sendo perpetrado; o compromisso com ações fracas e ridículas de protesto e recusa. Essas expressões de humanidade serão igualmente frustradas pelos compromissos indispensáveis – pela necessidade de se proteger, de ser capaz de trapacear os trapaceiros e de viver e pensar apesar deles. Na sociedade totalitária, as atitudes humanas tendem a se tornar atitudes escapistas, para seguir o aviso de Samuel Beckett: "Não espere ser caçado para se esconder...".

Mesmo a retirada pessoal de energia física e mental das atividades e atitudes socialmente necessárias só é possível hoje para uns poucos; é só um aspecto inconsequente da redireção de energia que deve preceder a

A CATÁSTROFE DA LIBERTAÇÃO | 229

pacificação. Para além do reino pessoal, autodeterminação pressupõe energia livre disponível que não é gasta no trabalho material e intelectual superimposto. Precisa ser energia livre também no sentido de não ser canalizada no manejo de bens e serviços que satisfazem o indivíduo, enquanto o tornam incapaz de atingir uma existência própria e de compreender as possibilidades que são inviabilizadas por sua satisfação. O conforto, os negócio e a segurança do emprego numa sociedade que se prepara para a destruição nuclear podem servir como um exemplo universal de satisfação escravizadora. A libertação da energia dos desempenhos requeridos para sustentar a prosperidade destrutiva significa a diminuição do alto padrão de servidão de modo a capacitar os indivíduos a desenvolverem aquela racionalidade que pode tornar possível uma existência pacificada.

Um novo padrão de vida, adaptado à pacificação da existência, também pressupõe a redução da população futura. É compreensível, até mesmo razoável, que a civilização industrial considere legítimo o massacre de milhões de pessoas na guerra e os sacrifícios diários de todos aqueles que não têm cuidados e proteção adequados, mas descobre seus escrúpulos morais e religiosos se a questão é evitar a produção de mais vidas numa sociedade que ainda está equipada para a aniquilação planejada da vida pelo Bem da Nação e para a privação não planejada de vida a serviço de interesses privados. Esses escrúpulos morais são compreensíveis e razoáveis porque tal sociedade precisa de um número cada vez maior de clientes e apoiadores; a capacidade excedente constantemente regenerada precisa ser administrada. Entretanto, as exigências da produção rentável em massa não são necessariamente idênticas às da humanidade. O problema não é só (e talvez nem mesmo primariamente) aquele de alimentar e cuidar adequadamente da população crescente – é primeiro um problema de número, de mera quantidade. Há mais do que licença poética na acusação que Stefan George pronunciou meio século atrás: "Schon eure Zahl ist Frevel!"*.

O crime é aquele de uma sociedade na qual a população crescente agrava a luta pela existência em face de seu possível alívio. *O impulso por mais "espaço vital"* não opera só na agressividade internacional, mas também dentro da nação. Aqui, a expansão invadiu, em todas as formas de trabalho em equipe, vida comunitária e diversão, o espaço interior da privacidade e praticamente eliminou a possibilidade daquele isolamento no qual

---

*. "Mesmo o seu número já é um crime!". (N.R.T.)

## 230 | A POSSIBILIDADE DAS ALTERNATIVAS

o indivíduo, voltado sobre si mesmo, pode pensar, questionar e encontrar respostas. Esse tipo de privacidade – a única condição que, sobre a base de necessidades vitais satisfeitas, pode dar significado à liberdade e à independência de pensamento – há muito se tornou a mercadoria mais cara, disponível apenas para os muito ricos (que não a usam). Também a este respeito, a "cultura" revela suas origens e limitações feudais. Ela pode se tornar democrática somente pela abolição da democracia de massa, isto é, se a sociedade tiver sucesso em restaurar as prerrogativas de privacidade ao garanti-las a todos e as protegendo para cada um.

À negação da liberdade, até mesmo da possibilidade de liberdade, corresponde a concessão de liberdades quando elas fortalecem a repressão. A medida em que à população é permitido romper a paz onde quer que ainda haja paz e silêncio, ser feia e enfeiar as coisas, abusar da familiaridade, ofender a boa forma é assustadora. É assustadora porque expressa o esforço lícito e mesmo organizado para rejeitar o Outro em seu próprio direito, para impedir a autonomia até mesmo numa esfera pequena e reservada da existência. Nos países superdesenvolvidos, uma parte cada vez maior da população se torna uma audiência cativa – capturada não por um regime totalitário, mas pelas liberdades dos cidadãos cuja mídia de entretenimento e elevação obriga o Outro a participar de seus sons, visões e cheiros.

Pode uma sociedade que é incapaz de proteger a privacidade individual até mesmo dentro das quatro paredes alegar legitimamente que respeita o indivíduo e que é uma sociedade livre? Sem dúvida, uma sociedade livre é definida por conquistas bem mais fundamentais, do que a mera autonomia privada. E ainda a ausência desta vicia até mesmo as instituições mais conspícuas da liberdade econômica e política – ao negar a liberdade em suas raízes profundas. A socialização massiva começa em casa e impede o desenvolvimento da percepção e da consciência. A conquista da autonomia exige condições nas quais as dimensões reprimidas da experiência possam voltar à vida de novo; sua libertação exige a repressão das necessidades e satisfações heterônomas que organizam a vida nessa sociedade. Quanto mais elas se tornam as necessidades e satisfações próprias do indivíduo, mais sua repressão pareceria uma privação fatal de tudo. Porém, precisamente em virtude desse caráter fatal, ela pode criar o pré-requisito subjetivo primário para a mudança qualitativa – nomeadamente, a *redefinição das necessidades*.

Para tomar um exemplo (infelizmente fantástico): a mera ausência de toda propaganda e de toda mídia doutrinária de informação e entretenimento

A CATÁSTROFE DA LIBERTAÇÃO | 231

mergulharia o indivíduo num vazio traumático no qual ele teria a oportunidade de admirar-se e de pensar, de conhecer a si mesmo (ou melhor, o negativo de si mesmo) e sua sociedade. Privado de seus falsos pais, líderes, amigos e representantes, ele teria de aprender o abecedário todo de novo. Mas as palavras e as sentenças que ele formaria poderiam resultar muito diferentes, e o mesmo sucederia a suas aspirações e a seus medos.

Sem dúvida, tal situação seria um pesadelo insuportável. Se por um lado as pessoas podem suportar a criação contínua de armas nucleares, partículas radioativas e gêneros alimentícios questionáveis, por outro, elas não podem (pela mesma razão!) tolerar serem privadas do entretenimento e da educação que as tornam capazes de reproduzir as disposições para sua defesa e/ou destruição. O não-funcionamento da televisão e da mídia do mesmo tipo pode assim começar a atingir o que as contradições inerentes do capitalismo não pôde – a desintegração do sistema. A criação de necessidades repressivas desde há muito tem se tornado parte do trabalho socialmente necessário – necessário no sentido de que sem ele o modo estabelecido de produção não poderia ser sustentado. Não são os problemas da psicologia nem os da estética que estão em jogo, mas sim a base material da dominação.

# Conclusão

A sociedade unidimensional avançada altera a relação entre o racional e o irracional. Em contraste com os aspectos fantásticos e insanos de sua racionalidade, o reino do irracional se torna o lar do realmente racional – das ideias que podem "promover a arte da vida". Se a sociedade estabelecida controla toda comunicação normal, validando-a ou invalidando-a de acordo com as exigências sociais, então os valores estranhos a essas exigências podem talvez não ter outro meio de comunicação senão aquele anormal da ficção. A dimensão estética ainda preserva a liberdade de expressão que permite o escritor e o artista chamarem homens e coisas por seu nome – nomear o que de outro modo é inominável.

A face real de nossa época mostra-se nos romances de Samuel Beckett; sua história real é escrita na peça de Rolf Hochhuf, *Der Stellvertreter* (*O Vigário*). Não é mais a imaginação que fala aqui, mas a Razão, numa realidade que justifica tudo e absolve tudo – exceto o pecado contra seu espírito. A imaginação está abdicando em favor dessa realidade, que está alcançando e ultrapassando a imaginação. Auschwitz continua a assombrar, não a memória, mas as realizações do homem – os voos espaciais, os foguetes e os mísseis, "o porão labiríntico sob a lanchonete", as bonitas instalações eletrônicas, limpas, higiênicas e com canteiros, o gás venenoso que não é realmente prejudicial às pessoas, o sigilo no qual todos participamos. Essa é a configuração na qual as grandes realizações humanas da ciência, medicina e tecnologia acontecem; os esforços para salvar e melhorar a vida são a única esperança nesse desastre. O jogo intencional com as possibilidades fantásticas, a habilidade de agir com boa consciência, *contra naturam*, experimentar com homens e coisas, converter a ilusão em realidade e a ficção em verdade, atestam a extensão em que a Imaginação se torna um

234 | O HOMEM UNIDIMENSIONAL

instrumento de progresso. E é um instrumento que, como muitos outros nas sociedades estabelecidas, é metodicamente abusado. Configurando o ritmo e o estilo da política, o poder da imaginação excede de longe *Alice no País das Maravilhas* na manipulação de palavras, para dar sentido ao absurdo e transformar em absurdo o que tem sentido. Os reinos antes antagônicos se fundem em bases técnicas e políticas – magia e ciência, vida e morte, alegria e tristeza. A beleza revela seu terror à medida que instalações e laboratórios nucleares altamente secretos se tornam "Parques Industriais" em vizinhanças agradáveis; o Quartel-General da Defesa Civil expõe um "abrigo antirradiação de luxo" com um carpete ("macio") de parede a parede, poltronas, televisão e jogo de tabuleiro, "projetado como uma combinação de quarto familiar em tempos de paz (sic!) e abrigo antirradiação familiar no caso de guerra".[189] Se o horror de tais realizações não penetra na consciência, se é prontamente tido como certo, é porque essas conquistas são (a) perfeitamente racionais em termos da ordem existente, (b) sinais de engenhosidade e poder humanos além dos limites tradicionais da imaginação.

A mistura obscena de estética e realidade refuta as filosofias que opõem imaginação "poética" à Razão científica e empírica. O progresso tecnológico é acompanhado por uma progressiva racionalização e mesmo realização do imaginário. Os arquétipos de horror e de alegria, de guerra e de paz perdem seu caráter catastrófico. Sua aparência na vida quotidiana dos indivíduos não é mais a das forças irracionais – seus avatares modernos são elementos da dominação tecnológica e estão sujeitos a ela.

Ao reduzir e mesmo cancelar o espaço romântico da imaginação, a sociedade forçou a imaginação a provar a si mesma em novas bases, sobre as quais as imagens são traduzidas em capacidades e projetos históricos. A tradução será tão má e distorcida quanto a sociedade que a empreende. Separado do reino da produção material e das necessidades materiais, a imaginação era mero jogo, inútil no reino da necessidade e comprometida somente com uma lógica e uma verdade fantásticas. Quando o progresso técnico cancela essa separação, investe as imagens com sua própria lógica e sua própria verdade; reduz a livre faculdade da mente. Mas também reduz o abismo entre imaginação e Razão. As duas faculdades antagônicas se tornam interdependentes numa base comum. À luz das capacidades da civilização industrial avançada, não é todo jogo da imaginação um jogo com

---

189. De acordo com *The New York Times*, 11 nov. 1960, exposto no Quartel-General da Defesa Civil de Nova York, entre a Avenida Lexington e a Rua 55.

as possibilidades técnicas, as quais podem ser testadas como suas oportunidades de realização? A ideia romântica de uma "ciência da Imaginação" parece assumir um aspecto cada vez mais empírico. O caráter racional e científico da Imaginação foi há muito reconhecido na matemática, em hipóteses e experimentos das ciências físicas. É, do mesmo modo, reconhecido na psicanálise, que é em teoria baseada na aceitação da racionalidade específica do irracional; a imaginação compreendida se torna, redirecionada, uma força terapêutica. Mas esta força terapêutica pode ir muito além da cura de neuroses. Não foi um poeta, mas um cientista que esboçou essa perspectiva.

> *Toute une psychanalyse matérielle peut (...) nous aider à guérir de nos images, ou du moins nous aider à limiter l'emprise de nos images. On peut alors espérer (...) pouvoir rendre l'imagination heureuse, autrement dit, pouvoir donner bonne conscience à l'imagination, en lui accordant pleinement tous ses moyens d'expression, toutes les images matérielles qui se produisent dans les rêves naturels, dans l'activité onirique normale. Rendre heureuse l'imagination, lui accorder toute son exubérance, c'est precisément donner à l'imagination sa véritable fonction d'entraînement psychique.*[190]

A imaginação não permaneceu imune ao processo de reificação. Somos possuídos por nossas imagens, sofremos nossas próprias imagens. A psicanálise sabia disso bem, e sabia das consequências. Entretanto, "dar à imaginação todos os meios de expressão" seria regressão. Os indivíduos mutilados (mutilados também em sua faculdade da imaginação) organizariam e destruiriam ainda mais do que já se lhes permite fazer atualmente. Tal libertação seria o horror absoluto – não a catástrofe da cultura, mas sim a realização plena de suas tendências mais repressivas. Racional é a imaginação que pode se tornar o *a priori* da reconstrução e da reorientação do aparato produtivo rumo a uma existência pacificada, uma vida sem medo. E isso nunca pode ser fruto da imaginação daqueles que são possuídos por imagens de dominação e morte.

---

190. "Uma psicanálise material pode (...) nos ajudar a nos curar de nossas imagens ou ao menos ajudar-nos a limitar a impressão de nossas imagens sobre nós. Alguém pode então ter esperança (...) de *ser capaz de tornar feliz a imaginação feliz*, de dar-lhe boa consciência ao lhe permitir plenamente todos os seus meios de expressão, todas as imagens materiais que emergem em *sonhos naturais*, em atividade normal de sonho. Tornar a imaginação feliz, permitir-lhe toda sua exuberância, significa precisamente conceder à imaginação sua verdadeira função como impulso e força psicológicas." BACHELARD, Gaston. *Le Matérialisme rationnel* (Paris: Presses Universitaires, 1953), p. 18 (grifos de Bachelard).

Liberar a imaginação de modo que lhe possam ser dados todos os seus meios de expressão pressupõe a repressão de muito do que é livre agora e que perpetua uma sociedade repressiva. E tal inversão não é um assunto de psicologia ou ética mas de política, no sentido em que esse termo foi usado aqui até agora: a prática na qual as instituições sociais básicas são desenvolvidas, definidas, sustentadas e mudadas. É a prática dos indivíduos, não importa quão organizados possam ser. Assim, a questão uma vez mais deve ser enfrentada: como podem os indivíduos administrados – que constituíram sua mutilação em suas próprias liberdades e satisfações, e assim a reproduziram em larga escala – libertarem-se de si mesmos tanto quanto de seus senhores? Como é possível sequer pensar que o círculo vicioso possa ser quebrado?

Paradoxalmente, parece que não é a noção das novas *instituições* sociais que apresenta a maior dificuldade na tentativa de responder essa questão. As próprias sociedades estabelecidas estão mudando, ou já mudaram as instituições básicas na direção de um maior planejamento. Desde que o desenvolvimento e a utilização de todos os recursos disponíveis para a satisfação universal das necessidades vitais são o pré-requisito da pacificação, são incompatíveis com predomínio de interesses particulares que impedem a realização desse objetivo. A mudança qualitativa é condicionada ao planejamento para o todo contra esses interesses, e uma sociedade livre e racional só pode emergir nessa base.

As instituições, dentro das quais a pacificação pode ser vislumbrada, portanto, desafiam a tradicional classificação em administração autoritária e democrática, centralizada e liberal. Hoje, a oposição ao planejamento central em nome de uma democracia liberal que é negada na realidade serve como um amparo ideológico para interesses repressivos. O objetivo da autêntica autodeterminação pelos indivíduos depende do controle social efetivo sobre a produção e a distribuição das necessidades (em termos do nível atingido de cultura, material e intelectual).

Aqui, a racionalidade tecnológica, despida de suas características exploradoras, é único o padrão e guia no planejamento e desenvolvimento dos recursos disponíveis para todos. Autodeterminação, na produção e distribuição de bens vitais e serviços, seria um total desperdício. O trabalho é técnico e como um trabalho verdadeiramente técnico, ele leva à redução de labutas física e mental. Nesse reino, o controle centralizado é racional se estabelece as precondições para a autodeterminação significativa. Esta pode, então, se tornar efetiva em seu próprio reino – nas decisões que envolvem a produção e a distribuição do excedente econômico e na existência do indivíduo.

Em todo caso, a combinação de autoridade centralizada e democracia direta está sujeita a variações infinitas, segundo o grau de desenvolvimento. A autodeterminação será real na medida em que as massas forem dissolvidas em indivíduos liberados de toda propaganda, doutrinação e manipulação, capazes de conhecer e compreender os fatos e de avaliar as alternativas. Em outras palavras, a sociedade seria racional e livre na medida em que é organizada, mantida e reproduzida por um Sujeito histórico essencialmente novo.

No presente estágio do desenvolvimento das sociedades industriais avançadas, o sistema material, tanto quanto o cultural, nega essa exigência. O poder e a eficiência desse sistema, a completa assimilação da mente com os fatos, do pensamento com o comportamento requerido, de aspirações com a realidade, militam contra a emergência de um novo Sujeito. Também militam contra a noção de que a substituição do controle predominante sobre o processo produtivo pelo "controle de baixo" significaria o advento de uma mudança qualitativa. Essa noção era válida, e ainda é, onde os trabalhadores eram, e ainda são, a negação e a acusação vivas da sociedade estabelecida. Entretanto, onde essas classes se tornaram um amparo do modo de vida estabelecido, sua ascensão ao controle prolongaria esse modo num cenário diferente.

E, no entanto, os fatos que validam a teoria crítica dessa sociedade e de seu desenvolvimento fatal estão todos lá: a crescente irracionalidade do todo; desperdício e restrição de produtividade; a necessidade de expansão agressiva; a ameaça constante de guerra; exploração intensificada; desumanização. E todos apontam para a alternativa histórica: a utilização planejada de recursos para a satisfação de necessidades vitais com um mínimo de labuta, a transformação de lazer em tempo livre, a pacificação da luta pela existência.

Porém os fatos e as alternativas estão lá mais como fragmentos que não se conectam, ou como um mundo de objetos mudos sem um sujeito, sem a prática que moveria esses objetos numa nova direção. A teoria dialética não é refutada, mas não pode oferecer o remédio. Não pode ser positiva. Na verdade, o conceito dialético, ao compreender os fatos dados, transcende os fatos dados. Esse é o sinal mesmo de sua verdade. Ele define as possibilidades e mesmo necessidades históricas; mas sua realização só pode estar na prática que responde à teoria e, no presente, a prática não dá tal resposta.

Tanto sobre bases teóricas quanto empíricas, o conceito dialético anuncia seu próprio desespero. A realidade humana é sua história e, nela, as contradições não explodem por si mesmas. O conflito entre a dominação eficiente e recompensadora de um lado, e suas conquistas que levam à autodeterminação e à pacificação de outro lado, pode se tornar ostensivo além de qualquer negação possível, mas pode muito bem continuar a ser um conflito administrável e até produtivo, pois com o crescimento da conquista tecnológica da natureza cresce a conquista do homem pelo homem. E essa conquista reduz a liberdade que é um *a priori* necessário da libertação. Esta é a liberdade de pensamento no único sentido em que o pensamento pode ser livre no mundo administrado – como a consciência de sua produtividade repressiva e como a necessidade absoluta para romper com esse todo. Porém, precisamente, essa necessidade absoluta não prevalece onde poderia se tornar a força propulsora de uma prática histórica, a causa efetiva de mudança qualitativa. Sem essa força material, até a consciência mais aguda permanece impotente.

Não importa quão óbvio o caráter irracional do todo possa manifestar-se e, com ele, a necessidade de mudança, o discernimento da necessidade nunca bastou para aproveitar as alternativas possíveis. Confrontadas com a eficiência onipresente do sistema dado de vida, suas alternativas pareceram sempre utópicas. E o discernimento da necessidade, a consciência do estado mau, não bastará nem mesmo no estágio em que as realizações da ciência e o nível da produtividade eliminaram os aspectos utópicos das alternativas – quando a realidade estabelecida é mais utópica que a utopia.

Isso não significa que a teoria crítica da sociedade abdica e deixa o campo para uma sociologia empírica que, liberta de toda orientação teórica, exceto metodológica, sucumbe às falácias da concretude mal situada, desempenhando assim um serviço ideológico enquanto proclama a eliminação de juízos de valor? Ou os conceitos dialéticos mais uma vez testemunham a sua verdade – ao compreender sua própria situação como aquela da sociedade que analisam? Pode sugerir-se uma resposta se se considera a teoria crítica precisamente no ponto de sua grande fraqueza – sua incapacidade de demonstrar tendências libertadoras *dentro* da sociedade estabelecida.

A teoria crítica da sociedade era, na época de sua origem, confrontada com a presença de forças reais (objetivas e subjetivas) *na* sociedade estabelecida que moveram (ou poderiam ser orientadas a mover) em direção a instituições mais racionais e livres ao abolir as existentes que se tornaram obstáculos para o progresso. Essas eram as bases empíricas sobre as quais a

CONCLUSÃO | 239

teoria foi erguida e dessas bases empíricas derivou a ideia da libertação das possibilidades *inerentes* – o desenvolvimento, de outro modo bloqueado e distorcido, da produtividade material e intelectual, das faculdades e necessidades. Sem a demonstração de tais forças, a crítica da sociedade ainda seria válida e racional, mas incapaz de traduzir sua racionalidade em prática histórica. A conclusão? "Libertação de possibilidades inerentes" não expressa mais de modo adequado a possibilidade histórica.

As possibilidades refreadas das sociedades industriais são: desenvolvimento das forças produtivas em larga escala, extensão da conquista da natureza, satisfação crescente de necessidades para um número cada vez maior de pessoas, criação de novas necessidades e faculdades. Mas essas possibilidades estão sendo gradualmente realizadas por meios e instituições que cancelam seu potencial libertador e esse processo afeta não só os meios como também os fins. Os instrumentos de produtividade e progresso, organizados num sistema totalitário, determinam não só os usos reais como também os possíveis.

Em seu estágio mais avançado, a dominação funciona como administração, e nas áreas superdesenvolvidas do consumo de massas, a vida administrada torna-se a boa vida do todo, em defesa da qual os opostos estão unidos. Essa é a dominação em sua forma pura. Reciprocamente, sua negação parece ser a pura forma da negação. Todo conteúdo parece reduzido à exigência abstrata pelo fim da dominação – a única exigência verdadeiramente revolucionária e o evento que validaria as conquistas da civilização industrial. Em face de sua eficaz recusa por parte do sistema estabelecido, essa negação aparece sob a forma politicamente impotente da "recusa absoluta" – uma recusa que parece mais despropositada conforme o sistema estabelecido desenvolve mais sua produtividade e alivia o fardo de existir. Na palavras de Maurice Blanchot:

> *Ce que nous refusons n'est pas sans valeur ni sans importance. C'est bien à cause de cela que le refus est nécessaire. Il y a une raison que nous n'accepterons plus, il y a une apparence de sagesse qui nous fait horreur, il y a une offre d'accord et de conciliation que nous n'entendrons pas. Une rupture s'est produite. Nous avons été ramenés à cette franchise qui ne tolère plus la complicité.*[191]

---

191. "O que recusamos não é sem valor ou importância. Precisamente por causa disso, a recusa é necessária. Há uma razão que não aceitamos mais, há uma aparência de sabedoria que nos causa horror, há um apelo por acordo e conciliação a que nós não daremos mais atenção. Uma ruptura foi produzida. Nós fomos reduzidos àquela franqueza que não tolera mais cumplicidade." "Le Refus", *Le 14 Juillet*, Paris, n. 2, out. 1958.

## 240 | O HOMEM UNIDIMENSIONAL

Porém se o caráter abstrato da recusa é o resultado da reificação total, então o fundamento concreto para a recusa ainda deve existir, pois a reificação é uma ilusão. Do mesmo modo, a unificação de opostos no *medium* da racionalidade tecnológica deve ser, em *toda sua realidade*, uma unificação ilusória, que não elimina nem a contradição entre a produtividade crescente e seu uso repressivo, nem a necessidade vital para solucionar a contradição.

Mas a luta pela solução ultrapassou as formas tradicionais. As tendências totalitárias da sociedade unidimensional tornam ineficazes os modos e meios tradicionais de protesto – talvez os tornem até mesmo perigosos, porque preservam a ilusão da soberania popular. Essa ilusão contém alguma verdade: "o povo", anteriormente o fermento da mudança social, "promoveu-se" para se tornar o fermento da coesão social. Aqui, mais do que na redistribuição da riqueza e da equalização de classes, está a nova estratificação característica da sociedade industrial avançada.

Entretanto, debaixo da base popular conservadora está o substrato dos proscritos e marginalizados, os explorados e perseguidos de outras raças e outras cores, o empregado e o não-empregável. Eles existem fora do processo democrático; sua vida é a mais imediata e a mais real necessidade pelo fim das condições e instituições intoleráveis. Assim sua oposição é revolucionária ainda que sua consciência não seja. Sua oposição atinge o sistema de fora para dentro e, portanto, não é bloqueada pelo sistema; é uma força elementar que viola as regras do jogo e, ao fazer isso, revela-o como um jogo viciado. Quando ficam juntos e vão para as ruas, sem armas, sem proteção, de modo a pedir pelos mais primitivos direitos civis, eles sabem que têm que enfrentar cães, pedras, bombas, cadeia, campos de concentração e mesmo a morte. Sua força está por trás de cada manifestação política pelas vítimas da lei e da ordem. O fato de eles começarem a se recusar a jogar o jogo pode ser o fato que marca o início do fim de um período. Nada indica que será um bom fim. As capacidades econômicas e técnicas das sociedades estabelecidas são suficientemente vastas para conceder ajustes e concessões aos párias, e suas forças armadas são suficientemente treinadas e equipadas para cuidar de situações de emergência. Entretanto, o espectro está lá de novo, dentro e fora das fronteiras das sociedades avançadas. O paralelo histórico simplório com os bárbaros ameaçando o império da civilização cria um preconceito sobre a questão; o segundo período de barbarismo pode muito bem ser o império continuado da própria civilização. Mas a possibilidade é que, no momento atual, os extremos históricos possam se encontrar novamente: a mais avançada consciência da humanidade e a sua força mais exploradora. Não é mais que uma possibilidade. A teoria crítica da sociedade não possui nenhum conceito que possa fazer a ponte sobre o abismo entre o presente e seu futuro; sem sustentar nenhuma promessa e sem obter nenhum sucesso, ela permanece negativa. Assim, ela quer permanecer leal àqueles que, sem esperança, deram e dão sua vida à Grande Recusa.

No início da era fascista, Walter Benjamin escreveu:

*Nur um der Hoffnungslosen willen ist uns die Hoffnung gegeben.*

Somente por causa dos que não têm esperança é que nos é dada a esperança.

# Índice remissivo

Adorno, Theodor W., 49, 95-6, 119, 134 e 149.
alienação, 46-7, 49 e 58.
    artística, 88, 90 e 97.
Aristóteles, 140, 142, 147-8 e 155.
Arte,
    e razão, 217-8 e 225.
    e tecnologia, 225 e 233-4.
Austin, J. L., 175 e 177-8.
automação, 60 e 68-9.

Bachelard, Gaston, 160 e 235.
Barthes, Roland, 95, 107, 113 e 119-20.
Beckett, Samuel, 228.
Bell, Daniel, 62-3.
Benjamin, Walter, 241.
Blanchot, Maurice, 239.
Bloch, Ernest, 134.
Born, Max, 157.
Brecht, Bertold, 93 e 96.
Bridgman, P. W., 50-1.

capitalismo-socialismo,
    relação e transição do, 57-8, 69 e 72-3.
Caráter abstrato da teoria, 11 e 145.
classes trabalhadoras,
    transformação das, 58.
Companhia Elétrica do Oeste [Western Electric Company], estudo da planta Hawthorne da, 125-6.
conceito,
    geral, 123, 147-8 e 199-200.
concretude,
    falsa, 176 e cap. 8.
consciência, 103.
    falsa, 203.
    feliz, 101, 103-4 e 107.
    infeliz, 89, 101 e 204.
Cook, Fred J., 23.

Descartes, René, 52 e 160.
dessublimação,
    institucionalizada, 99.
Dewey, John, 170-1.

# 244 | O HOMEM UNIDIMENSIONAL

dialética, 117, 119, 138, 144, 150-1, 213-4 e 238.
Dingler, Herbert, 157.
Dumont, René, 77.

Escolha na história, 13 e 211-2.

Flaubert, Gustave, 90.
Fourier, Charles, 175.
Frank, Philipp G., 158.
Freud, Sigmund, 102, 106 e 183.

George, Stefan, 92 e 299.
Gerr, Stanley, 109.
Grünbaum, Adolf, 157.

Hegel, Georg, 116, 150, 159, 185, 224 e 226.
Heidegger, Martin, 160.
Heisenberg, Werner, 157 e 160.
Historicismo, 209-10.
História,
    como negação da natureza, 224-5.
    supressão da, 117-8.
Hobbes, Thomas, 52.
Horkheimer, Max, 147 e 163.
Humboldt, Wilhelm v., 116 e 206.
Hume, David, 176.
Husserl, Edmund, 143, 160 e 167.

ideologia, 49, 134, 187 e 195.
Imaginação, 234-5.
introjeção, 48.
Ionesco, E., 104.

Janowitz, Morris, 130.
julgamentos de valor, 45, 156, 163 e 212.

Kahn, Herman, 104.
Kant, Immanuel, 52.
Kraus, Karl, 178 e 193.

liberdade,
    interior, 48.
    mudança de conteúdo, 41-2 e 46.
linguagem Orwelliana, 111 e 120.
linguagem poética, 94, 184 e 190.
Locke, John, 52.
Lógica,
    dialética, ver dialética.
    formal, 143, 148-9 e 171.
Lowenthal, Leo, 113.

Mallarmé, Stéphane, 94.
Mallet, Serge, 62-3 e 65.
Marvick, Dwaine, 130.
Marx, Karl, 53, 57-60, 62, 68, 72, 161, 214 e 227.
Meacham, Stewart, 66.
metalinguagem, 181 e 193.
Metafísica,
    pós-tecnológica, 218-9, 221 e 226.
Mills, C. Wright, 23 e 70.
mistificação, 188-9 e 200.

necessidades,
    de caráter histórico, 44 e 227.
    verdadeiras e falsas, 44-5 e 230.

operacionalismo,
    behaviorismo (comportamentalismo), 50, 108-9 e 163.
    método terapêutico, 124, 173, 183 e 195.

países atrasados, 75-6.
partidos comunistas,
    na França e na Itália, 56.

## ÍNDICE REMISSIVO | 245

pacificação da existência, 53, 170, 212, 223 e 235.

Packard, Vance, 23.

Perroux, François, 66, 83 e 202.

Piaget, Jean, 165-6.

Platão, 140-1, 143-4 e 155.

pluralismo, 43 e 80.

Pollock, Frederick, 121.

Popper, Karl, 158.

positivismo, 174.

progresso, 53, 170 e 217.

Quine, W. V. O., 157 e 209.

racionalidade histórica, 212.

racionalidade tecnológica,
como arte, 219-20.
como política, 13, 49-50, 54, 161, 164, 171, 217 e 221.
como totalitária, 12.

Razão,
como poder do negativo, 137, 174 e 215.

Reichenbach, Hans, 157.

reificação, 172, 182, 201 e 240.

Rimbaud, Arthur, 94.

Roper, Elmo, 133.

Rousseau, Jean-Jacques, 72.

Russell, Bertrand, 205-6.

Ryle, Gilbert, 176.

Saint-Simon, Claude-Henri de, 175.

Sartre, Jean-Paul, 61 e 178.

Simondon, Gilbert, 59, 62, 165 e 221.

sociedade soviética, 71-2.

Stalin, 74 e 120.

sublimação,
não-repressiva, 98 e 100-1.

surrealismo, 94.

totalitarismo, 43.

Transcendência da teoria social, 9, 52, 123-4 e 133.
histórica, 69 e 212-3.

Valéry, Paul, 94 e 180.

valores, quantificação de, 220 e 222.

véu tecnológico, 65.

Walker, Charles R., 60-1.

Weizsäcker, G. F. von, 158 e 162.

Western Electric Company [Companhia Elétrica do Oeste], estudo da planta Hawthorne da, 125-6.

Whitehead, Alfred N., 208 e 217.

Wittgenstein, Ludwig, 175-6.

Woodward, Julian L., 133-4.

Este livro foi impresso pela Gráfica Paym
em fonte Minion Pro sobre papel UPM Book Creamy 70 g/m²
para a Edipro no verão de 2021.